Zu diesem Buch

Mit diesem Band legt rororo aktuell die Langfassung einer Studie vor, die zunächst innerhalb der CDU und inzwischen über alle Parteien hinaus kontrovers diskutiert wird. Die Kölner Soziologen Erwin K. und Ute Scheuch hatten sich im Auftrag der Wirtschaftsvereinigung der CDU Nordrhein-Westfalens darangemacht, den gegenwärtigen Zustand des westdeutschen Parteiensystems und die Qualität seiner Politiker zu analysieren. Das Ergebnis veranlaßte die CDU-Vereinigung, die Verbreitung des 30-Seiten-Textes schnell wieder zu stoppen.

In dieser Studie erfährt man Näheres darüber, woher die vielfach beklagte Parteienverdrossenheit kommt. In der Bundesrepublik hat sich auf allen Ebenen ein neuer Typus von Politikern herausgebildet: der Berufspolitiker. Er macht Karriere, ohne sich durch nennenswerte Erfahrungen in einem Beruf praktische Fachkenntnisse angeeignet zu haben. Er ist seinem Selbstverständnis nach vielseitig einsetzbar und profiliert sich, indem er Politik als Medienereignis inszeniert. Er gehört einer politischen Klasse an, die sich strukturell weitgehend von der übrigen Bevölkerung abgeschottet hat. Getragen und gefördert wird seine Karriere durch Cliquen- und Kartellbildung, seine Existenz ist von Seilschaften und Gefälligkeiten abhängig. Das Berufspolitikertum hat längst die kommunale Ebene erreicht. Es hat sich ein weitreichendes System von Vorteilsnahmen herausgebildet, das parteiübergreifend wirkt und der Beschaffung und Sicherung von Privilegien dient. Wie dieses System aussieht, wird am Beispiel der Stadt Köln ausführlich dargestellt. Von der Verwaltung über die Kultur bis zu den städtischen Gesellschaften werden alle öffentlichen Bereiche parteipolitisiert. CDU- und SPD-Politiker schieben sich gegenseitig hochdotierte Posten zu. Je mehr es zu verteilen gibt, desto weniger wird das System in Frage gestellt.

Die Studie liest sich über weite Strecken wie Enthüllungsjournalismus, ohne dies sein zu wollen. Die Fallbeispiele sind bekannt. Die Enthüllung besteht darin, daß dieser Klüngel Teil unseres politischen Systems ist, wenn auch (noch) nicht das System selbst. Der «Filz» durchwaltet inzwischen weite Teile der Gesellschaft, politische Inhalte bleiben dabei auf der Strecke. Eine tiefgreifende Reform ist nötig.

Ute Scheuch, Jahrgang 1943, Promotion in Soziologie an der Universität Köln. Leitende Mitarbeiterin in verschiedenen Projekten der empirischen Sozialforschung; 1975 bis 1982 u. a. stellv. Vorsitzende der CDU des Erftkreises (NRW) und Mitglied des Landesvorstandes der CDU-Frauenvereinigung; 1989 Austritt aus der CDU; Buchveröffentlichungen u. a.: «Wechselwirkungen zwischen Programm-Machern und Hörern» (1986); «Rückmeldungen im Kommunikationsprozeß» (1988); «Wie deutsch sind die Deutschen?» (1991, gemeinsam mit Erwin K. Scheuch).

Erwin K. Scheuch, Jahrgang 1928; seit 1965 Professor für Soziologie in Köln; Direktor des Instituts für angewandte Sozialforschung, des Zentralarchivs für empirische Sozialforschung und des Soziologischen Seminars; bis 1991 Vorstandsmitglied in verschiedenen Ortsvereinen der CDU, Bundesdelegierter der CDU; Buchveröffentlichungen u. a. «Soziologie der Wahl» (1965); «Die Wiedertäufer der Wohlstandsgesellschaft» (1968); «Continuity and Change in German Social Structure» (1988); «Muß Sozialismus mißlingen?» (1991).

Erwin K. und Ute Scheuch

Cliquen, Klüngel und Karrieren

Über den Verfall der politischen Parteien – eine Studie

rororo

Rowohlt

rororo aktuell
Herausgegeben von Ingke Brodersen

Redaktion Rüdiger Dammann/Frank Strickstrock

17.–26. Tausend April 1992

Originalausgabe
Veröffentlicht im Rowohlt Taschenbuch Verlag GmbH,
Reinbek bei Hamburg, April 1992

Umschlaggestaltung Büro Hamburg – Jürgen Kaffer/Peter Wippermann
(Foto: action press/O. Meyer)
Satz Aldus (Linotronic 500)
Gesamtherstellung Clausen & Bosse, Leck
Printed in Germany
980-ISBN 3 499 12599 4

Inhalt

Vorwort

Wir planten nicht, was Sie jetzt lesen. Die hier vorgelegte Studie entwikkelte sich aus sich selbst heraus, als wir eine Antwort auf die Frage suchten: Warum ist die Auswahl von Kandidaten für politische Ämter so tadelnswert? Gerade das Finden und Fördern von erstklassigen Personen für Wahlämter ist doch eine der wichtigsten Aufgaben von Parteien. Dazu gehörte noch als weitere Frage: Weshalb werden bei uns Entscheidungen in immer mehr Lebensbereichen parteipolitisiert?

Die Grundlagen unserer Arbeit waren zunächst nicht selbst gesammeltes Material, sondern bereits vorliegende Berichte – insbesondere Ergebnisberichte quantitativer Untersuchungen. Und da wir eine Antwort auf unsere Fragen für die Bundesrepublik (alt) suchten, werteten wir in erster Linie Berichte über dieses Land aus, obwohl die Kritik am Verhalten des Führungspersonals und an dessen parteiinterner Auswahl in anderen Ländern ebenso aktuell ist – beispielsweise in Frankreich oder den USA.

Die Themen, nach denen wir Ausschau hielten, waren zunächst ganz konventionell. Die Art der Berichte lenkte dann aber unsere Aufmerksamkeit auf die Lokalpolitik; denn hier wurden die Details handfester. Dabei kamen wir zu dem Schluß: Es genügt nicht, die allgemeinen Strukturen herauszuarbeiten; da schüttelt man in der «politischen Klasse» nur die Schultern und klüngelt weiter. Wir müssen Name, Ort, Zeit und Beträge nennen, um vielleicht Änderungen zu bewirken.

Beim Aufarbeiten von «Fällen» wurde uns deutlich: Die sozialwissenschaftliche Behandlung von Politik ist wie eine Dame ohne Unterleib. Dieses Bild soll suggerieren: Beide Teile gehören zusammen – legitimes und illegitimes (sogar illegales) Handeln. Beide Teile müssen zusammengesehen werden. Kein Teil ist für sich betrachtet der wichtigere. Jeder Teil erklärt mit, wie der andere Teil funktioniert.

Das ist vielleicht die wichtigste Botschaft unserer Darstellung: Illegitimes Verhalten, insbesondere Vorteilsnahme durch Cliquen und eine um sich greifende Parteipolitisierung sind Teil des Systems der «real existierenden» Bundesrepublik.

Die erste Veröffentlichung unseres Berichtes – als eine auf 30 Seiten abgemagerte Schrift der Wirtschaftsvereinigung der CDU Nordrhein-Westfalen – brachte eine Lawine ins Rollen. Die Wirtschaftsvereinigung bzw. deren Vorstand hatte einen grundsätzlichen Mangel an wirtschaftlichem Sachverstand in den heutigen Parlamenten ausgemacht und uns beauftragt, Vorschläge zu einer Änderung dieses Zustands zu erarbeiten. Als wir daraufhin die Personalauswahl für Wahlämter und ein System von Vorteilsnahme als entscheidende Schwachstellen unseres politischen Systems diagnostizierten und dokumentierten, wurde die Verbreitung unseres Berichtes gestoppt. Es kam zu einem Eklat. Statt sich der in unserer Studie artikulierten Kritik zu stellen, versuchten die Politiker, die Schrift klammheimlich zu unterdrücken. Als dies – tölpelhaft – mißlang, kam es zu den gröbsten Anfeindungen einerseits und zu einer Welle der Zustimmung andererseits. Uns erreichte eine Flut von Manuskripten, Zuschriften und Anrufen über Zustände in anderen Kommunen, Ländern, über ähnliche Phänomene auf Bundesebene – und auch über Köln, das wir als Beispiel vorgestellt hatten. «Ein bißchen Köln ist überall», schrieb Gunter Hofmann in der *Zeit*. Eine Untertreibung!

Dieser Bericht mag wie Enthüllungsjournalismus wirken. Er ist aber alles andere als «investigativ». Wir beschränken uns, wenn immer zur Illustration möglich, auf Fälle, die im jeweiligen Umkreis bereits bekannt und durchweg nicht strittig sind. Gelegentlich müssen wir über das in Zirkeln Bekannte hinausgehen – aber nur, wenn es nicht anders geht; denn nicht Fälle für sich, sondern ihre Darstellung als Teil eines Systems sollen die «Enthüllung» sein.

So kamen wir durch unser Interesse für wichtige Elemente im politischen System dieses Landes zu Aussagen über das System insgesamt. Die feudalen Züge werden stärker, die Berufspolitiker heben ab. Nicht zuletzt wurde die Reaktion auf die Kurzfassung unseres Berichts zu einer ungeplanten Fallstudie: Die Parteien, und vielleicht nicht nur diese, sind auf dem Weg zu einer Mehrparteienobrigkeit.

März 1992

Die Studie

1.
Zum Zustand unseres Parteiensystems

Das Parteiensystem in Deutschland bedarf einer Erneuerung – nicht etwa wegen des Hineinwachsens der DDR in die bisherige Bundesrepublik, sondern wegen der bereits seit langem bestehenden Mängel, die allerdings seit der Wiedervereinigung offensichtlicher geworden sind.

Nach den Entscheidungen über ordnungspolitische Grundfragen in den fünfziger und frühen sechziger Jahren war Politik in der Bundesrepublik – soweit sie Erfolg hatte – ein Agieren innerhalb vorgegebener Rahmenbedingungen. Versuche zum Umbau des Systems während des ersten Kabinetts Brandt führten bei politisch links Engagierten zu einer Malaise, die intellektuell in den fehlgeleiteten Klagen über eine Legitimitätskrise (Habermas) oder mangelnde Regierbarkeit (Scharpf) ihren Ausdruck fand.[1] Zugleich hatte Politik, welche die einmal geschaffenen Rahmenbedingungen als Vorgaben respektierte, auf das Funktionieren der westdeutschen Gesellschaft kaum mehr einen Einfluß. Von Politikern wurde gemeinhin nur gefordert, Geld einzusammeln und im Sinne des Machterhaltes politisch klug zu verteilen. In dem Maße, in dem diese Maxime als Handlungsorientierung unhaltbar geworden ist, werden nun auch die Defizite der Parteien in der Bundesrepublik offensichtlich.

Es sind vor allem Defizite des politischen Personals. Deshalb vermeiden wir bewußt die Formulierung «Parteikrise», obgleich die Parteien auch als Organisationen reformbedürftig sind. Eine Änderung wird sich jedoch nicht über die Reorganisation durch formale Institutionen erreichen lassen und erst recht nicht über eine Wiederbelebung von Pro-

1 Zur Kritik dieser Kritik siehe Erwin K. Scheuch: «Wird die Bundesrepublik unregierbar?», Köln 1976

grammdiskussionen. Von einem gegenteiligen Verständnis geht das Papier des 37. CDU-Bundesparteitages 1989 «Moderne Parteiarbeit in den 90er Jahren» aus – siehe dort die Abschnitte 11 und 28.

Kritik der Bürger an den Parteien bis hin zur Behauptung einer Parteienverdrossenheit hatte als Thema in den Sozialwissenschaften bereits Konjunktur, als diese Trends in den Medien und auch im Verhalten noch wenig deutlich wurden. In den siebziger Jahren wurde in den Sozialwissenschaften allgemein über einen «Legitimitätsschwund» zunächst des Staates und dann auch der Parteien gestritten. Damit meinte man in erster Linie ein Zurückbleiben der politischen Parteien hinter ihrem hehren, demokratietheoretisch abgeleiteten Anspruch. Mit der Entwicklung der Personalauswahl war dieser Zweifel am Parteiensystem zu diesem Zeitpunkt noch nicht verbunden.

Zunächst hatte in der Politikwissenschaft der Bundesrepublik in Reaktion auf «linke» basisdemokratische Modelle eine ziemlich extreme Vorstellung von repräsentativer Demokratie, die allein durch Parteien verwirklicht würde, vorgeherrscht. Der Staatsrechtler und spätere Verfassungsrichter Gerhard Leibholz – seine Vorstellungen trugen wesentlich zu unserer Art der Parteienfinanzierung bei – behauptete, daß Mehrheiten in den Parteien und zwischen den Parteien den Volonté générale ersetzten.[2] Parteien waren nicht mehr die Repräsentanten der Bürger, sondern – so Leibholz – in erster Linie Gestalter des Bürgerwillens.

So wurde dies nach Umfragen von der Bevölkerung jedoch nicht gesehen. Anfang der siebziger Jahre wurde dann auch in der Politikwissenschaft zunehmend Kritik laut an den real vorfindbaren Parteien, die sich in folgenden Punkten zusammenfassen läßt:

1. Die Parteien erfüllten die Funktionen der Übersetzung von Bürgerwünschen in politikfähige Forderungen nur sehr unzureichend.[3]
2. Die Parteien würden zu «Gestaltern, Formierern, Schmeichlern und Züchtigern der Gesellschaft» und seien nicht mehr repräsentative Transmissionsriemen.[4] Sie hätten sich von der «autonomen Willens-

2 Gerhard Leibholz: «Strukturprobleme der modernen Demokratie», Karlsruhe, 2. Aufl. 1964

3 Otto Stammer und Peter Weingart: «Politische Soziologie», München 1972

4 Wilhelm Hennis u. a. (Hg.): «Regierbarbeit – Studien zu ihrer Problematisierung», Stuttgart 1977, S. 192

bildung» des Volkes abgekoppelt. Durch ihre Vormachtstellung zerstörten sie das Gleichgewicht der Gewalten.[5]

3. Die Fähigkeit der Parteien zur Interessenaggregation habe abgenommen, weil ihnen durch soziale Bewegungen Konkurrenz erwachsen sei. Die Parteien könnten nicht mehr die Themen, die von diesen Bewegungen aufgegriffen werden, in ihre Partei-Programmpakete eingliedern, die selbstverständlich in sich widersprüchlich sein müssen. Insbesondere auf lokaler Ebene würden die Parteien von den Ein-Themen-Bewegungen auskonkurriert.[6]
4. In ihrer innerparteilichen Willensbildung kapselten sich die Parteien immer mehr ab und würden damit für die Öffentlichkeit zu undurchsichtigen Organisationen.[7]
5. Die Parteipolitisierung vieler vordem parteiferner Entscheidungen und Lebensbereiche bewirke Ansehensverlust. Parteien seien heute in erster Linie «Großagenturen informeller Stellenvermittler und personalpolitischer Kontrolle».[8]
6. Parteien richteten sich in erster Linie an den Möglichkeiten ihrer Vermittlung über die Medien aus, wodurch es zu einer Vorherrschaft symbolischer Politik komme, die dem Bürger nicht den Ernst vermittle, den er früher mit Aussagen von Parteien verbunden habe.[9]

Es gab eine Anzahl von Versuchen, diese verschiedenen Aussagen, die als Einzelaussagen wenig strittig waren, gesamthaft-strukturell zu begrün-

5 Wilhelm Hennis: «Überdehnt und abgekoppelt. An den Grenzen des Parteienstaates», in: Christian Graf von Krockow (Hg.): «Brauchen wir ein neues Parteiensystem?», Frankfurt 1983, S. 32.

6 Norbert Lammert: «Aufgabengerechte Organisationsstrukturen in Kreisverbänden», in: Jo Klein u. a. (Hg.): «Bürgernahe Organisation großstädtischer Parteien», Melle 1983

7 Udo Bermbach: «Bürgerinitiativen gegen den Parteienstaat», in: Bernd Guggenberger und Udo Kempf (Hg.): «Bürgerinitiativen und repräsentatives System», Opladen 1978, S. 105 ff.

8 Joachim Raschke: «Organisierter Konflikt in westeuropäischen Parteien», Opladen 1977, S. 16

9 Ulrich Sarcinelli: «Wahl und Wahlkampf in Rheinland-Pfalz», Opladen 1984, S. 6; Josef Esser und Joachim Hirsch: «Sind die Volksparteien am Ende?», in: Jürgen W. Falter u. a. (Hg.): «Politische Willensbildung und Interessenvermittlung», Opladen 1984, S. 109–118

den. Eine der wichtigsten Erklärungen ist die Behauptung, daß sich die sozialmoralischen Milieus (ein Ausdruck von Lepsius), auf die sich die Parteien Westeuropas gegründet hatten, in der Bundesrepublik zumindest seit der Nachkriegszeit weitgehend aufgelöst hätten.[10] Das Verständnis von Parteien als Ausdruck von Sozialmilieus war in der sozialwissenschaftlichen Literatur damals das zweitwichtigste Modell, um Massenparteien der Gegenwart zu erklären.[11] Empirisch war dieser These von dem Verblassen von Sozialmilieus Franz Urban Pappi in seiner Kölner Habilitationsschrift nachgegangen. Er fand ein Nebeneinander des Fortbestehens von Sozialmilieus und solcher Situationen, in denen die gewohnten Bestimmungsgründe für das Wahlverhalten an Bedeutung verloren hatten.[12]

Die andere eher sozialhistorisch-soziologische Theorie für das Verständnis heutiger Parteien ist die Theorie der Hauptspannungslinien (im englischen Original «cleavages»). Hiernach sind die Parteien gewissermaßen gefrorene Gegensätze für tiefere Spaltungen im politischen System während seiner Formierungsphase.[13] In dem Maße, wie diese Spannungslinien im Verlauf der Zeit verblassen, sinkt dann auch die Bindung an eine Partei bzw. erscheint diese weniger legitimiert als Vertreter eines wichtigen Anliegens. Dennoch vererben sich zum Teil auch heute noch die Gegnerschaften früherer Zeiten. Für Österreich wird von Lothar Höbelt sogar berichtet: «Man wählt, was man wählt, weil der Vater im Bürgerkrieg auf dieser oder jener Seite gestanden hat»[14] – in diesem Fall der Bürgerkrieg von 1934, Sozialisten gegen Christlichsoziale im Februar, Nationalsozialisten gegen Christlichsoziale im Juli.

Nach dem vorherrschenden politikwissenschaftlichen Verständnis gal-

10 Hennis u. a., op. cit., S. 181
11 Rainer M. Lepsius: «Parteiensystem und Sozialstruktur», in: Wilhelm Abel u. a. (Hg.): «Wirtschaft, Geschichte und Wirtschaftsgeschichte», Stuttgart 1966
12 Franz Urban Pappi: «Konstanz und Wandel der Hauptspannungslinien in der Bundesrepublik», in: Joachim Matthes (Hg.): «Sozialer Wandel in Westeuropa», Frankfurt 1979, S. 465–479
13 Seymour M. Lipset und Stein Rokkan (Hg.): «Party Systems and Voter Alighments», London 1967; siehe auch Erwin K. und Ute Scheuch: «Wie deutsch sind die Deutschen?», Bergisch Gladbach 1991
14 Lothar Höbelt: «Österreichs Parteienlandschaft», in: MUT, Juni 1991, S. 56

ten die Parteien in der Bundesrepublik als Volksparteien.[15] Bereits mit der NSDAP in der Spätphase der Weimarer Republik sei den Klassenparteien bzw. Milieuparteien in solchen Parteien eine überlegene Konkurrenz erwachsen, die an verschiedene Bevölkerungsgruppen gleichzeitig appellieren und diese auch repräsentieren konnten.[16] Das sei allerdings nur durch Verzicht auf ein systematisches Programm und vermittels paralleler Ansprache von verschiedenen Gruppen mit verschiedenen Themen möglich.

In den siebziger Jahren begann man diese «Volksparteien» dann allerdings kritischer zu werten, was sich nicht zuletzt in ihrer Bezeichnung als «Allerweltsparteien»[17] ausdrückt. Mit der Entwicklung der Volksparteien zur inhaltslosen Allerweltspartei sei eine Funktionsveränderung verbunden gewesen: «Als wichtigste Funktion der heutigen Allerweltspartei ergibt sich somit die Nominierung von Kandidaten, die die Öffentlichkeit als Amtsinhaber legitimieren soll.»[18]

Verblassende traditionelle Trennungslinien, geringere Bindekraft des Milieus, die Entwicklung der Volksparteien zu Allerweltsparteien: Diese Erklärungen müssen sich nicht gegenseitig ausschließen. Sie können mit einer vierten Erklärung verbunden werden. Die entscheidenden Probleme des Wiederaufbaus als Streit um ein Durchsetzen von Ordnungspolitik waren Anfang der siebziger Jahre beendet. Zwar vermochte noch die Außenpolitik politische Sympathien zu polarisieren, aber Außenpolitik mobilisiert nur die vorderen Ränge in den politischen Hierarchien. Für die Mehrzahl der politisch Interessierten und erst recht der Politiker war bereits damals Politik ein Handeln innerhalb gegebener Strukturen, die es gegen hochideologisierte Minderheiten als Konkurrenten um Ämter zu verteidigen galt. Die vierte strukturelle Erklärung für den Verfall der Sachkompetenz der Parteien und ihrer Politiker wäre demnach die Minderung der inhaltlichen Anforderungen an die Politik. Politiker hatten im wesentlichen nur noch der Aufgabe zu genügen, Gelder für ihre Klientel zu besorgen und die Partei über die Medien ansprechend erscheinen zu lassen.

15 Otto Kirchheimer: «Der Wandel des westeuropäischen Parteiensystems», in: Politische Vierteljahresschrift, Band 6 (1965), S. 20–41

16 Jürgen W. Falter: «Kontinuität und Neubeginn», in: Politische Vierteljahresschrift, Band 22 (1981), S. 236–263

17 Heino Kaack: «Parteiensystem und Legitimation des politischen Systems», in: Heino und Ursula Kaack (Hg.): «Parteienjahrbuch 1975», Meisenheim 1978, S. 348–360

18 Kirchheimer, op. cit., S. 39

Mit allen diesen Erklärungen ist eine Umwälzung in der Art und Qualität des politischen Personals zu vereinbaren. Ist diese Veränderung einmal eingetreten, dann wirkt sie als eigene Bestimmungsgröße zurück auf die Auswahl des politischen Personals, die Prioritäten im Handeln von Politikern, die Wertung der politischen Parteien in der qualifizierten Öffentlichkeit und ihr Ansehen in der allgemeinen Wählerschaft.

Die Krisensymptome sind offensichtlich. Allgemein gehen die Mitgliederzahlen zurück. Zunächst hatte es in Reaktion auf den Regierungswechsel 1969 und die daran anschließende Vertiefung der ideologischen Trennungslinien ein Anwachsen der Mitgliederzahlen gegeben. In der CDU nahm die Zahl der Mitglieder sogar von 355745 im Jahre 1971 bis auf den Höhepunkt von 734555 im Jahre 1983 zu. Seither sinkt die Mitgliederzahl und nähert sich im Jahre 1991 mit nahezu 20 Prozent Austritten pro Jahr dem freien Fall.

Die Wahlbeteiligung sinkt, und Wahlmüdigkeit oder Bestrafung der eigenen Partei durch gezielte Enthaltung haben inzwischen auch die Wahlen für den Bundestag erreicht:

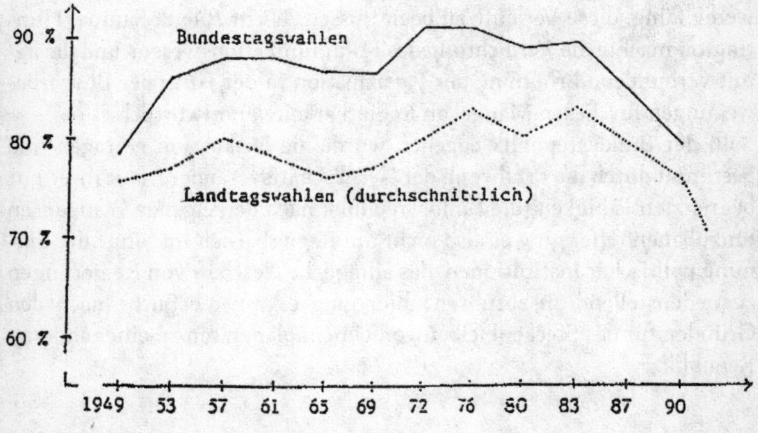

Wahlbeteiligung in der Bundesrepublik[19]

19 Michael Eilfort: «Nichtwählen als Form des Wahlverhaltens», Manuskript für eine Expertentagung des Landtages von Baden-Württemberg, 4. Februar 1991

Zugleich verfällt das Ansehen der Politiker weiter.

Das EMNID-Institut ließ im Frühjahr 1991 durch einen repräsentativen Querschnitt 25 Berufe auf einer Skala von 1 (niedrigster Rang) bis 7 einordnen; Bundestagsabgeordnete gerieten auf Platz 19 mit an das Ende der Rangreihe (EMNID 1991).

In der politischen Wissenschaft und darüber hinaus in den Sozialwissenschaften war die zunehmende Distanz der Bürger zu den politischen Parteien schon Anfang der siebziger Jahre ein Thema – damals ohne zureichende empirische Begründung. Das Problemverständnis bündelte sich in der angeblich mangelnden Regierbarkeit der Bundesrepublik.[20] Diese Diskussion – aus der anschließend einige für unsere Zwecke relevante Positionen und Begriffe referiert werden – hatte einen anderen Auslöser als die heutige Debatte über die Defizite des Parteiensystems.

Der Diskurs über die Regierbarkeit kam aus den Vereinigten Staaten in die Bundesrepublik und erhielt dabei einen bemerkenswert anderen Akzent als im Ursprungsland. In den Vereinigten Staaten meinte man tatsächlich die mangelnde Fähigkeit politischer Institutionen, die Bürger für als richtig erkannte Zielsetzungen mobilisieren zu können. Die sozialen Probleme nahmen zu, und die politischen Instanzen erwiesen sich als wenig fähig, diese Verläufe zu beeinflussen. Nicht zuletzt Samuel Huntington machte die Verdichtung des Kommunikationswesens und die damit verbundene Erhöhung der Partizipation in der Form der Bürgerbewegungen für diesen Mangel an Regierbarkeit verantwortlich.[21]

In der Bundesrepublik dagegen wurde die Diskussion getragen und bestimmt durch die Erfahrung der Gesellschaftsveränderer mit ihrer nur begrenzten Fähigkeit, die Bundesrepublik nach den eigenen Blaupausen umzubauen. Hier ging es also nicht um Regierbarkeit im Sinne der Eignung politischer Institutionen, das alltägliche Geschäft von Regierungen zufriedenstellend auszuführen; hier ging es um die Suche nach den Gründen für das Steckenbleiben von Umbauplänen hin zu einer anderen Republik.[22]

20 Vgl. hierzu Erwin K. Scheuch 1976, op. cit.

21 Samuel P. Huntington: «The United States», in: Michael Crozier, Samuel P. Huntington und Joji Watanuki: «The Crisis of Democracy», New York 1975, Kapitel III, S. 59–118

22 Bernd Guggenberger und Claus Offe (Hg.): «An den Grenzen der Mehrheitsdemokratie», Opladen 1984

Eine für die weitere Literatur dann einflußreichere Variante war die Behauptung, die Bundesrepublik sei unregierbar, weil sie in eine Legitimitätskrise geraten sei.[23] Habermas meinte, Legitimationsprobleme ausmachen zu können, weil die real vorfindbare Demokratie in der Bundesrepublik den selbstgestellten Ansprüchen nicht gerecht werde. Mit selbstgestellten Ansprüchen meinte er – wie immer bei ihm – die Ideale der französischen Aufklärung: Habermas versteht wie ein Großteil der Intellektuellen die Demokratie im Sinne eines Rousseauschen Vertrages.[24]

Im Gefolge dieses Habermasschen Diskurses und in Fortführung der Ideen der Studentenrevolte wurde die Demokratie der Bundesrepublik an basisdemokratischen Vorstellungen gemessen. Ein solcher Bezug ist auch Grundlage einer der wichtigsten empirischen Arbeiten zu den realen Zuständen in Parteien, der Dissertation von Andreas Engel über Wahlen und Parteien im lokalen Kontext.[25] Engels Arbeit ist der späte Ausfluß einer spezifisch deutschen Diskussion, in der es eben nicht um Regierung im alltäglichen Sinne ging, sondern um Verwirklichung eines intellektuellen Ideals. Diese papierreiche Diskussion hat mit den realen Problemen unseres politischen Systems wenig zu tun.[26]

23 Jürgen Habermas: «Legitimitätsprobleme im modernen Staat», in: Peter Graf Kielmannsegg (Hg.): «Legitimationsprobleme politischer Systeme», Opladen 1976, S. 40–61; kritisch hierzu Peter Graf Kielmannsegg: «Legitimität als analytische Kategorie», in: Politische Vierteljahresschrift, Band 12 (1971), S. 367–401

24 Habermas, op. cit., S. 45

25 Andreas Engel: «Wahlen und Parteien im lokalen Kontext», Frankfurt 1988

26 Vgl. hierzu Erwin K. Scheuch: «Veränderungen des politischen Systems in der Bundesrepublik Deutschland», in: Studien des Instituts für die Kultur der deutschsprachigen Länder, Sophia Universität, Tokyo, 1990, Heft 7, S. 50–69

2.
Zum Stand der Politikforschung

Empirische Untersuchungen politischer Parteien sind bei weitem seltener als Untersuchungen verschiedener anderer Teile unseres politischen Systems. Eine wirkliche Dauerbeobachtung gibt es eigentlich nur für die Wähler. Insbesondere für die politischen Parteien wäre gegenwärtig eine systematische Auswertung der Lokalzeitungen die praktikabelste Grundlage, um vor allem im Zeitverlauf und für den Ablauf von Prozessen zu Erkenntnissen zu gelangen. Sie steht noch aus, so daß wir nur mit einer begrenzten eigenen Fallsammlung argumentieren können. Sie ist immerhin im Umfang und in der Vielfalt größer als das Quellenmaterial aller uns bekannten Untersuchungen.

Von systematischen empirischen Erhebungen sind die über Lokalparteien die inhaltlich ergiebigsten; die über Parteien auf der Bundesebene sind durchweg bloße Statistiken der Merkmale von Positionsinhabern; Untersuchungen von Landesparteien fehlen weitgehend. Damit spiegelt die Reihenfolge des für uns verfügbaren Materials auch das Problembewußtsein der verschiedenen Ebenen der Berufspolitiker wider.

Die umfangreichste Untersuchung über Kommunalpolitiker wurde auf Veranlassung des Innenministeriums im Lande Nordrhein-Westfalen 1988 durchgeführt.[1] Es war eine Vollerhebung der 18157 Mitglieder der Räte und Bezirksvertretungen sowie von 1205 Spitzenbeamten der Städte und Gemeinden (mindestens Beigeordnete) versucht worden. In einer Zusatzerhebung wurden 396 Ratsvorsitzende und 1367 Fraktionsvorsitzende angeschrieben. Die Rücklaufquote betrug im Schnitt 70 Prozent, ist also durchaus mit der Ausschöpfung einer Um-

1 Innenministerium des Landes NRW: «Umfrage zu den Bedingungen der Kommunalpolitik in Nordrhein-Westfalen», Düsseldorf 1989

frage durch Interviewer zu vergleichen. Lediglich bei Gemeinden unter 25000 ist wegen der schlechten Rücklaufquoten die Aussagefähigkeit problematisch. Diese Erhebung, die im folgenden abgekürzt «Umfrage NRW» genannt wird, sollte vor allem als Unterlage für eine Erörterung über die Reform jener Gemeindeordnung dienen, die Nordrhein-Westfalen nach englischem Vorbild in den fünfziger Jahren eingeführt hatte.

Insbesondere auf die Beziehung zwischen Parteimitgliedern und lokalen Funktionären geht eine Dissertation ein, die im Wintersemester 1987 in Bonn angenommen wurde.[2] Der Autor hatte 1800 Kreisparteitagsdelegierte der CDU, FDP und SPD aus 160 nordhessischen Gemeinden befragt. Die Rücklaufquote ist mit etwas über 51 Prozent geringer als wünschenswert, erlaubt aber doch Aussagen über Zusammenhänge, da Korrelationen durch Störungen der Repräsentativität viel weniger beeinträchtigt werden als die Ermittlung der Häufigkeit von Eigenschaften. Das ermöglicht Aussagen über 24 Kreisparteiorganisationen. Außerhalb der großen Städte ist das eine besonders wichtige Ebene für lokale Parteiakteure. Die Antworten wurden in dieser Untersuchung, die wir abgekürzt «Umfrage Nordhessen» nennen werden, zu Struktureigenschaften der jeweiligen Städte und Gemeinden in Beziehung gesetzt und ergänzt durch Auswertungen von Parteiakten.

Diese beiden Untersuchungen sind die wichtigste Grundlage für unsere weiteren Erörterungen über Politik auf der Ebene der Kommunen, die nicht Großstädte sind, und der Länder. Die Befunde werden ergänzt durch Ergebnisse weiterer Erhebungen. Häufiger als die Mandatsträger wurden Delegierte zu Bundes- und Landesparteitagen untersucht. Insbesondere die Delegierten zu Bundesparteitagen repräsentieren gewöhnlich eine Kombination von Funktionen.[3] Durch Befragung der Parteitagsdelegierten auf Bezirksebene zeichnete Infas nach, wie die SPD von einer doch weitgehend die Arbeiterschaft vertretenden Partei zu einer Partei der Jungakademiker wurde.[4] Eine Zusammenfassung solcher Un-

2 Engel, op. cit.

3 Jürgen Dittberner und Rolf Ebbinghausen (Hg.): «Parteiensysteme in der Legitimationskrise», Opladen 1973; Terry Barton: «Die CDU 1975 bis 1983», in: Zeitschrift für Parlamentsfragen, Band 15 (1984), S. 196–210

4 Ursula Feist und Klaus Liepelt: «Machtwechsel in Raten», in: Transfer 1976, S. 26–56

tersuchungsergebnisse für die SPD legten Horst Becker und Bodo Hombach – Wahlkampfplaner für Johannes Rau – vor.[5]

Diese Konzentration der Politiker-Forschung auf die Sozialmerkmale der sogenannten mittleren Parteielite (die Landesebene) halten wir für unangemessen. Wie noch besprochen wird, ist bei den Parteien (vielleicht mit teilweiser Ausnahme der SPD) die Landesebene inzwischen für die politischen Karrieren weniger wichtig und für den Zeithaushalt auch weniger beanspruchend als die Lokalpolitik der großen Städte und der Kreise. Hierzu gibt es dann erstaunlich wenig empirisch-systematische Untersuchungen, wobei die von Doris Gau besonders informativ ist.[6] Am Fall des Rates der Stadt Köln wird die «carrièrisation» – die inzwischen charakteristischen Karriereabläufe von kaschierten Berufspolitikern – in Kommunalparlamenten nachgezeichnet. Vordem hatte hierzu Dietrich Herzog eine empirische Untersuchung vorgelegt[7], die inzwischen allerdings vornehmlich nur als historischer Bezug für aktuelle Ergebnisse nützlich ist.

Auch Mitgliederbefragungen von Parteien sind selten. Ein repräsentatives Bild der Mitglieder der CDU durch persönliche Interviews versuchte für den Zeitraum 1971 bis 1977 Wolfgang Falke.[8] Im Frühjahr 1984 wurden von einer Forschungsgruppe in Mannheim die Neumitglieder der SPD von Rheinland-Pfalz befragt.[9] Vorher hatte Klaus G. Troitsch eine Statistik der Mitgliederstrukturen der Parteien der Bundesrepublik erstellt.[10] Meist sind es jedoch Teilgruppen der Mitglieder in den Parteien gewesen, die Gegenstand empirischer Untersuchungen wurden. Ein wichtiges Beispiel hierfür sind die Untersuchungen der Oppositions-

5 Horst Becker und Bodo Hombach: «Die SPD von innen», Bonn 1983

6 Doris Gau: «Politische Führungsgruppen auf kommunaler Ebene», Köln 1983. Die Arbeit wurde am Institut für angewandte Sozialforschung der Universität Köln angefertigt.

7 Dietrich Herzog: «Karrieren und politische Professionalisierung», in: Dittberner/Ebbinghausen 1973 (op. cit.)

8 Wolfgang Falke: «Die Mitglieder der CDU», Berlin 1982

9 Hermann Schmitt: «Wie zufrieden sind SPD-Mitglieder?», Institut für Sozialwissenschaften der Universität Mannheim, September 1987

10 Klaus G. Troitsch: «Mitgliederstruktur der Bundesparteien», in: Heino Kaack und Reinhold Roth (Hg.): «Parteistrukturen und Legitimation des Parteiensystems», Opladen 1980; siehe auch Reinhold Roth und Elmar Wiesendahl: «Strukturbesonderheiten politischer Parteien», Bremen 1985

gruppen innerhalb von Parteien durch Forscher der Adenauer-Stiftung.[11] An diesen Untersuchungen setzte dann auch die Arbeit einer Forschungsgruppe «Parteiendemokratie» an.[12]

Die Aussagen von eher flächendeckenden Erhebungen müssen weniger informativ bleiben als die Untersuchung lokaler Parteiorganisationen, wenn es um den Bezug von Parteiensystemen zu anderen gesellschaftlichen Gruppierungen und Bereichen geht. Das Thema Verflechtungen der Parteien mit der Gesellschaft, das für die Beurteilung eines Parteiensystems und seiner Fähigkeit zur Auswahl von Führungspersonal eine Schlüsselbedeutung hat, kann eben vor allem auf lokaler Ebene empirisch umgesetzt werden.[13] Klaus Simon darf als Spezialist für diese Verflechtung von Parteien mit dem lokalen Vereinswesen gelten.[14] Der für unsere Fragestellungen besonders wichtige Vorgang der Parlamentarisierung der Kommunalpolitik wird an einer Untersuchung der Opposition in Großstadtparlamenten von einer Forschergruppe der Adenauer-Stiftung informativ dargestellt.[15]

Zu Vergleichszwecken wurden auch Berichte über Untersuchungen in anderen entwickelten Gesellschaften mit berücksichtigt. In Analogie zu der Untersuchung von Feist und Liepelt zeigt Chiara Sebastiani, wie in Italien die Kommunistische Partei als Organisation durch die Studentenrevolte verändert wird.[16] Entsprechend zu den Untersuchungen von Becker und Hombach stellen Alan Abramowitz u. a. aufgrund einer Erhebung bei Delegierten zu Landesparteitagen in den USA den Unterschied zwischen Parteiaktivisten und sonstiger Anhängerschaft der Par-

11 Raschke 1977 (op. cit.); Joachim Raschke (Hg.): «Bürger und Parteien», Bonn 1982

12 «Analysen und Berichte der Forschungsgruppe ‹Parteiendemokratie›»

13 Manfred Güllner und Dwaine Marvick: «Aktivisten in einer Parteihochburg: Zum Beispiel Dortmund», in: Transfer 2/1976, S. 121–132

14 Klaus Simon: «Lokale Partei und lokaler Verein», in: Herbert Kühr und Klaus Simon (Hg.): «Lokalpartei und vorpolitischer Raum», Melle 1982, S. 219–343; Klaus Simon: «Lokale Vereine – Schule der Demokratie?», in: Oscar W. Gabriel (Hg.): «Bürgerbeteiligung und kommunale Demokratie», München 1983, S. 241–269

15 Oscar W. Gabriel, Peter Haungs und Matthias Zender: «Opposition in Großstadtparlamenten», Melle 1984

16 Chiara Sebastiani: «From Professional Revolutionaries to Party Functionaries», in: International Political Science Revue, Band 4 (1983), S. 115–126

teien dar.[17] Für die Rekrutierung politischen lokalen Führungspersonals gibt es interessante Vergleichsuntersuchungen aus England und Kanada.[18] Wie Simon und auch Güllner stellen amerikanische Politikwissenschaftler die Verbindung der politischen Parteien mit dem Netzwerk lokaler Organisationen heraus.[19] Für England haben Pippa Morris und Joni Lovenduski nachgewiesen, wie sich die Kontrolle über die Auswahl der Kandidaten von der Zentrale auf die Bezirke verlagert, wobei nach deutschen Maßstäben die Vorauswahl durch die Zentrale und deren Vetorecht das System vergleichsweise zentralistisch erscheinen lassen.[20] Dabei gibt es für Deutschland keinen «Klassiker» der Parteienforschung, wie dies Samuel J. Eldersveld für den englischsprachigen Raum ist.[21]

Auch Untersuchungen gemeindlicher Machtstrukturen bleiben in der Bundesrepublik selten.[22]

Der Zusammenhang zwischen den verschiedenen Elitesektoren ist das Leitmotiv einer Untersuchung von Rudolf Wildenmann.[23] Eine Abnahme des ideologischen Konsensus bei Weiterbestehen der großen Einigkeit über grundlegende Normen des demokratischen Systems wurde in einer Untersuchung über Eliten in Westberlin ermittelt.[24]

In der Soziologie und in der politischen Wissenschaft sind die häufigsten Untersuchungen der politischen Führung auf Bundesebene Statistiken der Eigenschaft von Abgeordneten. Ausgehend von der Position,

17 Alan Abramowitz u. a.: «Party Activists in the United States», in: International Political Science Revue 4 (1983), S. 13–20; Samuel J. Eldersveld: «Motivations for Party Activism: Multi-Natinal Uniformities and Differences», in: International Political Science Revue 4 (1983), S. 57–70

18 Marshall W. Conley und Patrick J. Smith: «Political Recruitment and Party Activists», in: International Political Science Revue 4 (1983), S. 48–56

19 Kay Lawson (Hg.): «Political Parties and Linkage», New Haven 1980

20 Pippa Morris und Joni Lovenduski, unveröff. Manuskript 1991

21 Samuel J. Eldersveld: «Political Parties», Chicago 1964; siehe auch Hermann Schmitt: «Neue Politik in alten Parteien. Zum Verhältnis von Gesellschaft und Parteien in der Bundesrepublik», Opladen 1987

22 Informationszentrum Sozialwissenschaften Literatur- und Forschungsrecherche zum Thema «Rekrutierung und politische Orientierungen von Führungsgruppen in der Bundesrepublik 1980–1990», Bonn 1991

23 Rudolf Wildenmann: «Positionseliten und Parteiensysteme», in: Universität Mannheim (Hg.): «Gesellschaft und Universität», Mannheim 1982, S. 165–192

24 Dietrich Herzog: «Politische Führungsgruppen», Darmstadt 1982

werden die sozialen Merkmale der Amtsinhaber beschrieben – so für den Bundestag von Heino Kaack.[25] Vorausgegangen war eine Untersuchung von Dietrich Herzog und Hans Dieter Klingemann.[26] Soeben wurde von Emil-Peter Müller eine Sozialstatistik des neuen, des 12. Deutschen Bundestages vorgelegt.[27]

Meist gehen die Auswertungen solcher Positionsstatistiken von einer schlichten Auffassung der Persönlichkeitsstruktur der Amtsinhaber aus: Aus sozialen Kategorien bzw. der Herkunft folge die Mentalität und aus der Mentalität die Inhalte ihrer Entscheidungen. Da in keinem Land – so auch nicht in der Bundesrepublik – die soziale Zusammensetzung bzw. demographische Herkunft einer Führungsschicht den Merkmalsverteilungen in der Bevölkerung entspricht, ist die – einfältige – Schlußfolgerung aus einem solchen Abweichen üblich, daß hier etwas zu verändern sei, damit Spiegelbildlichkeit zwischen Führung und Bevölkerung bewirkt werde.

So begründete Kaupen seinen Vorwurf der Klassenjustiz mit der Feststellung, daß deutsche Richter aus einer höheren Sozialschicht kommen als die Mehrzahl der Abzuurteilenden.[28] Implizit ist bei einer solchen Schlußfolgerung eine Primitivform des Materialismus: Herkunft = Verhalten. Aus den Untersuchungen von Wildenmann und insbesondere auch von Derlien und Mayntz, auf die wir anschließend eingehen, erweist sich jedoch, daß ein solcher Zusammenhang bei Führungspersonen nicht beobachtet werden kann. In der Bundesrepublik werden Einstellung und Verhalten weniger durch die Herkunft, sondern vor allem durch den Lebensweg geprägt.

Die allgemein aussagekräftigsten Elitenforschungen sind u. E. die Mannheimer Elite-Studien[29], die selbst wiederum eine Wiederholung

25 Heino Kaack: «Zur Abgeordnetensoziologie des Deutschen Bundestages», in: Zeitschrift für Parlamentsfragen, Jg. 19 (1988), S. 169–187

26 Dietrich Herzog und Hans Dieter Klingemann (Hg.): «Elitensoziologische Aspekte der Bundestageswahl 1980. Wahlen und politisches System», Opladen 1983

27 Emil-Peter Müller: «Strukturen des XII. Deutschen Bundestages», Köln 1992

28 Wolfgang Kaupen: «Die Hüter von Recht und Ordnung», Köln 1969

29 Siehe hierzu Ursula Hoffmann-Lange: «Eliten zwischen alter und neuer Politik – Konstanz und Wandel der Konfliktlinien in den Eliten der Bundesrepublik», in: Hans Dieter Klingemann und Max Kaase (Hg.): «Wahlen und politischer Prozeß», Opladen 1986

früherer Elite-Untersuchungen auf Initiative oder unter Mitarbeit von Rudolf Wildenmann und davor von Wolfgang Zapf waren. Bei den Mannheimer Elitestudien wird von sogenannten Positionseliten ausgegangen, d. h. vom Forscher selbst wird bestimmt, welche Positionen als Führungspositionen in neun Gesellschaftsbereichen definiert werden. Durch Umfrageinstitute wurden die Positionsinhaber interviewt, wobei eine durchschnittliche Ausschöpfung der Stichprobe von etwa 50 Prozent erreicht wurde.

Eine weitere aussagekräftige Elitestudie ist die Wiederholung einer Untersuchung von Aberbach u. a. (1981) aus dem Jahre 1970 zum Rollenverständnis von Beamten und Politikern der Bundesparlamente der USA, Großbritanniens und der Bundesrepublik, deren deutscher Teil von Derlien/Mayntz 1987 betreut wurde.[30] Die Untersuchung ist in der Durchführung wohl von großer Verläßlichkeit; hier wurde auf Fragebögen weitgehend verzichtet und durch hochqualifizierte Gesprächspartner das Interview in der Form eines Gedankenaustausches geführt. Dafür ist allerdings die Fallzahl klein: Es wurde mit 59 Spitzenpolitikern und 147 Elitebeamten gesprochen.

In unserer Darstellung nimmt das, was wir Vorteilsnahme nennen, einen breiten Raum ein. Das mag zunächst befremden; denn «die Deutschen haben sich in dem Glauben gewiegt, einen jener Staaten zu besitzen, die sich schon immer am widerstandsfähigsten gegen Korruption gezeigt haben»[31]. Dazu die Politikwissenschaftler von Alemann und Kleinfeld: «Seit den achtziger Jahren ist dieser Mythos wohl endgültig durchlöchert.»[32]

Wir schreiben Vorteilsnahme statt Korruption aus zwei Gründen. Einmal ist Vorteilsnahme nur in ganz besonderen Umständen etwas, was strafrechtliche Folgen haben kann, während Korruption sofort auch die rechtliche Wertung eines Vorganges suggeriert. Eben darum geht es hier

30 Joel D. Aberbach u. a.: «Bureaucrats and Politicians in Western Democracies», London 1981; Hans-Ulrich Derlien und Renate Mayntz: «Einstellungen der politisch-administrativen Elite des Bundes 1987», Bamberg 1988

31 Paul Noak: «Korruption – die andere Seite der Macht», München 1985, S. 13

32 Ulrich von Alemann und Ralf Kleinfeld: «Begriff und Bedeutung der politischen Korruption in der Politikwissenschaft», vervielfältigtes Manuskript der Fernuniversität Hagen, 1990, S. 6

nicht. Worum es geht, wird von uns in Anlehnung an von Alemann und Kleinfeld als Widerspruch zwischen privaten Interessen und öffentlicher Moral gesehen, wobei Vorteilsnahme dann gegeben ist, wenn den privaten Interessen der Vorrang eingeräumt wird. Mit dem Wort Vorteilsnahme – so verstanden – ist nicht einmal vorentschieden, ob die so benannte Sache für ein Kollektiv schädlich ist. Einer der Begründer der Soziologie, Emile Durkheim, hat schon vor etwa hundert Jahren darauf verwiesen, daß selbst die asozialsten Taten letztlich für die Integration eines Systems positiv wirken können, wenn sich nämlich die Menschen angesichts solcher Untaten ihrer Werte intensiver bewußt würden. Vorteilsnahme verstehen wir hier als eine Schattenpolitik, so wie es eine Schattengesellschaft der informellen und abweichenden Regeln sowie eine Schattenwirtschaft gibt. Letztere umfaßt bekanntlich sowohl den illegalen Schwarzmarkt und die nicht nur legale, sondern sogar legitime Eigenwirtschaft.

Die Vorteilsnahme wurde – und wird überwiegend auch heute noch – in der sozialwissenschaftlichen Literatur üblicherweise als Pathologie der Politik behandelt.[33] Entsprechend waren systematische Untersuchungen die Ausnahme. Im deutschsprachigen Raum wird Vorteilsnahme als Systemeigenschaft erst mit einer – bezeichnenderweise – österreichischen Veröffentlichung thematisiert.[34] Für die Bundesrepublik ist in den Sozialwissenschaften Vorteilsnahme erst 1985 mit dem Buch von Paul Noak zum «normalen» Thema geworden, wobei Noak vor allem auf die Enthüllungen über Parteienfinanzierungen reagierte. Zu erwähnen ist aus der neueren Zeit auch der Sammelband von Jürgen Bellers.[35] Die Politikwissenschaftler Ulrich von Alemann und Ralf Kleinfeld haben 1990 eine umfangreiche Auswahlbibliographie vorgelegt.[36] Korruption ist in den Sozialwissenschaften kein Exotenthema mehr.

33 Kennzeichend für diese Literatur ist der «Klassiker» Carl J. Friedrich: «Pathologie der Politik», Frankfurt 1973

34 Christian Brünner (Hg.): «Korruption und Kontrolle», Wien 1981

35 Jürgen Bellers (Hg.): «Politische Korruption in der Bundesrepublik», Münster 1989

36 Ulrich von Alemann und Ralf Kleinfeld: «Auswahlbibliographie», Polis, Heft 17/1990

Zu der Literatur kam bei uns eine Auswertung von Presseveröffentlichungen hinzu. Diese wurden ergänzt durch persönliche Informationen. Wenn man sucht, wird man das Urteil von Alemanns und Kleinfelds bestätigt finden: «Schattenpolitik und Korruption entziehen sich durchaus nicht der Analyse.»[37]

37 op. cit., S. 16

3.
Aktuelle Trends im Wählerverhalten

3.1 Protestwählen

Drei Entwicklungen kennzeichnen die jetzigen Veränderungen bei den Wählern:

1. Seit Mitte der fünfziger Jahre hatte sich in der Bundesrepublik ein Zweieinhalbparteiensystem durchgesetzt. Neben den großen Parteien SPD und CDU bzw. CSU behauptete sich durchweg die FDP oberhalb des Stimmanteils von 5 Prozent, der für eine parlamentarische Repräsentanz notwendig ist. Mit Ausnahme des Zwischenspiels der Großen Koalition wurde die FDP immer für Koalitionsregierungen benötigt. So gingen die entscheidenden Veränderungen in den Regierungen der Bundesrepublik durchweg vom Verhalten der FDP aus. Nun scheint sich mindestens eine weitere Partei in der Größenordnung der FDP als Teil des Parteiensystems der Bundesrepublik durchzusetzen – die vormalige Protestpartei der «Grünen». Vielleicht kommt noch eine weitere Protestpartei hinzu – wie etwa die «Republikaner».
2. In der Bevölkerung gibt es eine diffuse Unzufriedenheit, obwohl die wirtschaftlichen Bedingungen ausgezeichnet sind. Das Wirtschaftswachstum hält nun bereits mehr als neun Jahre an, und fast die ganze Bevölkerung profitiert jährlich vom wachsenden Wohlstand. Zugleich hatten wirtschaftliche Erwägungen in der öffentlichen Diskussion einen abnehmenden Stellenwert.
3. Während allgemein die Beteiligung an Wahlen und inzwischen auch an Initiativen der Protestbewegungen zurückgeht, radikalisiert sich das Verhalten von Minderheiten. Einer größeren Gleichgültigkeit bei der Mehrheit gegenüber politischen Fragen steht eine zunehmende Entschiedenheit der Vertreter von Minderheitenpositionen gegenüber.

Die Führung der beiden großen politischen Parteien ist angesichts dieser Situation ratlos. Man hatte sich daran gewöhnt, daß die Gewinne der einen Partei den Verlusten bei der anderen in etwa entsprachen. Nun aber zeigt sich, daß beide großen Parteien verlieren. Der Konzentrationsgrad der Stimmen, das heißt der Anteil der für die beiden großen Parteien SPD und CDU bzw. CSU abgegebenen Voten, stieg von 60,2 Prozent 1949 auf einen Höhepunkt 1976 mit 91,2 Prozent. Seither sinkt dieser Prozentsatz rapide und betrug bei der letzten Bundestagswahl 1990 nur noch 77,5 Prozent – mit weiter fallender Tendenz.

Manche politischen Beobachter glauben, daß es bei dem sich jetzt ausbildenden Mehrparteiensystem mit fünf Parteien nicht sein Ende haben wird. Sie erinnern daran, daß das vertraute System in der Bundesrepublik (mit nur wenigen Parteien) in der deutschen politischen Geschichte die Ausnahme ist. Im ersten Bundestag 1949 saßen Vertreter von zwölf Parteien. Damals war Regieren nur durch eine Koalition aus vielen Parteien möglich. Wird dies wieder so werden?

Die Wahlforscher sind im Augenblick ebenso ratlos wie die Politiker. Sie können die Entwicklung beschreiben, aber nicht wirklich erklären. Und angesichts dessen fehlt die Möglichkeit einer begründeten Prognose. 1951 sagte der damals bekannte Wahlanalytiker Erich Peter Neumann auf dem ersten Kongreß über Meinungs- und Sozialforschung in der Bundesrepublik, eine Überraschung wie im Jahre 1930 mit dem plötzlichen Anstieg der Stimmen für die Nationalsozialisten werde es durch Umfrageforschung in Zukunft nicht mehr geben. Es hat sie aber doch gegeben; so kamen die Erfolge insbesondere der Republikaner für die Wahlforscher so unerwartet, daß sie bei den Wahlen in Berlin 1989 nicht einmal eine gesonderte Kategorie für die Republikaner in ihren Fragebögen vorgesehen hatten. Westberlin hatte damals teil an dem allgemeinen Anstieg des Wohlstandes im nichtkommunistischen Deutschland gehabt. Befragungen unmittelbar vor der Wahl hatten ergeben, daß nur 18 Prozent der Wähler pessimistische Erwartungen hinsichtlich der weiteren wirtschaftlichen Entwicklung hatten. Und dennoch erhielten die Grünen in Berlin, die als linksextrem gelten, 11,8 Prozent der Stimmen. Ohne Vorwarnung entfielen auf die Republikaner, die in ihrem Wahlkampf mit einigen wenigen Parolen gegen Ausländer ausgekommen waren, 9 Prozent. Das ergibt zusammen ein Protestpotential von einem Fünftel der Wähler in einer Stadt, der es nach allen objektiven Merkmalen gut ging.

Hinter diesen Ergebnissen verbergen sich aber noch viel größere Veränderungen. Nahezu jede Partei gab an alle anderen einen Teil ihrer Wähler ab und minderte die eigenen Verluste durch Zugewinne von den Konkurrenten. So hatte die siegreiche SPD zwar 165000 Wähler hinzugewonnen, verlor aber 120000, so daß nur ein Nettogewinn von 45000 blieb. Die CDU hatte bei starken Verlusten insgesamt immerhin noch 114000 Wähler von anderen Parteien zu sich hinüberziehen können. Die Wählerschaft in Berlin war also noch viel beweglicher, als es in den Wahlergebnissen zum Ausdruck kommt.

Das galt auch für die Wahl in Hessen 1989. Für die Diagnose der Stimmung bei den deutschen Wählern ist das Ergebnis von Frankfurt besonders lehrreich. Im Vergleich zur letzten Bundestagswahl verlor hier die CDU 15 Prozent der Stimmen. Unmittelbar vor der Wahl war gefragt worden: Wer wird mit den Problemen Frankfurts am besten fertig? Der regierenden CDU trauten das 34 Prozent zu, der oppositionellen SPD nur 29 Prozent. Sogar 14 Prozent der eigenen Wählen der SPD hielten die CDU für die geeignetere Regierungspartei. Über Jahre hinweg gab es immer neue Enthüllungen über Korruptionsfälle während der früheren SPD-Regierung. Und dennoch mußte die CDU gewaltige Verluste hinnehmen. Eine Erklärung liegt darin, daß sich in den letzten vier Monaten die Vorstellungen der Wähler über die dringlichsten Probleme sehr verändert hatten. Zwei Bereiche standen eindeutig im Vordergrund: Wohnungsmangel und die Zuwanderer, und beides wurde miteinander verknüpft. Hierfür hatte die CDU kein Konzept, aber auch die Opposition nicht. Eine Stimmenabgabe für die Opposition gab jedoch Gelegenheit, die Regierung zu bestrafen. Vor allem aber bestrafte ein Teil der Wähler beide großen Parteien durch die Wahl der Republikaner. Die waren von ihrem eigenen Erfolg völlig überrascht, da sie nur in einem kleineren Teil der Stadt überhaupt Kandidaten aufgestellt hatten.

Die Wahlforschung hatte und hat große Schwierigkeiten, die erste der neuen Protestparteien, die Grünen, zu verstehen.[1] Die organisierenden Kerne dieser neuen Partei waren so heterogen, daß sie eigentlich bald wieder hätte auseinanderbrechen müssen. Die ganze Dauer ihrer Exi-

1 Als wichtigste sozialwissenschaftliche Untersuchung über die Grünen möchten wir hervorheben: Wilhelm P. Bürklin: «Grüne Politik», Opladen 1984. Siehe ferner Gerd Langguth: «Der grüne Faktor», Zürich 1984; Giselher Schmidt: «Die Grünen», Krefeld 1986.

stenz sind die Grünen mit ihren inneren Gegensätzen beschäftigt gewesen und warfen sich öffentliche Verfehlungen vor, die bei anderen Parteien zu Parteiausschlußverfahren führen würden. Ein zusammenhängendes Programm gibt es auch heute noch nicht, und die Arbeit in den Parlamenten erschöpft sich durchweg in punktuellen Initiativen.

Und dennoch haben sich die Grünen heute bei einem Stimmenanteil von etwa 8 Prozent eingependelt. Das Wachstum dürfte vorüber sein, aber ein baldiges Zerfallen ist auch nicht abzusehen. In der demographischen Zusammensetzung hat sich die Bewegung stabilisiert. Ihre Anhänger sind vorwiegend Menschen zwischen 30 und 45 Jahren, kommen überwiegend aus Familien mit günstigen wirtschaftlichen Verhältnissen und haben eine überdurchschnittlich hohe Schulbildung.

Eine Partei ohne wirkliche Organisation verlangt eine neue Erklärung. Nach dem Selbstverständnis der Grünen ist gerade der Verzicht auf die bei Parteien übliche Organisation das Kennzeichen, das für ihre Wähler die entscheidende Anziehungskraft besitzt. Die Grünen sind eine Bewegung, was fortwährende Aktivität ohne Verantwortung für Folgen bedeutet. Nur so kann die Partei unbeschädigt bleiben als Objekt für Wunschdenken bei ihren Wählern.

Im Kern sind die Grünen eine bürgerliche Bewegung gegen das Bürgertum. Damit führen die Grünen einen Dialog innerhalb des Bürgertums fort, der mit dessen Wachstum im Verlauf des Prozesses der Industrialisierung nie aufhörte, sich aber bisher durchweg als «Kulturkritik» und weniger politisch äußerte.

Inzwischen sind nach ihrem Selbstverständnis die Grünen eine linke Partei – die einzige Partei in der Bundesrepublik (alt), deren Anhänger sich mit großer Mehrheit ideologisch als links einstufen. Damit verbunden haben die Grünen ihre Eignung vermindert, ein Äußerungsforum diffuser Proteste zu sein.

Die Wähler der Republikaner sind in vieler Hinsicht die Antipoden zu den Grünen im Sinne einer Feindschaft gegen die grüne Kultur einer «Lumpenbourgeoisie». Bei ihren ersten Erfolgen meinten Beobachter, es handele sich um eine bloße Abspaltung von der CDU nach rechts. Das dürfte für nahezu die Hälfte dieser Wähler der Republikaner auch zutreffen, aber fast ein Drittel der Wähler dürfte von der SPD zu den Republikanern gewandert sein. Mehr als die Hälfte der Republikaner sind nach einer Untersuchung von Noelle-Neumann Arbeiter. Eine Untersuchung von Infas über das Wählerpotential der Republikaner zeigt als höchsten

Anteil aller Berufsgruppen zwischen 18 und 20 Prozent Potential bei Arbeitern. Vor allem sind es junge Arbeiter, vorwiegend junge Männer, die eine Ausbildung als Facharbeiter oder Handwerker vorweisen können.

Als Gründe für ihre Wahlentscheidung nennen die Wähler der Republikaner Schwierigkeiten, die mit der Eingliederung von Zuwanderern aus östlichen Ländern in die Bundesrepublik verbunden sind. Das entspricht der öffentlichen Propaganda der Republikaner, erklärt aber nur zu etwa einem Drittel deren Wahlerfolge. Ungefähr ebenso wichtig ist der Wunsch, der eigenen Partei einen Denkzettel zu geben – also die Abwanderung von denjenigen Parteien, die das System und die Gesellschaft der Bundesrepublik mitgestalteten. Damit verbunden ist die Aussage, daß die Republikaner den «kleinen Mann» repräsentieren.

Sind die Republikaner Neonazis oder, wie es die DDR-Regierung formuliert hatte: Neofaschisten? Einige bekannt gewordene Funktionäre wahrscheinlich, aber die Mehrzahl der Wähler wohl kaum. Die Republikaner als Partei zu beschreiben ist bisher nicht möglich. Eine Untersuchung der Adenauer-Stiftung (Studie Nr. 13/89) behauptet, die Republikaner hätten 10000 Mitglieder im Bundesgebiet. Selbst wenn die Zahlen zuträfen, so sind das in einem Land wie Bremen weniger als 70 Mitglieder. In einer Stadt wie Köln dürfte es als organisierte Gruppe kaum 40 Republikaner geben.

Die Republikaner als Partei sind bisher so wenig organisiert, daß sie bei den verschiedenen Wahlen nicht einmal in allen Wahlkreisen Kandidaten aufstellen konnten. In Frankfurt führte das dazu, daß ersatzweise eine äußerst rechte Partei, die man schon weitgehend tot glaubte, Stimmenanteile erhielt wie sonst kandidierende Republikaner: die NPD nämlich. Wie bei den Grünen polemisieren verschiedene Gruppen der Republikaner gegeneinander, drohen sich Gerichtsverfahren an und sind mehr mit dem internen Streit als mit Initiativen nach außen beschäftigt. Daraus ist zu schließen: Die Wähler haben keine Partei gewählt, sondern ein Symbol für ihre Wünsche und ihren Ärger. Das hatten die Reps auch richtig erkannt, als sie sich in ihrer Plakatierung mit dem Spruch begnügten: «Uns reicht es».

Solche Protestparteien sind bisher eine kurzlebige Störung des Parteiensystems der Nachkriegszeit, wenn sie nicht wie die Grünen durch ein Milieu gestützt werden. Ihre Bedeutung wird aber sehr gesteigert, wenn die Wahlbeteiligung verfällt. Dann kann es zu einer «großen Koalition»

CDU/SPD kommen. Und dann besteht die Möglichkeit, daß sich eine andere – unerwünschte – Republik bildet.

3.2 Wahlverweigerung

Ab Mitte der achtziger Jahre geht die Wahlbeteiligung fortwährend zurück. Dieser Rückgang betrifft alle drei die politische Geschichte der Bundesrepublik prägenden Parteien CDU, SPD und FDP.[2]

Ein besonders aufschlußreiches Beispiel waren die Wahlen am 2. Juni 1991 in Hamburg. Sie bedeuteten für die CDU eine schwere Niederlage. Beachtet man aber nicht nur die Prozentwerte, sondern zugleich die absoluten Zahlen der für die verschiedenen Parteien abgegebenen Stimmen, so hat selbst die nach Prozentsätzen siegreiche SPD Grund zur Sorge: Auch sie hat im Vergleich zu der Bürgerschaftswahl 1987 (442 670 Stimmen) 49 220 Stimmen eingebüßt. Die größte «Partei» bei der Hamburger Wahl waren mit 436 372 (von 1 256 123 Wahlberechtigten) die Nichtwähler (1987: 263 684). Die Wahl wurde nicht entschieden dadurch, daß die SPD der CDU Stimmen wegnahm, sondern daß weniger Sympathisanten der SPD ihrer Partei die Stimme verweigerten, als dies bei den Sympathisanten der CDU der Fall war.[3]

Allgemein gilt in der Bundesrepublik inzwischen, daß Wahlen entschieden werden durch die nach Parteien unterschiedlich starke Stimmenverweigerung der Sympathisanten. Nichtwähler – das waren früher die politisch Desinteressierten. Diese bleiben auch heute weiter zu Hause, aber das tun jetzt auch politisch Interessierte. Eine Befragung anläßlich der Bundestagswahl 1990 in Stuttgart ergab, daß 74 Prozent der Nichtwähler gleichwohl politisch interessiert waren.[4] 37 Prozent der Nichtwähler (bei den Wählern waren es nur 15 Prozent) fanden die Parteien zum Verwechseln.

Die Bundestagswahl vom 2. Dezember 1990 brachte der Koalition eine

2 Elmar Wiesendahl: «Der Marsch aus den Institutionen. Zur Organisationsschwäche politischer Parteien in den achtziger Jahren», in: Aus Politik und Zeitgeschichte B 21/90, 18. 5. 1990, S. 3–14

3 Kölner Stadt-Anzeiger (dpa): «Infas: Dramatischer Rückgang der Wahlbeteiligung prägte das Ergebnis», 3. 6. 1991, S. 4

4 Michael Eilfort, op. cit. 1992, S. 5 und 6

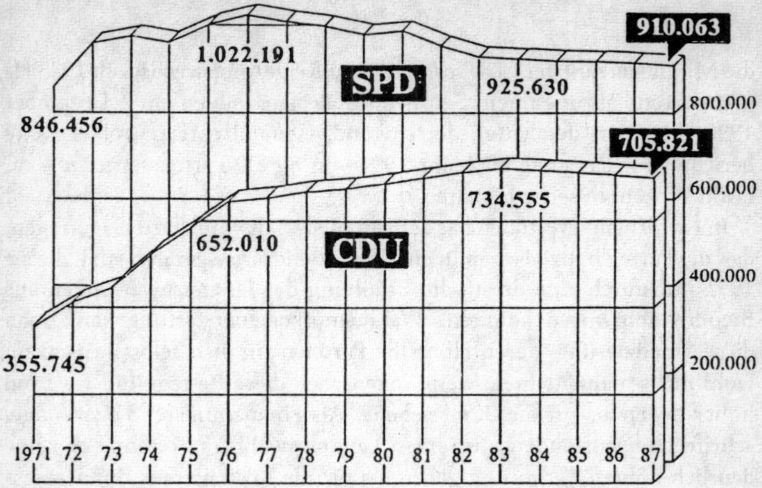

Quellen: CDU-Bundesgeschäftsstelle. Jahrbücher der Sozialdemokratischen Partei Deutschlands. Institut der deutschen Wirtschaft iwd

Attraktivität der Parteien nimmt ab. Mitgliederzahl jeweils Jahresende (CDU: ohne CSU)

komfortable Mehrheit der Sitze im Bundestag, und als Wahlsieg der CDU wurde sie im politischen Establishment wahrgenommen. Zugleich war das Resultat des 2. Dezember 1990 das zweitschlechteste Ergebnis der CDU seit Bestehen der Bundesrepublik. Das ist um so bemerkenswerter, als für die Christdemokraten die Umstände einmalig günstig waren: Der Bundeskanzler konnte sich den Wählern als Kanzler der Einheit stellen. Wenn sogar unter diesen Umständen bei einer Bundestagswahl ein so schlechtes Ergebnis erzielt wurde, kann die folgende Kette von Wahlniederlagen der Union 1991 überhaupt nicht überraschen.

3.3 Mitgliederschwund

Parallel zu dieser Entwicklung des Wählerverhaltens verläuft die Entwicklung der Mitgliederzahlen. Die Zahlen für die SPD sind seit 1976 rückläufig.[5] In Reaktion auf die Regierung Willy Brandt verdoppelte sich

5 Welt am Sonntag (ws.): «Führer und Mitglieder der Sozialdemokratie seit 1863», 2. 6. 1991, S. 24

die Mitgliederzahl der CDU, um mit dem Regierungswechsel ab 1983 (!) fortwährend abzunehmen. Seit den Bundestagswahlen am 2. Dezember 1990 galoppiert der Mitgliederschwund. Generalsekretär Volker Rühe berichtet für das erste Halbjahr 1991 von 80000 Parteiaustritten – ca. zwölf Prozent in sechs Monaten.[6]

In Nordrhein-Westfalen hat der Mitgliederschwund dazu beigetragen, daß die Parteien inzwischen in eine finanzielle Krise geraten sind, die sie 1991 nur durch eine drastische Erhöhung der Finanzzuweisungen aus Steuern abbremsen konnten. Wahlkampfkostenerstattung kann man diese Finanzierung, deren Höhe die Parteien für sich selbst festsetzen, wohl nicht mehr nennen, wenn inzwischen diese Beträge für das Land höher liegen als für die Bundesebene. Als Finanzminister Theo Waigel schriftlich beanstandete, für einen Landtagswahlkampf könne es keine deutlich höhere Vergütung geben als für die Kosten einer Bundestagswahl, wurde das von den Führungsspitzen des Landtags NRW mit Achselzucken einfach übergangen.

3.4 Verflüssigung von Bindungen

Während die politischen Führungen ihre schlechten Wahlergebnisse gern einem unfairen Verhalten der Medien zuschreiben, kann das für schwindende Mitgliederzahlen wohl nicht gelten.

Daß die Einbindungen der Wähler in politisch eindeutige Milieus schwindet, wurde bereits erwähnt. Neuss ist nicht mehr so «schwarz» wie ehedem und Dortmund oder Duisburg-Hamborn nicht mehr so «rot» wie früher. Insbesondere ist die Mehrfach-Bindung an die «sozialmoralischen Milieus» (so Lepsius) als ein Zusammentreffen von Mitgliedschaft in der Gewerkschaft, dem Arbeitersportverein und dem Ortsverband der SPD verblaßt. Der Anteil der (früher) verläßlichen Stammwähler sinkt, derjenige der Wechselwähler steigt.

Eine neue ideologische Trennungslinie kommt störend für diese überkommenen Bindungen hinzu: die Trennung zwischen «Postmaterialisten» (weitgehend gleich grün) und «Materialisten», für die soziale Sicherheit und Wirtschaftswachstum nach wie vor vorrangig bleiben.

6 Frankfurter Allgemeine Zeitung (Reuter): «CDU verliert viele Mitglieder im Osten». 17.4.1991, S. 5

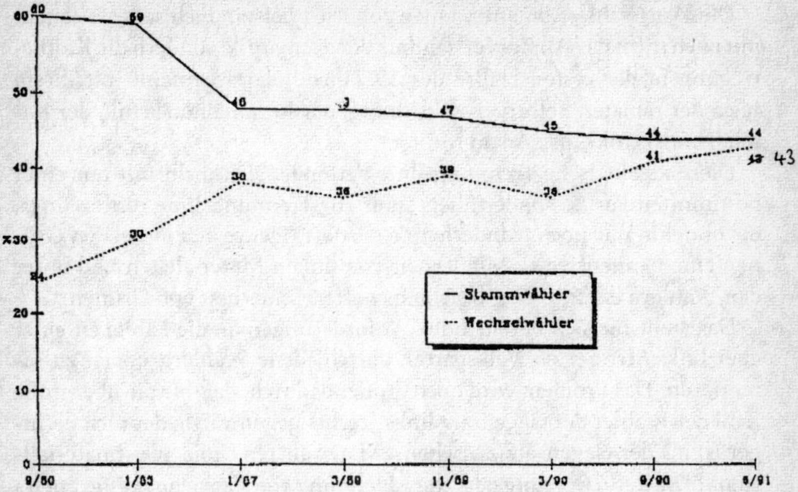

Quelle: Forschungsinstitut der Konrad-Adenauer-Stiftung, Archiv-Nr. 8012, 8302, 8701, 5901, 8908, 8003, 8007, 8101

Entwicklung der Stamm- und Wechselwähler

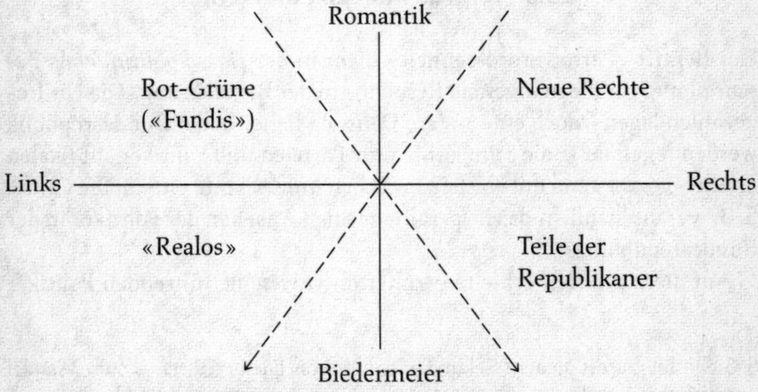

Der politische Orientierungsraum der Bevölkerung[7]

7 Erwin K. und Ute Scheuch: «Wie deutsch sind die Deutschen?», Bergisch Gladbach 1991, S. 105

Die Wortwahl «Romantik» mag zunächst befremdlich sein. Es ist damit auch nicht das Alltagsverständnis von Romantik, sondern die Kultbewegung in der ersten Hälfte des 19. Jahrhunderts gemeint mit ihrem Ideal der rabiaten Selbstverwirklichung, der Rationalitätskritik, der Kapitalismuskritik eines Adam Müller.

Diese ideologische Trennungslinie verbindet sich nicht mit nur einer bestimmten Partei, sondern liegt quer zur Trennungslinie rechts/links, die ohnehin nur noch Minderheiten sortiert. Heute gibt es bei den Grünen eine nennenswerte Minderheit von linken Materialisten und unter den Wählern der SPD eine beachtenswerte Minderheit von Grünen.

Das stellt für sich bereits hohe Anforderungen an die Fähigkeit einer eher linksorientierten Volkspartei, verschiedene Wählergruppen zu integrieren. Das Problem wird noch größer dadurch, daß für die übergroße Zahl der Wähler der Gegensatz links/rechts gegenwärtig deutlich geringer ist als der Gegensatz zwischen «Materialisten» und «Postmaterialisten». Die Befürwortung oder die Ablehnung einer ausgeprägt «grünen» Position – die allerdings auch unter den Wählern der Grünen keine Mehrheit hat – ist gegenwärtig der alle anderen Gegensätze überlagernde ideologische Konflikt in der Wählerschaft.[8]

3.5 Verdruß mit den Politikern

Der Begriff «Parteiverdrossenheit» dient in der *classe politique* als Beschreibung für die mangelnde Resonanz in der Bevölkerung. Die Umfragezahlen legen jedoch eine andere Deutung nahe. In der Bundesrepublik werden regelmäßig die Sympathien für Parteien und Politiker auf Skalen erfaßt – vorwiegend mit solchen zwischen minus 5 und plus 5. Die Grafik S. 37 veranschaulicht das insgesamt geringe Ansehen der Politiker in der Bundesrepublik.

Auf diesen Skalen erhielten früher durchweg die führenden Politiker

8 Siehe hierzu die neuere Sekundäranalyse von Dieter Fuchs: «Zum Wandel politischer Konfliktlinien – ideologische Gruppierungen und Wahlverhalten», Wissenschaftszentrum Berlin, unveröffentlichtes Manuskript Nr. FS III 90–205. Vgl. auch Erwin K. Scheuch: «Kampf dem Kapitalismus», in: Uwe Backes und Eckhard Jesse (Hg.): «Jahrbuch Extremismus und Demokratie», 3. Jg., Bonn 1991, S. 297ff

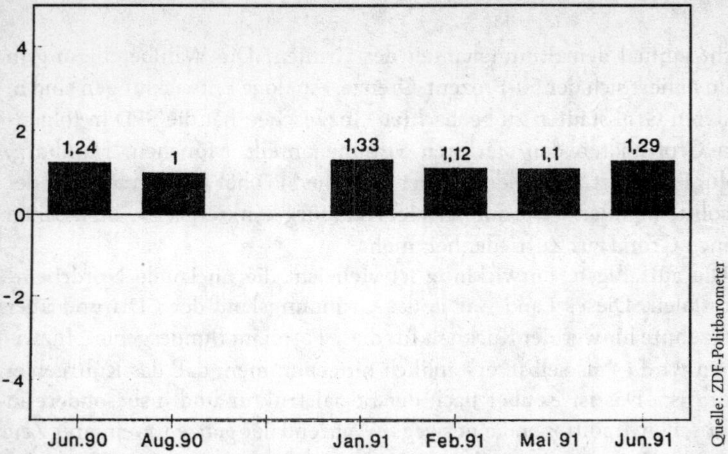

Beliebtheit der zehn Spitzenpolitiker (Durchschnitt)

der Parteien bessere Zensuren als die Parteien selbst. Das ist heute anders geworden. Helmut Kohl bekommt deutlich schlechtere Wertungen als die CDU. Weniger ausgeprägt, aber in der Tendenz übereinstimmend, gilt dies auch für Spitzenpolitiker der SPD. War es sonst in der Geschichte der Bundesrepublik üblich, daß das Ansehen der Parteien durch ihre Spitzenpolitiker gefördert wurde, so gilt heute das Umgekehrte.

Erklärungsbedürftig ist also im Gegensatz zu dem Problemverständnis in der politischen Führung und der politischen Wissenschaft nicht nur die mangelnde Attraktivität heutiger politischer Parteien, sondern auch und sogar vor allem die geringe Wertschätzung der führenden Politiker auf allen Ebenen.

Unsere wichtigste Diagnose ist: Die politischen Parteien haben in einer ihrer zentralen Funktionen versagt – in der Auswahl von Kandidaten für Führungspositionen in der Politik. Diese schlechte Personalauswahl verstärkt eine eventuell ohnehin bestehende Bereitschaft zur Geringschätzung politischer Parteien. Die Krise ist also nicht in erster Linie eine Krise der Parteien allgemein, sondern der Auswahl politischer Führungskräfte.

Der Rückgang der Bürgerbeteiligung an Wahlen und das Sinken der Mitgliederzahlen sind besonders auffällig in den großen Städten. Gerade hier ist die CDU von dieser Abwendung der Wähler von den Parteien ganz besonders betroffen. In manchen Wahlkreisen in Köln erreicht sie in jüngeren Altersklassen und insbesondere bei weiblichen Wählern nicht einmal den Stimmenanteil der Grünen. Die Wahlbeteiligung in Köln nähert sich der 50-Prozent-Grenze. Analoge Entwicklungen sind in anderen Großstädten zu beobachten. Inzwischen hat die SPD in folgenden Großstädten den stärksten Stimmenanteil: München, Hamburg, Köln, Frankfurt, Düsseldorf. Aber auch die SPD hat bei Betrachtung der absoluten Zahlen – wie am Beispiel Hamburg konkretisiert – inzwischen keinen Grund zur Zufriedenheit mehr.

Die auffälligste Entwicklung ist vielleicht die im Lande Nordrhein-Westfalen. Dieses Land war ja das Gründungsland der CDU und über Jahrzehnte hinweg der Rückhalt für diese Partei im Bundesgebiet. Inzwischen wird es als selbstverständlich hingenommen, daß das Ruhrgebiet «rot» ist. Das ist es aber nach der Sozialstruktur und insbesondere in politischen Traditionen keineswegs. Während der ganzen Weimarer Zeit hatte das Zentrum (immerhin die wichtigste Gründungskomponente der CDU) im Ruhrgebiet eine starke Stellung. Der linke Niederrhein konnte sogar als ein Stammland des Zentrums angesehen werden. Fast alle diese Positionen sind inzwischen verloren. Bereits 1985 – im 40. Jahr ihrer Gründung – erlitt die CDU in Nordrhein-Westfalen die schwerste Niederlage in ihrer Geschichte. Die CDU sieht heute sogar ein Wahlergebnis von einem Drittel der Wähler im Lande als «normal» an. Die Landespartei muß jetzt als weitgehend inexistent gewertet werden. Will die CDU auf Bundesebene Mehrheiten erhalten, so sind gewaltige Kompensationen in anderen Bundesländern notwendig, um das Siechen der CDU in NRW auszugleichen. Nordrhein-Westfalen ist dann allerdings nur ein Extremfall für einen Prozeß, der auch in anderen Teilen der alten Bundesrepublik zu beobachten ist.

3.6 Zufriedenheit mit der Demokratie

Die abgesunkene Wahlbeteiligung, die bei Lokalwahlen schon in dramatischer Weise bewußten Stimmenthaltungen, sind bisher nicht als Krise der Demokratie zu deuten. Die Zufriedenheit mit der Demokratie ist nach wie vor hoch – mit Ausnahme von den Protestwählern der Grünen (wo sie aber mehr und mehr steigt) und den Republikanern. Vor allem ist wichtig: Die Werte sind im Zeitablauf sehr stabil. In längerfristiger Betrachtung gab es nur einmal einen Einbruch: während der letzten zwei Jahre der Regierung Schmidt. Ansonsten sind im internationalen Vergleich die Werte für die Akzeptanz des demokratischen Systems der Bundesrepublik günstig.[9]

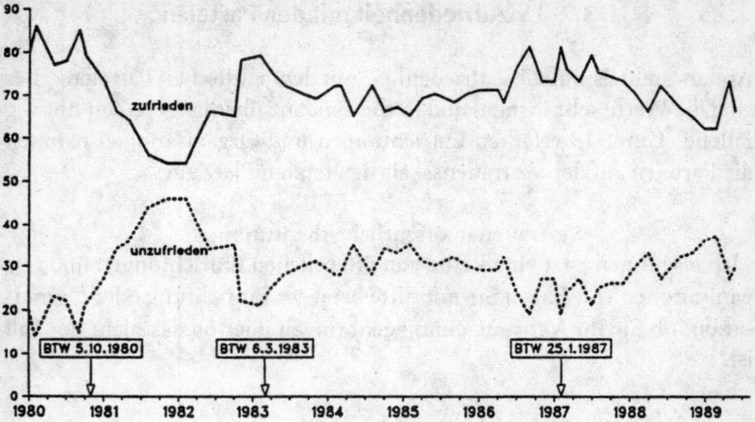

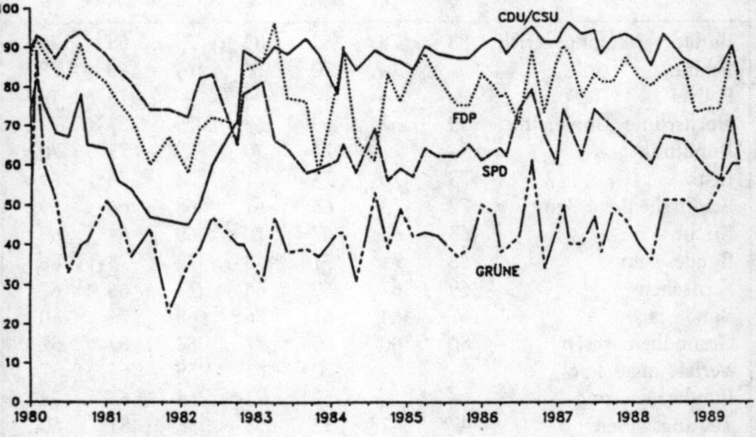

Quelle: IPOS 1990, S. 5

Zufriedenheit mit unserer Demokratie [10]

9 Richard Stöss: «Parteikritik und Parteiverdrossenheit», in: Aus Politik und Zeitgeschichte B 21/90, 18. 5. 1990, S. 15–24

10 IPOS 1990, S. 5

3.7 Unzufriedenheit mit den Parteien

Anders steht es um die Zufriedenheit mit den politischen Parteien. Hier sind die Werte sehr instabil und ist die Tendenz über längere Zeit hinweg fallend. Unter 18 erfaßten Einrichtungen und Organisationen nahmen die Parteien auf der Vertrauensskala den letzten Platz ein:

Vertrauen in öffentliche Institutionen[11]

«Ich lese Ihnen jetzt eine Reihe von öffentlichen Einrichtungen und Organisationen vor. Sagen Sie mir bitte bei jeder Einrichtung oder Organisation, ob Sie ihr Vertrauen entgegenbringen oder ob das nicht der Fall ist.»

	1979 %	1981 %	1982 %	1983 %	1984 %	1986 %	1988 %
Bundesverfassungsgericht	83	78	82	82	75	85	79
Schule	–	–	70	76	74	80	78
Polizei	–	–	–	–	–	78	78
Hochschule/Universität	59	57	69	69	75	83	77
Rundfunk	–	–	74	70	75	73	70
Justiz	73	70	74	71	74	76	69
Städtische Behörden	72	73	68	61	68	66	69
Kirche	65	66	67	70	69	64	69
Bundeswehr	68	74	71	73	72	73	66
Fernsehen	69	62	69	64	71	66	62
Bundestag	67	64	61	76	68	74	60
Gesundheitswesen	80	80	80	77	82	82	57
Verfassungsschutz	–	–	70	61	59	66	57
Bundesregierung	–	–	59	71	64	66	54
Zeitungswesen	47	47	57	55	58	51	50
Gewerkschaften	48	52	53	53	45	42	49
Unternehmen	50	54	65	56	48	60	48
Parteien	43	40	39	50	47	45	38

11 Emnid-Informationen, 11–12/1988, S. 15, abgedruckt in Stöss, op. cit.

Die Situation ist übrigens nicht völlig verschieden von der in den Vereinigten Staaten, wo eine insgesamt sehr stark gefallene Tendenz bei der Wertschätzung der Präsidenten zu beobachten ist, die lediglich Präsident George Bush für eine kurze Zeit dank des für ihn erfolgreichen Verlaufes des Golf-Krieges durchbrechen konnte.

Aus der Sicht der Wahlberechtigten haben die Parteien abgehoben und werden zu einer für sich selbst sorgenden neuen Obrigkeit. Eine erhebliche Minderheit hielt Parteien heute für korrupt; für das Urteil, daß die Politiker abgehoben haben, gibt es sogar eine Mehrheit[12]:

«Die Politiker machen doch, was sie wollen» (Frage 10–18)

	Wähler (in %)		Nichtwähler (in %)	
stimme voll zu	18,7	52,0	44,9	74,4
... eher zu	33,3		29,5	
... eher nicht zu	35		18,4	
... überhaupt nicht zu	12,4		6,4	

12 Michael Eilfort, op. cit. 1992, S. 4

4.
Die Politiker als Teil der Führungsschicht

Die wichtigsten Veränderungen im politischen System der Bundesrepublik sind Wandlungen im politischen Führungspersonal. Leider gibt es hierzu kaum systematische, quantifizierende Untersuchungen. In der Politologie werden Aussagen über Veränderungen üblicherweise mittels der Auswertung von Bundestagshandbüchern begründet. Dies sind sehr nützliche Quellen, aus denen sich beispielsweise Karriereverläufe nachzeichnen lassen – auch wenn die Angaben (selbstverständlich!) geschönt sind. Vor allem können Sozialstatistiken der Parlamentarier angefertigt werden. Entsprechende Quellen gibt es auch für Landtage.

Das Bild ist im großen und ganzen ziemlich einheitlich: Es sind Männerparlamente mit allmählichem Anstieg des Anteils weiblicher Mandatsträger; er erreicht jetzt im Bundestag 20 Prozent. Ganz allmählich sinkt das Lebensalter, aber viel weniger, als publizistisch aufbereitet wird. Der Schwerpunkt der Altersverteilung liegt für den Bundestag bei 47/48 Jahren. Wir haben eine Tradition der Beamtenparlamente, wobei der Anteil der Angehörigen des öffentlichen Dienstes immer noch steigt. Die beiden wichtigsten Berufskreise sind Lehrer und Juristen; letzteres meist Anwälte und Verwaltungsbeamte. Die auffälligste Veränderung ist die starke Akademisierung der Parlamente.

Inhaltlich ist aus solchen Statistiken nicht allzuviel abzuleiten. Gewiß ist es bemerkenswert, wie der öffentliche Dienst über die Parlamente sich selbst kontrolliert. Bemerkenswert ist ferner, daß ein Deutscher offenbar lebenslang von seinen Lehrern betreut wird.

Eine Kenntniselite in den Parlamenten sind frühere Regierungsmitglieder bzw. höchste Verwaltungsbeamte. Im 12. Bundestag gibt es davon unter den Abgeordneten mehr als 10 Prozent. Nach Theodor Eschenburg soll Deutschland von Verbänden beherrscht werden, und im

Deutschen Bundestag sind mehr als 20 Prozent der Abgeordneten Verbandsfunktionäre. Aber nach unserem Eindruck sind inzwischen Cliquen und Seilschaften wichtiger als Verbände.

Für solche Aussagen bedarf es jedoch eines anderen Typs von Quelle: eigener Eliteuntersuchungen.

In der Mannheimer Eliteuntersuchung von 1981 wurden 3580 Führungspositionen in der Bundesrepublik identifiziert und dann nach den Eigenschaften der Positionsinhaber untersucht. Insgesamt wurden Angaben von 1744 Führungskräften der Bundesrepublik gesammelt. Daraus resultierte folgende Aufteilung des Führungspersonals auf Bundesebene:

	Prozent
Politik	15,1
Verwaltung	13,4
Wirtschaft	23,4
Verbände	11,0
Gewerkschaften	4,3
Medien	10,5
Wissenschaft	5,8
Militär	4,8
Kultur	5,3

Hinzu kommt eine Restkategorie von 6,4 Prozent, in der sich vor allem das Führungspersonal der Justiz verbirgt.[1]

Das Durchschnittsalter des Führungspersonals ist mit 52,7 Jahren im internationalen Vergleich relativ hoch; das war es aber immer schon wegen der verhältnismäßig langen Karrierewege in Deutschland. Besonders hoch ist das Alter der Topführungsleute in der Wirtschaft, in den Landwirtschaftsverbänden, den Gewerkschaften und – überraschend – in den Medien. Die kürzesten Karrierewege fanden sich bei der Kulturelite und heute bei den Politikern der zweiten Reihe.

Die Akademisierung hat sicherlich dazu beigetragen, daß die Karrierewege so lang geblieben sind, weil in Deutschland der Studienabschluß im internationalen Vergleich spät erfolgt. Je nach Ebene der Politik beträgt

1 Ursula Hoffmann-Lange: «Surveying National Elites in the Federal Republic of Germany», in: George Moyser und Margaret Wagstaffe (Hg.): «Research Methods für Elite Studies», London 1987, S. 27–47

inzwischen der Akademisierungsgrad zwischen 60 und 76,5 Prozent. Erheblich unterdurchschnittlich ist er in den zweiten Rängen der Medien, erreicht aber auch hier 41,3 Prozent. Nur die Gewerkschaftsführung befindet sich erst am Anfang eines solchen Akademisierungsprozesses.

In der Mannheimer Eliteuntersuchung wurde Anfang der achtziger Jahre ermittelt, daß es neben dem Konglomerat in Elitepositionen in der Bundesrepublik ein lockeres zentrales Einfluß-Netzwerk gibt. Mit steigender Bedeutung von einzelnen Personen wird hier die gegenseitige Verflechtung größer.[2] Dies führt jedoch keineswegs zu einer größeren Einheitlichkeit in den politischen Ansichten: «Es bedeutet, daß politische Konflikte innerhalb des inneren Kerns der Elite nicht weniger ausgeprägt sind.»[3]

Im zentralen Einflußzirkel, dessen Umfang Hoffmann-Lange auf 559 Personen beziffert, befinden sich Mitglieder, die keine ausgesprochene Eliteposition in der Gesellschaft haben (11,4 Prozent); andererseits gehört nur ein kleiner Teil der Inhaber von Elitepositionen dem zentralen Einflußzirkel an (15,6 Prozent der Elite nach Positionen). Nach Hoffmann-Lange bestätigt sich die eigene Feststellung aus dem Jahre 1966: «Eine formale Position mittlerer Bedeutung scheint eine Vorbedingung für faktischen Einfluß zu sein; der tatsächliche Einfluß differenziert von dort an sehr erheblich und weitgehend unabhängig von der offiziellen Position.»[4]

Zwei Berufsgruppen herrschen inzwischen im inneren Zirkel des Einflusses vor: 40 Prozent sind Politiker und weitere ca. 12 Prozent Ministerialbürokraten – zusammen 52 Prozent! Die Gewerkschaften stellen acht Prozent der Zirkelmitglieder, acht Prozent dagegen vertreten Wirtschaftsverbände und zwölf Prozent Unternehmen. Die Vertreter der Wirtschaft nehmen also mit etwa 20 Prozent eine zwar zu berücksichtigende, aber doch eine Minderheitenstellung ein.

Und dies ist die Zusammensetzung des zentralen Zirkels nach Parteivorliebe:

2 Ursula Hoffmann-Lange: «Eliten und Demokratie in der Bundesrepublik», in: Max Kaase (Hg.): «Politische Wissenschaft und politische Ordnung», Opladen 1986, S. 338

3 ibid., S. 351

4 Erwin K. Scheuch: «Führungsgruppen und Demokratie in Deutschland», in: Die Neue Gesellschaft, Jg. 13 (1966), S. 326

	Prozent
CDU/CSU	54,4
SPD	25,8
FDP	13,7

Die Massenmedien sind im zentralen Elitesektor relativ wenig vertreten – weniger beispielsweise als die Wissenschaft. Dabei gibt es einen deutlichen Unterschied zwischen den Eliteangehörigen aus den Zeitungen gegenüber denen in den elektronischen Medien: Während bei der Presse nur 14 Prozent der Befragten Parteimitglieder waren, waren es beim ZDF 40 Prozent und bei der ARD 50 Prozent.[5] Das Führungspersonal der elektronischen Medien erwies sich damit – erwartungsgemäß – als wesentlich stärker parteipolitisiert als das der Druckmedien. Die Verwaltungselite ist inzwischen mit 70 Prozent Parteimitgliedern am engsten mit dem Parteiensystem verflochten – ein extremer Gegensatz zur Konzeption des *Civil Service* in England.

Nach ideologischer Orientierung sind die deutsche Elite und die Einflußzirkel homogener als in ihren Parteipräferenzen. Ideologisch herrscht durchweg eine Mittelposition vor – auch in den Führungsgruppen der Politik. Links von der Mitte sind im Durchschnitt lediglich die Führung der Gewerkschaften und die Kulturelite; dies ist eine bemerkenswerte Übereinstimmung. Zum damaligen Zeitpunkt war in der höheren Beamtenschaft eine SPD-Orientierung vorherrschend. Weit überrepräsentiert war erwartungsgemäß die FDP. Am stärksten war sie bei der Kulturelite überrepräsentiert, und hier sind CDU-Sympathisanten fast so selten zu finden wie bei den Führungspositionen der Gewerkschaften.

Zum Zeitpunkt der Befragung befanden sich die Führungskräfte auf Bundesebene seit etwa sechseinhalb Jahren in ihrer Spitzenposition. Erheblich überdurchschnittlich war die Verweildauer auf den – eine unerwartete Kombination – Chefetagen der Gewerkschaften und der Medien; bei letzteren wurde mit 9,1 Jahren ein Spitzenwert ermittelt. Verglichen damit war die Verweildauer der jetzigen Funktionäre in der Politik weit unterdurchschnittlich, was als (vorübergehender!) Ausdruck eines breiten Wechsels der Führungskräfte in der Politik nach 1968 gedeutet werden kann. Auch nach anderen Untersuchungen hat sich in den letzten etwa 15 Jahren in der Politik der rascheste Personalwechsel vollzogen.

5 Hoffmann-Lange 1990, S. 153

Ihrer sozialen Herkunft nach kommen 35,7 Prozent der befragten Führungspersonen aus den beiden obersten Sozialschichten, die nach den neueren Untersuchungen höchstens fünf bis sechs Prozent der Bevölkerung umfassen dürften. Die hier benutzte Zusammenfassung der Oberschicht und der oberen Mittelschicht ist allerdings äußerst unzweckmäßig; denn sie überdeckt ein entscheidendes Element der deutschen Eliten: Nach anderer Kategorisierung kommen diese ganz eindeutig vorherrschend aus gehobenen oder mittleren Soziallagen und weniger als in England und Frankreich aus der *Haute Bourgeoisie* plus Adel, also aus einer Oberschicht.

Über längere Zeiten hinweg betrachtet ist die Führungsschicht in der Bundesrepublik geprägt durch Unselbständige aus dem gehobenen Mittelstand. Bereits beim ersten Parlament 1848 hatten die Beamten ein Übergewicht.[6] Nach Hartmut Klatt ist nach Sprache, politischem Stil und Arbeitsweise, zusätzlich zur Herkunft, der Bundestag als ein Mittelschichtenparlament zu kennzeichnen, mit dem öffentlichen Dienst als immer wichtigerer Berufsgruppe.[7] Dabei ersetzen heute zunehmend Lehrer geisteswissenschaftlicher Fächer die früher vorherrschenden Juristen. Im gegenwärtigen Bundestag sind die Lehrer mit 120 Abgeordneten die mit Abstand stärkste Berufsgruppe.

Eine Aufgliederung nach der Rangordnung von Zielen der Politik ergibt ein scheinbar widersprüchliches Bild. In der Wertigkeit von Ruhe und Ordnung oder der Erhöhung des Einflusses der Bürger und dem Stellenwert der Meinungsfreiheit sind die Gegensätze im Führungspersonal der verschiedenen Parteien groß. Sie sind allerdings sehr viel geringer für ein damals wichtiges Ziel der praktischen Politik, die Inflationsbekämpfung.[8] Auffällig ist im Vergleich hierzu, daß die Prioritäten der Verwaltungsspitzen deutlich konservativer sind, wiewohl in deren parteipolitischer Orientierung die SPD damals doch den größten Vorsprung hatte.

Nach einer weiteren Auswertung gibt es nur einen geringen Zusammenhang zwischen der politischen Einstellung in den Führungsgruppen und sozialstrukturellen Faktoren wie Herkunft oder Alter, die in der Be-

6 Heinrich Best: «Die Männer von Bildung und Besitz», Düsseldorf 1990

7 Hartmut Klatt: «Das Sozialprofil des Deutschen Bundestages», Gegenwartskunde 1979, Jg. 28 (1979)

8 Wildenmann 1982, op. cit., S. 9

völkerung die Parteivorlieben und ideologischen Ausrichtungen stark prägen. An die Stelle dieser sozialstrukturellen Faktoren ist für die politischen Eliten als formendes Element die Art der Karriere getreten.[9]

In früheren Elitestudien wurde als Charakteristik für die bundesdeutschen Eliten deren Zerklüftung nach gesellschaftlichen Bereichen genannt.[10] Nach der Mannheimer Untersuchung war dieser Befund ein Ergebnis der Turbulenzen der Nachkriegszeit und nicht wirklich eine strukturelle Besonderheit der deutschen Führungsgruppen. Die Autoren übernahmen Befragungs- und Auswertungstechniken früherer Studien nationaler Eliten in den USA und Australien und erhielten weitgehend den gleichen Befund: «In allen drei Ländern existiert ein verhältnismäßig großes zentrales Netzwerk, das sektorenübergreifend wirkte.»[11]

Zwei Drittel dieser zentralen Netzwerke wurden durch ein Vorgehen erfaßt, das von der Bedeutung formaler Positionen ausging. Hiernach nimmt ein Drittel des zentralen Netzwerkes für Entscheidungen keine auffällige Position ein, wirkt also als «graue Eminenzen». Das stimme wiederum mit früheren Behandlungen des Themas Führungsschicht in Deutschland überein. Am stärksten war die Vernetzung des Einflusses bei Politikern: In der Politik ist die Meinungs- und Willensbildung viel stärker vernetzt als in den anderen Gesellschaftsbereichen, wobei dies für die CDU mehr «graue Eminenzen» mit einschließt als bei den anderen Parteien. Mit dieser Vernetzung werden nach Meinung von Hoffmann-Lange die politischen Eliten inzwischen für die Willensbildung in der Bundesrepublik zentral.[12]

9 Ursula Hoffmann-Lange: «Eliteforschung in der Bundesrepublik Deutschland», in: Aus Politik und Zeitgeschichte B 47/83

10 Erwin K. Scheuch: «Continuity and Change in German Social Structure», Zeitschrift für historische Sozialforschung, Vol. 13 (1988), Heft 2, S. 31–124; die Aussagen gründen auf Material der frühen sechziger Jahre.

11 Hoffmann-Lange 1987, op. cit., S. 42

12 Hoffmann-Lange 1983, op. cit. Zur Problematik der Verlagerung des «strategischen Zentrums» auf nichtlegitimierte Personengruppen, zu denen auch «graue Eminenzen» zählen, siehe: Dieter Herzog: «Brauchen wir eine Politische Klasse?», in: Aus Politik und Zeitgeschichte B 50/91, 6.12.1991, S. 3–13, insbesondere S. 12f. Herzog spricht ebenso von der Gefahr, die vom Zerfall der politischen Klasse in «rivalisierende, auf ihren eigenen Vorteil und den ihrer spezifischen Klientel bedachten Gruppen» für die Demokratie ausgeht (ibid.).

5. Politik als Beruf heute

In der Mannheimer Eliteuntersuchung von 1981 konnte noch eine weitgehende Übereinstimmung der Einstellungen zwischen Führungspersonal und Bevölkerung, insbesondere auch zwischen Politikern und Wählern beobachtet werden.[1] Allerdings nahmen in allen Parteien bei Wertfragen die politischen Führungskräfte eine deutlich «linkere» Haltung als ihre Wähler ein. Inzwischen ist der Unterschied zwischen der politischen Orientierung der Wähler und derjenigen der Politiker erheblich geworden: Die Wähler der CDU sind «rechter» als deren politische Vertreter und die Wähler der SPD ebenfalls. Die neue Partei-Elite der SPD könnte inhaltlich als Ausdruck der gegenwärtigen Wählerpräferenzen bei den Grünen fungieren (s. Abb. S. 49).

Der Abstand zwischen Wählern und Politik soll nach Meinung von Feist und Liepelt noch zunehmen.[2] Zwar habe die Wahl von 1980 noch keinen qualitativen Sprung bewirkt, aber die Forscher glauben, auch für Deutschland die Formierung der Kulturberufe zu einer neuen Klasse zu beobachten. Deren Durchschlagskraft beruht auf der Fähigkeit, das engmaschige Kommunikationssystem für ihre Zwecke zu nutzen, wobei eine besondere Sprache ein wichtiges Mittel zur Stärkung des Zusammenhangs ist und ein großer Konformitätsdruck in den inhaltlichen Positionen besteht. Feist und Liepelt meinen, daß sich damit die Volksparteien zu Medienforen verwandeln.

Damit führt der Linksschwenk bei Funktionären der SPD nicht etwa zur Polarisierung der politischen Eliten durch eine Hinwendung der CDU-Politiker nach rechts. Auch hier gewinnen die Positionen weiter

1 Hoffmann-Lange 1986, op. cit.
2 Feist/Liepelt 1983, op. cit.

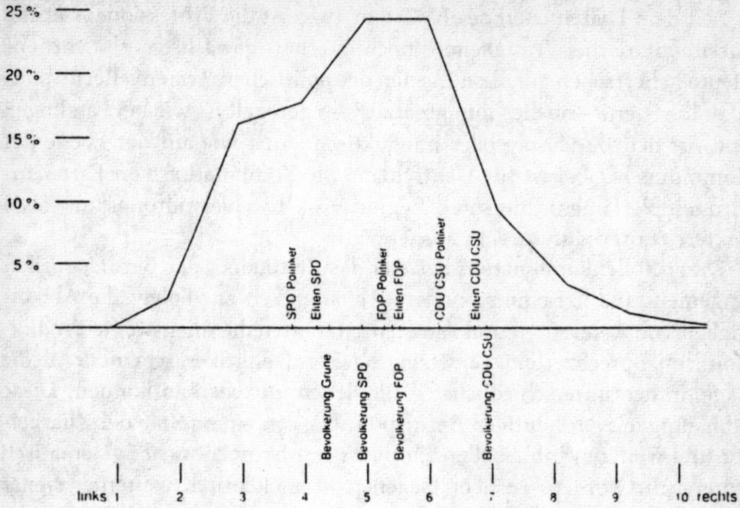

Verteilung der politischen Eliten auf der Links-rechts-Skala[3]

links an Gewicht. Es sind die politischen Eliten, welche die Vorstellungen der «Neuen Politik» (vgl. Kap. 8) aus dem kulturellen Establishment übernehmen und zum Zeitgeist machen. Dies bewirkt eine Vergrößerung des Abstandes zwischen Wahlbevölkerung und Berufspolitikern.

Daß die Volksparteien heute am Ende seien, meinten Esser und Hirsch anläßlich des Machtwechsels 1982 in Bonn.[4] Ende der siebziger Jahre war solchen Vermutungen mehrheitlich noch widersprochen worden.[5] Wahrscheinlich ist tatsächlich ein Umbruch, der inzwischen bis in die Führungspositionen durchschlug, Anfang der achtziger Jahre auszumachen. Die Formel «Von der Volkspartei zum Medienforum» deckt sich dabei gut mit den Beobachtungen, daß die Parteien in den Medien vielstimmig zu Wort kommen und nicht nur über autorisierte Sprecher.

3 Hoffmann-Lange 1986, op. cit., S. 327
4 Esser/Hirsch in Falter u. a. 1984, op. cit.
5 Dorothee Buchhaas und Herbert Kühr: «Von der Volkskirche zur Volkspartei», in: Herbert Kühr (Hg.): «Vom Milieu zur Volkspartei», Königstein i. T. 1979, S. 135–232

Seit dem Diätenurteil des BVG von 1975 ist die Professionalisierung parlamentarischer Tätigkeiten noch rascher gewachsen als vorher.[6] Heute beherrschen auf allen Ebenen des politischen Systems Berufspolitiker die Szene – ob dies nun gesetzlich so geregelt ist wie bei Landtagen und für den Bundestag oder nur faktisch so ist wie auf der Ebene der Kommune.[7] Dabei ist für Deutschland die Kombination von Parteiämtern und Parlamentsamt sowie Regierungs- bzw. Verwaltungsamt sowie weitere Ämterhäufung sehr ausgeprägt.[8]

Diese Rollenkombination belastet das Zeitbudget der Berufspolitiker ungemein und hat eine besondere Abhängigkeit zur Folge: die Abhängigkeit von Referenten und Assistenten. Durch die unentwegte Produktion von Sprechzetteln versetzen sie Berufspolitiker scheinbar in die Lage, in den unterschiedlichsten Bereichen mitreden zu können. Diese Abhängigkeit der heutigen Berufspolitiker von einem Stab der Zuarbeiter und weiteren informellen Einflüsterern ist noch nicht systematisch untersucht worden, ist aber Gegenstand anekdotisch weitergegebener Folklore der heutigen Politik.

Neben der Mannheimer Untersuchung ist die vergleichende Elitestudie, deren deutscher Teil von Hans-Ulrich Derlien und Renate Mayntz betreut wurde, besonders interessant.[9] Eine Mehrzahl von 69 Prozent der Spitzenpolitiker bestätigte die eben angeführte Behauptung, daß sich der Typ des Politikers in der Bundesrepublik «auf jeden Fall» gewandelt hat. Ausdruck des Wandels war danach gleichzeitig eine größere Bedeutung technokratisch denkender Spitzenpolitiker und eine erhebliche Verringerung von charismatisch wirkenden Persönlichkeiten. Die Beamten widersprechen diesem Selbstbild der Politiker vor allem in zwei Hinsichten. Sie können nicht erkennen, daß es heute eine Zunahme an Sachverstand bei den Politikern gegeben habe, betonen aber demgegenüber eine stärkere populistische Orientierung und die Lebenskarriere als Politiker.

Deutlich abgenommen hat die berufliche Erfahrung. In einem Be-

6 Dietrich Herzog: «New Protest Elites in the Political Systems of West-Berlin – The Ellipse of Consensus». Graue Literatur des Zentralinstituts für Sozialwissenschaftliche Forschung Berlin 1982

7 Uwe Thaysen: «Denken ohne Diskussion?», in: Christian Graf von Krockow und Peter Läsche (Hg.): «Parteien in der Krise», München 1986, S. 58–71

8 Kaack/Roth 1980, op. cit., insbes. S. 195 ff

9 Derlien/Mayntz 1988, op cit.

schluß des 37. Parteitages der CDU wird in Ziffer 2 von den Kandidaten gefordert: «Sie sollen aktiv im Berufsleben stehen und mit der Lebenswirklichkeit der gesellschaftlichen Gruppe, der sie angehören, vertraut sein»; dieser Beschluß blieb jedoch folgenlos. Auch frühere höchstrichterliche Entscheidungen, wie die des Bundesgerichtshofes 1978, hatten keinen Einfluß auf diesen Trend: «Das vom Grundgesetz gestaltete Amt des Bundestagsabgeordneten schließt... eine berufliche Tätigkeit des Abgeordneten nicht aus, setzt sie vielmehr – wie schon Artikel 48 Abs. 2 Grundgesetz und die Vorschriften des Grundgesetzes über einzelne Inkompatibilitäten ergeben – geradezu als Normalfall voraus» (BGH, 26. 6. 1978). Der heutige Berufspolitiker ist tendenziell bereits in der Universität – wenn nicht schon auf dem Gymnasium – Mitglied einer politischen Gruppierung und beginnt häufig direkt nach Ende des Studiums eine Karriere mit Politik als Hauptberuf.

Auffällig ist sowohl bei den Spitzenbeamten wie bei den Politikern die starke Verflechtung des jeweiligen Spitzenamtes mit vielerlei Mitgliedschaften. Nicht weniger als 76,3 Prozent der Politiker, aber immerhin auch 44,3 Prozent der Spitzenbeamten sind Mitglieder von Sportvereinen. Hierin zeigt sich die große Bedeutung des Sportvereins für politisch wirkende Begegnungen. Insbesondere auf lokaler Ebene sind die Sportvereine von allen Vereinigungen die wichtigste Klammer zwischen verschiedenen Bereichen der Gesellschaft. Von großer Bedeutung sind für die Politiker auch noch kulturelle und gesellschaftliche Vereinigungen. Nicht weniger als 61 Prozent sind Mitglied einer der Gewerkschaften. Von einiger Relevanz sind dann noch sowohl für die Beamten als auch die Politiker wissenschaftliche Vereinigungen.

Allgemein zeigte sich auch in diesen Erhebungen bei Führungskräften, welche zentrale Stellung den Vereinen in Deutschland für die Verbindung von Bereichen und von Ebenen des gesellschaftlichen Lebens zukommt. Daneben hat auch der Staatsdienst eine wichtige Bedeutung für die Verknüpfung von Politik und Verwaltung. 59,3 Prozent der Politiker und 76,2 Prozent der Beamten berichten von Verwandten, die ebenfalls im Staatsdienst beschäftigt sind oder waren. Bei den Beamten sind es insbesondere die Eltern, bei den Politikern auch noch Geschwister und sonstige Verwandte – was sich mit Ämterpatronage ganz gut erklären ließe.

Politiker klagen über die ungemeine zeitliche Belastung – darin Wissenschaftlern und Managern gleich. Die Derlien / Mayntz-Untersuchung bestätigt diese Eindrücke.

«Wieviel Stunden arbeiten Sie schätzungsweise durchschnittlich pro Woche?»

Politiker	75,3 Stunden
Beamte	56,9 Stunden

Die wichtigsten Gründe für diesen hohen Zeitaufwand sind nach Angaben der Politiker mit 64,4 Prozent die Außenkontakte, gefolgt von Sitzungen und der Wahlkreisarbeit. Führungsaufgaben werden als zeitraubend nur in 6,8 Prozent der Fälle erwähnt. Es entspricht den Erwartungen, daß das Aktenstudium von den Beamten doppelt so häufig erwähnt wird wie von den Politikern, aber das gilt auch für inhaltliche Arbeit allgemein. So kann auch hier der Politiker als Kommunikator und/oder PR-Repräsentant seiner Partei gekennzeichnet werden, der nur begrenzt die Inhalte kontrolliert, über die er sich äußert.

In der Tendenz wird dieser Befund auf Bundesebene bestätigt durch eine Befragung bayerischer Landtags-, Bundestags- und Europa-Abgeordneter im Frühjahr 1989 durch Werner J. Patzelt.[10] Bei dieser sogenannten Passauer Abgeordnetenstudie wurden mit 54 bayerischen Politikern Intensivinterviews geführt; den restlichen 104 Abgeordneten wurden standardisierte Fragebögen zugesandt. Hier ist die Rücklaufquote mit 47 Prozent nicht hoch, aber für Trendaussagen dennoch brauchbar.

Besonders interessierte Patzelt das Amtsverständnis der einzelnen Abgeordneten, das er durch die Frage zu erfassen versuchte: «Was sind die wichtigsten Dinge, die ein Abgeordneter tun sollte?» Anhand einer qualitativen Inhaltsanalyse erstellte er eine Rangordnung der Wahrnehmung von «Amtspflichten» (s. S. 53 oben).

Werden die Nennungen etwas anders gegliedert, dann steht mit 98 Nennungen die Kontaktpflege weit vor der Gesetzgebungs- und Ausschußarbeit und diese nur knapp vor der Vertretung spezieller Interessen. Eher nachrangig werden die über den Tag hinausweisenden Aufgaben wie konzeptuelle Arbeit und die Übernahme von Verantwortung für das Ganze genannt. Als ihre Grundlage sehen die hier befragten bayerischen Politiker ihre Arbeit an der Basis in Partei und Region.

Eine weitere Frage nach dem tatsächlichen Schwerpunkt der Tätigkeit

10 Werner J. Patzelt: «Das Amtsverständnis der Abgeordneten», in: Aus Politik und Zeitgeschichte B 21–22/91, 17. 5. 1991, S. 25–37

Rang	n	Genannte Kategorie
1	50	Gesetzgebungs- und Ausschußarbeit
2	34	Ausübung politischer Führung
3	33	Information aus vielen Kontakten
4	30	Kontaktpflege zur Bevölkerung
5	28	Umsetzung von Wünschen und Anliegen im Parlament
6	24	Bürgerservice
7	22	Wahlkreisservice
8	21	Ombudsmann sein
9	17	Erarbeitung eines guten Informationsstands
10,5	13	Pflege der Verwurzelung in der Partei
10,5	13	Kontrolle der Regierung
12	10	Konzeptuell arbeiten
13	9	Vertrauen sichern
14	8	Verantwortung für das Ganze übernehmen und sichtbar machen
15	4	Sich spezialisieren
16	3	Parlament und Staat «repräsentieren»
17	1	Überregionaler Einsatz
	129	Anzahl der Antworten

des einzelnen Abgeordneten verdeutlicht aber, daß sie viel eher als Parlamentarier und viel weniger als Wahlkreisbetreuer wirken möchten, als sie es wirklich tun. Einer der genannten Gründe ist übrigens, es gebe einfach zu viele Abgeordnete, als daß alle ihren Schwerpunkt in der Parlamentsarbeit haben könnten. «Dann funktioniert ein Parlament nicht mehr.»[11] Dies ist indirekt ein Argument für das Plädoyer des langjährigen Bundestagspräsidenten Kai-Uwe von Hassel, die Zahl der Berufspolitiker so weit zu reduzieren, bis eine sinnvolle Parlamentsarbeit wirklich möglich wird.[12]

Als Ersatz für befriedigende parlamentarische Arbeit neigten nach den Recherchen Patzelts nennenswert viele Parlamentarier dazu, die Kontaktpflege in ihrem Wahlkreis zu intensivieren. Patzelt schließt aus der von vielen Gesprächspartnern in den Intensivinterviews behaupteten Zu-

11 ibid., S. 32

12 Kai-Uwe von Hassel: Interview der Woche im Deutschlandfunk (DLF: Günter Müchler), 26. 2. 1989

nahme ihres Wähler- und Wahlkreisservices, dies verändere faktisch das Berufsbild des Abgeordneten: «Für Bürger mit politischen Gestaltungsabsichten wird die Rolle des Abgeordneten natürlich um so weniger verlockend, je mehr sie die eines auf ‹Repräsentationsveranstaltungen› hofhaltenden Ombudsmannes ist, bei dem sich hinter dieser Schauseite des Amtes endlose Kleinarbeit an Telefonaten, Behördengängen und Schriftwechseln verbirgt.»[13] Experten, die weniger Sekretär der Bürger als vielmehr Gestalter von sachgerechter Politik sein wollen oder können, könnte hier eine Mitwirkung in Parlamenten ermöglicht werden, indem sie auf Landeslisten ohne Einbindung in einen Wahlkreis kandidieren können. Von Politikern ohne politikexternen beruflichen Rückhalt wird eine solche Reform allerdings vehement zurückgewiesen.

Selbstverständlich kann ein solch zeitraubender Beruf nicht ohne erfreuliche Aspekte durchgehalten werden. Als solche nennen in der Elitestudie von Derlien/Mayntz (1988) Politiker in erster Linie den Einfluß auf Entscheidungen, gefolgt von den Gestaltungsmöglichkeiten. Die Sonntagsredenformel: «Man diene nun freudig der Allgemeinheit», wird erstaunlicherweise nur von 22 Prozent als Grund der Zufriedenheit mit dem Politikerberuf genannt (bei den Spitzenbeamten beträgt die Zahl der Nennungen hier übrigens verblüffenderweise nur 4,1 Prozent). Häufig sind dann für den Politiker auch noch die Verweise auf die Kontakte mit anderen Personen und der Öffentlichkeit wichtig: ein extrovertiertes Verhalten also.

Erkauft wird dies nach eigenen Angaben (bei 54,2 Prozent der Nennungen) durch eine hohe zeitliche Belastung und wenig Privatleben. Die Beamten klagen demgegenüber vor allem über den Mangel an Unabhängigkeit.

Die Verflechtung zwischen Verwaltung und Politik erfolgt auch nach dieser Erhebung vorwiegend über die Ausschüsse. Dort sitzen Regierung, Abgeordnete, Abteilungsleiter, Referatsleiter sowie fallweise die Experten und Interessenvertreter zusammen. Die Verflechtung zwischen der politischen Führung und den führenden Beamten ist auf der Ebene des Staatssekretärs und der Abteilungsleiter auch über Ressortgrenzen hinweg eng, wogegen auf den unteren Ebenen der Kontakt über die Grenzen eines Ministeriums hin zu den Beamten anderer Ministerien gelegentlich erfolgt.

13 ibid., S. 32f

«*Man spricht seit etwa 20 Jahren von einer Parteipolitisierung des Beamtentums in Deutschland. Meinen Sie, daß diese Behauptung zutrifft?*»				
	Politiker	%	Beamte	%
1 trifft voll zu	27	45,8	72	49,3
2 trifft etwas zu	15	25,4	54	37,0
3 teils / teils; unentschieden	4	6,8	8	5,5
4 eher nicht zutreffend	6	10,2	5	3,4
5 trifft gar nicht zu	7	11,9	7	4,8
n = 100 %	59 x = 2,2		146 x = 1,8	

Dieser eindeutigen Aussage über den Sachverhalt entspricht auch eine starke Ablehnung. Sie ist bei den Beamten noch stärker ausgeprägt als bei den Politikern.

Beurteilung des Trends:				
	Politiker	%	Beamte	%
1 sehr gut	2	3,9	7	5,0
2 ziemlich gut	7	13,7	8	5,8
3 teils / teils; unentschieden	12	23,5	25	18,0
4 eher negativ	14	27,5	62	44,6
5 entschiedene Ablehnung	16	31,4	37	26,6
n = 100 %	51 x = 3,7		139 x = 3,8	

Leider steht das Material gegenwärtig nicht zur Verfügung, um die 17,6 Prozent der Politiker zu charakterisieren, die sich zur Parteipolitisierung des Berufsbeamtentums bekennen.

Die Entscheidung für den jeweiligen Beruf als Politiker bzw. Spitzenbeamter ist nach dieser Befragung sehr unterschiedlich. Dennoch gibt es als wichtigsten Umstand für eine Karriere als Berufspolitiker der Spitzenkategorie: den Zufall, gepaart mit einem ohnehin bestehenden politischen Interesse. Das deutet darauf hin, daß von den Parteien bzw. den Amtsinhabern eben nicht gezielt Personen angesprochen werden, die sich durch Interesse für Politik auszeichnen, daß also bewußt Nachwuchs rekrutiert würde, sondern daß eher aus einem Augenblick und auch aus politikfremden Interessen heraus Einladungen zur Karriere erfolgen.

Für Spitzenbeamte ist demgegenüber das wichtigste Motiv das Interesse am Inhalt der Tätigkeit und die Unattraktivität von Alternativen. Hinzu kommen die Bedeutung des intellektuellen Anreizes und die Familientradition. Entgegen verbreiteten Vorstellungen ist auf dieser Ebene des Beamtentums die Sicherheit des Berufs von untergeordneter Bedeutung.

Zu den Zufällen bzw. den inhaltlichen Interessen kommt hinzu, daß sowohl Politiker wie Beamte durchweg über prägende Erlebnisse berichteten, die zu den heutigen politischen Vorlieben führten. Wie erwähnt wurden diese von sozialstrukturellen Merkmalen wenig beeinflußt. Überwiegend sind diese prägenden Einflüsse persönliche Lebensumstände. Für die deutschen Führungsschichten insgesamt ist das Erlebnis der vierziger Jahre der zweitwichtigste prägende Umstand, der bei dem jetzt anstehenden Revirement dann allerdings seine vereinheitlichende Wirkung verlieren wird.

Deutliche Prioritätsunterschiede zwischen Spitzenbeamten und Politikern wurden hinsichtlich der Dringlichkeit politischer Themen ermittelt. Allgemein messen die Spitzenbeamten den wirtschaftlichen Problemen einen viel höheren Stellenwert bei, als dies Politiker tun. Bei diesen zeigte sich schon früh in den achtziger Jahren ein hoher Stellenwert der «weichen» Themen, wie sie auch von Heiner Geißler der CDU empfohlen wurden: sozialer Frieden, Probleme auf der ideell-moralischen Ebene. Nur 5,1 Prozent der Politiker geben einem höheren Lebensstandard hohe Priorität; bei den Beamten sind das immerhin 14,3 Prozent. Verbesserungen in der Moral, mehr soziale Gerechtigkeit, mehr Menschlichkeit in der Gesellschaft – das seien gegenüber den materiellen Zielen die für die nächste Generation vorrangigen Aktivitätsfelder der Politik: Felix germaniae – glückliches Deutschland – um die Mitte der achtziger Jahre bei robustem und stetigem Wirtschaftswachstum.

Dem entspricht das Ergebnis einer Messung des Persönlichkeitstyps nach der Typologie von Ronald Inglehart.[14] Hiernach sind unter den Spitzenpolitikern 61,8 Prozent als «Postmaterialisten» einzustufen, für die «weiche» Themen den Vorrang vor den klassischen politischen The-

14 Ronald Inglehart: «Kultureller Umbruch», Frankfurt 1989

men haben. Mit 39,1 Prozent ist der Anteil der Postmaterialisten auch bei den leitenden Beamten immer noch deutlich höher als unter jungen Menschen in der Bundesrepublik, wo dieser Prozentsatz über einen Beobachtungszeitraum von mehr als 15 Jahren um 18 bis 19 Prozent beträgt; allerdings wird auch über die Vorstandsetagen der Wirtschaft berichtet, daß hier der Zeitgeist deutlich stärker ist als in der Bevölkerung sonst. Die Probleme der Wirtschaft werden da als zu vernachlässigende Größe angesehen. Damit ist auch die Unbekümmertheit zu erklären, mit der unter Berufspolitikern wirtschaftliche Probleme angesichts der Wiedervereinigung politisch behandelt wurden.

Die Personalkosten lassen die Etats unbeweglich werden, und die Zahl der Beschäftigten im öffentlichen Dienst wächst weiter. Da dies in erster Linie die Politiker in ihrer Handlungsfreiheit beeinträchtigt, müßte es zunächst verblüffen, daß weniger die Politiker als die Spitzenbeamten die Notwendigkeit eines Abbaus von öffentlichen Aufgaben sehen. 39 Prozent der Spitzenpolitiker bestreiten eine solche Notwendigkeit. Nur 45,8 Prozent sehen einen solchen Abbau als nötig und möglich an – dagegen 53,4 Prozent der Beamten. Dies läßt sich aber dann als eine verständliche Reaktion der Politiker deuten, wenn dies aus der Wertschätzung von Möglichkeiten der Ämterpatronage folgt.

6.
Das zunehmende Gewicht der Lokal- und Kreispolitik

Die These, die in Deutschland einmal vorherrschenden Milieu- und Interessenparteien hätten sich zu nur locker zusammenhängenden Volksparteien entwickelt, kann an der Gemeindepolitik besonders schlüssig überprüft werden.[1]

Tatsächlich zeigt die – nicht sehr umfangreiche – lokale Wahlforschung, daß hier durchweg die gleichen Bestimmungsgründe für das Wählerverhalten vorherrschen wie für Wahlen zum Bundestag. Werden die zur Erklärung der Wahlergebnisse wichtigen Einflußgrößen wie Wahlbeteiligung, Ortsgröße, berufliche Zusammensetzung der Bevölkerung, Konfession sowie die Eigenschaften des Wahlrechts konstant gehalten, dann verschwinden meistens die augenfälligen lokalen Eigenheiten[2] – meistens, aber durchaus nicht immer, beispielsweise dann nicht, wenn es wie in Stuttgart mit Manfred Rommel unverwechselbare Persönlichkeiten in der Lokalpolitik gibt.

Politik auf Gemeindeebene ist vergleichsweise transparenter als auf Bundes- und erst recht auf Landesebene. So werden hier der Prozeß der Kandidatenauswahl und die Veränderungen in den politischen Karrieren deutlicher. Auch die Verfilzung von Politik, Verwaltung, Wirtschaft und Verbänden als Systemeigenschaft der Politik in der Bundesrepublik kann hier eher nachgezeichnet werden. Nicht zuletzt ist Politik auf der Kommunalebene keinesfalls nur Kommunalpolitik.

1 Zur Konzeption der Milieuparteien als «mehrdimensional abgrenzbare politische Gesinnungsgemeinschaften» siehe Rainer M. Lepsius in Abel u. a. 1966, op. cit.; für die Konzeption der Volkspartei gilt als Klassiker Kirchheimer 1965, op. cit.

2 Siehe Thomas Czarnecki: «Kommunales Wahlverhalten», München 1992

Die in der Literatur verbreitete Behauptung, in den Kommunen gehe es bei der Politik vornehmlich um Sachfragen, und deshalb sei hier für ideologische Entscheidungen kein Raum, ist falsch. Insbesondere in den Städten ist die Politik von Ideologie – oder doch von Rücksichtnahmen auf ideologische Gruppen – durchtränkt. Ideologische Grabenkämpfe, das Weiterwirken der 68er Kulturrevolution, Einflußnahme von Randgruppen – all das prägt die Politik heute in fast allen großen Städten. Selbstverständlich ist die Schulpolitik heute hoch ideologisiert, aber nicht minder die Verkehrspolitik, die Müllentsorgung, das Subventionswesen für allerlei freie Gruppen und schon immer der Wohnungsbau. Und gerade in den Städten läßt sich der Mechanismus der Herrschaft von Cliquen und anderen Gruppierungen aufzeigen.

Ein Beispiel für die Verflechtung von Ideologien, wirtschaftlichen Interessen und Sachpolitik wird 1991 aus Erftstadt berichtet. Ein Investor plante ein Hotel der gehobenen Klasse von 200 Zimmern und eine Ärztegemeinschaft den Bau eines Ärztezentrums im Pavillonstil. Die Investitionen hatten eine Größenordnung um 250 Millionen Mark. Die Realisierung war gefährdet, weil sich die Modernisierung der Kläranlagen verspätete, der Regierungspräsident aber signalisiert hatte, daß bessere Abwasserwerte die Voraussetzung für Baugenehmigungen durch ihn sein würden. Zur gleichen Zeit propagierte die SPD den Bau einer weiteren Gesamtschule. Um die Gesamtschule wurde und wird in Nordrhein-Westfalen der ideologische Kampf zwischen SPD und CDU besonders heftig geführt. Der CDU-Opposition drängte sich der Verdacht auf, die SPD habe mit dieser Forcierung den SPD-Regierungspräsidenten geneigt stimmen wollen, das schlechte Abwasser zu übersehen.[3]

Die politologische und soziologische Forschung ist gegenüber diesen Aspekten der Wirklichkeit weitestgehend blind; sie geht durchweg vom Verständnis der Politik in der politischen Bildung aus. Selbst mit diesem Festtagsverständnis von Politik läßt sich Wissenswertes zusammenbringen, wie in der vorerwähnten Untersuchung in Nordhessen. Relevant ist in diesem Untersuchungsbericht die Information über die unterschiedliche Rückbindung der Politiker an die Parteimitglieder einerseits und andererseits an die Wähler. Dabei ist selbstverständlich zu bedenken, daß eine als Sonntagsbild geschönte Selbstvorstellung erfragt wurde. Eine

3 Kölnische Rundschau (Leo Gäntgen): «Regierungspräsident stoppt alle Baupläne im Erftstadtgebiet». 2. 10. 1991

Faktorenanalyse dieser Selbstbilder ergab (in der Reihenfolge der Stärke der Faktoren):

1. das traditionelle Selbstverständnis als Dienst am Gemeinwohl durch den Mandatsträger,
2. das Selbstbild als Lokalmanager,
3. die Vorstellung eines Vermittlers zwischen verschiedenen Positionen.[4]

In der Ausübung des Amtes tritt die Orientierung an der lokalen Partei gegenüber der Identifikation mit der Kommune und mit spezifischen Interessen zurück.[5] Wichtiger als dieses Selbstbild der Politiker dürfte aber deren Verflechtung mit Mitgliedschaften und die Übernahme von Ämtern auf verschiedenen Ebenen und in verschiedenen Bereichen von kommunalen und regionalen Gesellschaften sein. Die lokalen Abgeordneten sind nicht so sehr als «Parteisoldaten» zu verstehen, die nebeneinander kämpfen, sondern als Schnittpunkt von Netzwerken.

Die persönlichen Netzwerke innerhalb der Partei scheinen dabei wichtiger zu sein als die außerparteilichen Netzwerke.[6] Innerparteilich sind die persönlichen Freundeszirkel die wichtigste Orientierung – vor den Beziehungen zum Apparat der überregionalen und der lokalen Partei. Für außerparteiliche Rückbindungen sind politisierte Verbände bedeutsamer als lokale gesellige Vereine und diese wiederum etwas wichtiger als Beiräte mit Lokalbezug (wie etwa schulische Ämter).

Dennoch kann als Summe der vielen Auswertungen bei Engel gesagt werden, daß die Vereinsmitgliedschaften von entscheidender Bedeutung für die Lokalpolitiker werden, weil dadurch die Chancen der Nominierung erhöht werden.[7] Klaus Simon zeigt anhand empirischer Untersuchungen in den Großstädten des Ruhrgebietes, daß die Unterstützung durch Vereine die innerparteiliche Machtposition entscheidend fördert.[8] Felix Kuballa ermittelte 1989 bei den 26 Mitgliedern des Rates der 10000-

4 Engel 1988, op. cit., S. 130
5 ibid., S. 125
6 ibid.; vergleiche die Ergebnisse auf S. 135 mit S. 142
7 Dieser Befund wird auch bestätigt bei Wolfgang Horn und Herbert Kühr: «Kandidaten im Wahlkampf – Kandidatenauslese, Wahlkampf und lokale Presse 1975 in Essen», Königstein 1978, S. 117 ff
8 Simon in Kühr/Simon 1982, op. cit.; siehe auch Engel 1988, op. cit., S. 139 und 169

Einwohner-Gemeinde Kall in der Eifel 167 Vereinsmitgliedschaften. Kirchenchor, Feuerwehr, Fußballverein, Schützenverein hatten alle Politiker als Vorsitzende. Umgekehrt wird dann vom Mandatsträger erwartet, daß er für die Partei als Ombudsmann in die Vereine hineinwirkt.[9]

Entscheidend für die Rückbindung der Parteien an Milieus und/oder Organisationen sind die «Mehrfunktionsträger». Von den Politikern auf Kreisebene haben dabei fast alle auch Ortsämter – mit Ausnahme der Politiker der FDP; dort ist die Ämterhäufung innerhalb der Politik entgegen landläufiger Ansicht geringer.[10] Umgekehrt hat etwas mehr als die Hälfte der Lokalpolitiker keine Ämter auf Kreisebene. Die Kreisebene bedeutet also eine Bündelung von Einfluß, meist aber nicht gleichzeitig einen Zwischenschritt auf dem Weg zu einer Bundeskarriere. Heute sind hier die Verbindungen eher gering.[11] Die Lokalebene ist neben der Verflechtung von Kreis- und Lokalfunktionen für Mehrfunktionsträger der wichtigste Aktionsraum.

Von 1663 berücksichtigten Mandatsträgern können nach der Untersuchung von Nordhessen bei der SPD 52,6 Prozent und bei der CDU 53,6 Prozent als Mehrbereichsfunktionäre eingestuft werden. Diese politischen Mehrfachfunktionäre sind dann zugleich auch bevorzugt Funktionäre lokaler Vereinigungen und Mitglieder weiterer lokaler Gremien. Selbst bei kleinen Gemeinden kann man heute eine Tendenz zum Berufspolitiker feststellen.

Bereits auf der Ebene der Kommunen – selbstverständlich insbesondere der größeren Kommunen – läßt sich eine Spannung zwischen Fraktion und Partei feststellen.[12] Dabei ist vorherrschend die Fraktion die stärkere Gruppierung, die dann auf die Willensbildung der lokalen Parteien rückwirkt. Nebeneinander lassen sich in der nordhessischen Untersuchung zwei Arten von Multifunktionären identifizieren: Volkstribune, die sich als Matadore der Bevölkerung verstehen, und Lokalgrößen, die sich als Führer ihrer Partei und als Artisten sehen, denen die Verknüpfung von Einzelinteressen zu einer Politik der Partei gelingt.[13]

9 Felix Kuballa (WDR): «Den Staat zur Beute machen?», Sendung 20.7.1989
10 Engel 1988, op. cit., S. 56ff
11 ibid.
12 Grundsätzlich hierzu Rudolf Wildenmann: «Partei und Fraktion. Ein Beitrag zur Analyse der politischen Willensbildung und des Parteiensystems in der Bundesrepublik», Meisenheim 1954.
13 So auch Engel 1988, op. cit., S. 322

In beiden Fällen verläuft der Einfluß eindeutig von den Multifunktionären zur Partei und nicht umgekehrt. Das bewegt Werner Helmke und Karl-Heinz Naßmacher, die Ortsvereine als Werbeagenturen der Ratsfraktion zu qualifizieren.[14]

Von allen Mandatsträgern auf lokaler Ebene kann man im Hinblick auf ihren Einfluß auf die Parteien und das politische Vorfeld 41,0 Prozent Lokalgrößen des zweiten Ranges nennen.[15] Aufgrund der nordhessischen Untersuchung schätzen wir den Anteil der «zentralen Verknüpfer» auf 17 Prozent der Kreistagsabgeordneten. Darüber hinaus kann nach der Erhebung in Nordhessen, bei der vornehmlich die Parteistruktur und Ratszusammensetzung kleinerer Gemeinden untersucht wurde, bei etwa vier Prozent der über 1600 untersuchten Personen von zentralen Machtfiguren gesprochen werden. Diese zentralen Machtfiguren sind bei der SPD etwas häufiger als bei der CDU.

Die für deutsche Parteien einmal charakteristisch gewesene Verknüpfung von Lokalbezug und Einbettung in Vereinigungen (Arbeitsgemeinschaften, Jugendorganisationen) innerhalb der Parteien findet – wenn überhaupt – auf der Kreisebene statt. Auf Lokalebene kommen Fachleute kaum zum Zuge.[16] Falls sie in der jetzigen Parteienstruktur vorwiegend über Fachausschüsse Einfluß nehmen können, geschieht dies auf Kreisebene. Einflußnahmen scheinen aber nur punktuell möglich; sie bestimmen nicht die Linien der Parteien.

«Dennoch entspricht es nicht der Wirklichkeit, Parteien als völlig ziellos operierende lose Konglomerate einzelner Positionsinhaber zu verstehen... Das Ergebnis der empirischen Analysen... kann in der Aussage zusammengefaßt werden, daß auch zwischen verschiedenen Positionsinhabern... gewisse Gemeinsamkeiten... zu beobachten sind.»[17] In dieser Diagnose wird die geringe Bedeutung der Partei als überlokaler Apparat richtig eingeschätzt, die Wichtigkeit von Cliquen aber unterschätzt. Das sind also die real existierenden Politiker, für welche die Partei nur eine Bezugsgröße neben anderen ist.

14 Werner Helmke und Karl-Heinz Naßmacher: «Organisierte und nicht-organisierte Öffentlichkeit in der Kommunalpolitik», in: Rainer Frey (Hg.): «Kommunale Demokratie», Bonn/Bad Godesberg 1976, S. 182–218
15 Engel 1988, op. cit., S. 175ff
16 ibid., S. 183
17 ibid., S. 323

Das eben skizzierte Bild ist nicht mehr vereinbar mit der Vorstellung eines Systems lokaler Honoratioren, die unabhängig vom Stil einer Partei agieren könnten.[18] Eher stimmt das Bild einer Volkspartei im Auflösungsstadium. Es gibt allerdings auch Umwelteinflüsse und parteipolitische Situationen, die zu einer Verfestigung führen. Da ist zunächst im Falle Nordhessens nachzuweisen, daß sozialstrukturelle Gegensätze durchaus noch von Bedeutung sind, wie vorher Franz Urban Pappi in seiner Habilitationsschrift in Köln für die Bundesrepublik insgesamt nachweisen konnte.[19] Wichtig sind von den klassischen Zerklüftungen bei Wählern immer noch Gegensätze der Konfession und des Verstädterungsgrades. Hinzugekommen als neuere Trennungslinien sind der Anteil der Beschäftigten im öffentlichen Dienst und der Erfolg der Gemeinde als Wirtschaftseinheit sowie der Status des Berufes.[20] Das widerspricht der Behauptung, die Paul Kevenhörster 1976 aufstellte, daß «Antiparteienaffekt, Sachzwang und Gemeinwohlideologie... in den Kommunen die Herausbildung politischer Konfliktlinien erschweren».[21]

Allgemein gilt: Je mehr das Milieu wirkt, um so eher lassen sich die klassischen Vorstellungen in der Politologie mit den Beobachtungsdaten über Lokal- und Regionalparteien vereinbaren. Je stärker es verblaßt, um so eher werden die Parteien inhaltlich instrumentalisiert von kleinen Netzwerken von Berufspolitikern. Das kann durchaus einhergehen mit hochideologisierten politischen Aktivitäten. Cliquen, die vornehmlich an Vorteilsnahme für sich selbst interessiert sind, erkaufen sich Duldung, wenn sie ideologisierte Minderheiten fördern. Heute kann Müllbeseitigung, Kindergartenbau und Hafenpolitik zum Ausdruck ideologischer Voreingenommenheiten werden, hingenommen von Berufspolitikern, denen die Inhalte weitgehend gleichgültig sind.

Diese Beobachtung stimmt überein mit den älteren Diagnosen von Kirchheimer.[22] Kirchheimer hatte postuliert, die Entwicklung zur Volks-

18 Franz-Ludwig Knemeyer und Katrin Jahndel: «Parteien in der kommunalen Selbstverwaltung», Kommunalforschung für die Praxis, Heft 28, Würzburg 1991, S. 22

19 Eine Zusammenfassung findet sich in Pappi in Matthes 1979, op. cit.

20 Engel 1988, op. cit., S. 324

21 Paul Kevenhörster: «Parallelen und Divergenzen zwischen gesamtsystemarem und kommunalem Wahlverhalten», in: Paul Kevenhörster u. a. (Hg.): «Kommunales Wahlverhalten», Bonn 1976, S. 241–281

22 Kirchheimer 1965, op. cit., S. 39

partei bewirke, daß die Kandidatenauswahl für das innerparteiliche Geschehen zum wichtigsten Ereignis werde; daraus folge dann die Ablösung des Honoratiorenpolitikers auch in kleinen Gemeinden durch den Berufspolitiker.

Selbstverständlich sind die politischen Verhältnisse in verschiedenen Kommunen nicht identisch. Wie eine Untersuchung von Oscar W. Gabriel in 49 größeren Kommunen des Landes Rheinland-Pfalz zeigt, sind die Unterschiede sogar systematischer Art.[23] Wo Länderverfassungen die Abwahl eines Mitgliedes der Verwaltungsspitze erschweren und die Amtszeit der Spitzenbeamten länger als die Legislaturperiode der Räte ist, gibt es eine Tendenz zu «übergroßen Koalitionen» (übergroß = mehr als die minimale Zahl der Sitze für eine Mehrheit). Dagegen erlaubt die hessische Gemeindeordnung die Abwahl der hauptamtlichen Magistratsmitglieder nach einer Kommunalwahl. Diese Regel scheint eine Parlamentarisierung der Gemeindepolitik mit Herrschaft einer Mehrheitsfraktion zu begünstigen. Für Deutschland ist das allerdings ein Bruch mit der Tradition und auch heute nicht typisch.[24]

	1974	1979	1984
Einparteienführung	7	10	14
Mindestgewinnkoalition	7	8	6
Übergroße Koalitionen	23	23	22
Allparteienkoalition	7	6	3
Keine Angaben	8	8	9
N	49	49	49

Koalitionsstrukturen in 49 Städten des Landes Rheinland-Pfalz (1974–1984)

Gabriel findet eine Tendenz der politischen Parteien, seit Anfang der siebziger Jahre zunehmend, die Kontrolle über kommunale Personal-

23 Oscar W. Gabriel: «Das lokale Parteiensystem zwischen Wettbewerbs- und Konsensdemokratie: Eine empirische Analyse am Beispiel von 49 Städten in Rheinland-Pfalz», in: Dieter Oberndörfer und Karl Schmitt: «Parteien und regionale politische Traditionen in der Bundesrepublik Deutschland», Berlin 1991, S. 385 ff

24 Gabriel, op. cit., S. 386

und Sachentscheidungen zu übernehmen. Hier hat sich inzwischen als Systemeigenschaft ein Mischsystem durchgesetzt: eine Mischung zwischen Konkordanzdemokratie (wie sie in Deutschland üblich war) mit konkurrenzdemokratischen Zügen, bei einem Vorherrschen von Proporzarrangements. In weiten Teilen des Bundesgebietes (alt) herrscht bis Mitte der achtziger Jahre das auf der Bundesebene übliche Parteiensystem vor: zwei große und eine kleine Partei.[25]

	1974	1979	1984
Hegemonialsysteme	2	0	1
Zwei große Parteien	7	9	6
Zwei große, eine kleine Partei	31	32	28
Viele Parteien	9	8	14

Die Fraktionalisierung des Parteiensystems bei den Kommunalwahlen in 49 Städten des Landes Rheinland-Pfalz (1974–1984)

Inzwischen scheint sich als System die Konstellation von zwei großen und zwei kleinen Parteien durchzusetzen.

In der Literatur wird auch heute noch geschrieben, daß die Leitung einer Kommunalverwaltung eine rein fachbezogene Aufgabe sei, die deshalb auch von parteipolitischen Gesichtspunkten ziemlich frei bleibt.[26] Bei der Auswahl sollen angeblich fachliche Fähigkeiten der bei weitem wichtigste Gesichtspunkt sein. Nach den Analysen in Oberreuter u. a. dürfte dies aber vornehmlich nur noch in Baden-Württemberg häufig sein. In Rheinland-Pfalz gab es in 49 Städten nur einen parteilosen Bürgermeister, und 1984 stimmte in 34 von 49 Städten die Parteizugehörigkeit des Oberbürgermeisters mit der der Mehrheitsfraktion überein. Die Verhältnisse in Köln, wo diese Einflußnahme der Parteien weiter als bis zu den Amtsleitern reicht[27], sind aber wohl extrem, wenngleich für die sehr großen Städte der Bundesrepublik nicht untypisch.

Umgekehrt haben die Lokalpolitiker den Eindruck, der Verwaltung ausgeliefert zu sein. «Im Zentrum kommunaler Entscheidungsprozesse steht die Verwaltung», schließt Dietrich Fürst in seiner Habilitations-

25 Gabriel, op. cit., S. 383
26 Knemeyer und Jahndel 1991, op. cit., S. 18
27 Siehe hierzu auch die Ausführungen in der Fallstudie über Köln

schrift über kommunale Entscheidungsprozesse.[28] Es gebe zwar fortwährend als Tauschprozesse konzipierte Versuche wechselseitiger Einflußnahme, aber insgesamt herrsche der Einfluß der Verwaltung vor, weil diese wegen des Eigenlebens der Ressorts und Abteilungen überhaupt nicht zentral zu steuern sei.[29] Daß Kommunalverwaltungen in größeren Städten in weitgehend selbständige Kleinbürokratien mit Eigenleben zerfallen, ist nicht zweifelhaft, aber daraus folgt keineswegs schon Ohnmacht der Politiker. Der Zerlegung einer Verwaltung in partikuläre Einzelbürokratien entspricht auch eine Partikularisierung der lokalen Parteien, die ebenfalls zur Klammer für Fachbereichs-Monaden werden, in denen sich Ausschußpolitiker, Amtsleiter und Betroffene zusammenfinden.

Eine Befragung der mittleren Parteieliten (Kreisdelegierte) kann als Auskunft über die Orientierung eines Personenkreises gelten, der zum Teil schon als Berufspolitiker zu bezeichnen ist. Die Frage nach dem eigenen Interesse an Politik auf den verschiedenen Ebenen hatte folgende Ergebnisse[30]:

	SPD %	FDP %	CDU %	CSU %
Kommunalpolitik	79	75	77	85
Bundespolitik	84	80	76	76
Europapolitik	52	23	42	34
Außenpolitik	51	32	47	45
Parteiinterna	67	66	66	62

Ganz eindeutig ist die mittlere Parteilinie der SPD stärker an Bundes- als an Kommunalpolitik interessiert, und nur bei der CSU ist Kommunalpolitik eindeutig dominant. Insgesamt ist für die mittlere Parteielite der Bundesrepublik «große Politik» weniger interessant als Parteiinterna.

Die Sachbezogenheit der Kommunalpolitik wird durch die Systeme der Vorteilsnahme beeinflußt. Vorteilsnahme ist risikohaft, wenn der politische Gegner daran nicht teilnimmt. So fördert ungeachtet aller Versuche der nationalen Steuerung lokaler Parteigliederungen diese Vor-

28 Dietrich Fürst 1975, S. 25
29 ibid., S. 281
30 Hermann Schmitt 1987, op. cit.

teilsnahme durch Politiker die Stabilität unserer Mischsysteme auf der Ebene der Kommune. Vorteilsnahmen sind die politische Voraussetzung auch für das Berufspolitikertum auf Kommunalebene; denn nur durch Vorteilsnahme wird ein Beruf als Politiker finanziell möglich und darüber hinaus attraktiv.

So wie das real existierende politische System auf der Ebene der Gemeinden und Kreise sich entwickelte, muß es mit einer Lebenslüge leben: daß Politik ein Ehrenamt sei, bei dem die Amtsinhaber als Vertreter der Bevölkerung der Verwaltung Aufträge erteilen und deren Ausführung ggf. kontrollieren. Wird die letztere Aufgabe ernst genommen, so ist das angesichts der ausgeweiteten Staatstätigkeit auch auf Kommunalebene als Ehrenamt nur für Hinterbänkler möglich. Wird darüber hinaus berücksichtigt, daß im Zusammenhang mit der Vorteilsnahme Berufspolitikern das Hineinregieren in die Ämter zur Gewohnheit wurde, dann ist das Mandat ein Vollberuf. Nach einer Erhebung im Auftrag der Adenauer-Stiftung werden von Ratsmitgliedern in den Vertretungen der großen Städte im Durchschnitt (!) monatlich 61 Stunden für ihr Amt aufgewandt.

Monatlicher Zeitaufwand der Ratsmitglieder (Reihenfolge wie im Fragebogen)	
	Stunden
Plenarsitzungen des Rates	6,4
Sitzungen meiner Gesamtfraktion	10,9
Sitzungen von Arbeitskreisen, Arbeitsgruppen meiner Fraktion	6,5
Sitzungen von Ratsausschüssen	12,8
Gespräche mit der Verwaltung in Ratsangelegenheiten	4,8
Gespräche und Veranstaltungen mit Bürgern, Interessengruppen, Vereinen usw.	9,5
Parteiveranstaltungen	7,3
durchschnittliche Summe (Differenz zur Addition ergibt sich durch unterschiedliche Fallzahlen)	61,0

Quelle: Simon, Klaus: Repräsentative Demokratie in großen Städten, Melle 1988, S. 63

Es ist allerdings fraglich, ob dieser Zeitaufwand sachlich notwendig ist. Wahrscheinlich ist er eine Folge des Wunsches der Räte, in die Einzelheiten der Verwaltung hineinzuregieren, und der Gegenwehr der Verwaltungen, die zumeist darin besteht, solche Räte mit Papieren einzudecken. Nach der «Umfrage NRW» sind höhere Beamte und Beigeordnete öfter der Meinung, der Rat befasse sich vor allem mit Nebensächlichkeiten, während die Ratsmitglieder nur halb so häufig derart über ihre Arbeit urteilten.

Wie stark befaßt sich der Rat mit Nebensächlichkeiten?

	stark %	weniger stark %	gar nicht %	(ohne Angabe) %
Ratsmitglieder	23,8	**67,7**	7,4	1,1
Fraktionsvorsitzende	25,3	**67,7**	6,6	0,4
Ratsvorsitzende	22,7	**68,0**	8,0	1,4
Hauptverwaltungsbeamte	45,0	**49,2**	5,0	0,8
Beigeordnete	**52,1**	43,6	3,7	0,6

Die offiziell gezahlten Gelder lassen das Amt höchstens für einen Angehörigen des öffentlichen Dienstes attraktiv werden, weil er Rücksichtnahme seines Arbeitgebers für seine politische Betätigung erwarten kann und im Falle der Freistellung regelbefördert wird. Die Alternative ist, in Zukunft als Vergütung bzw. Aufwandsentschädigung einen Teil dessen auszuzahlen, was Mandatsträger in größen Städten sich gegenwärtig bloß nehmen.

Die formelle und die informelle Erledigung kommunalpolitischer Aufgaben weichen selbstverständlich voneinander ab, wobei insbesondere Beigeordnete und hohe Verwaltungsbeamte berichten, daß die Aufgabenteilung zwischen Rat und Verwaltung in der Praxis von der Gemeindeordnung abweiche.

Entspricht die Aufgabenteilung zwischen Rat und Verwaltung der Gemeindeordnung?

	ja %	nein %	teils/ teils %	(keine Stellungnahme) %
Ratsmitglieder	**52,0**	5,3	39,5	(3,3)
Fraktionsvorsitzende	**53,8**	6,9	37,7	(1,6)
Ratsvorsitzende	**67,7**	3,9	26,5	(1,9)
Hauptverwaltungsbeamte	38,9	12,5	**48,1**	(0,6)
Beigeordnete	28,2	15,6	**55,3**	(0,8)

Quelle: «Umfrage NRW», S. 53

Das gilt – vielleicht überraschend – insbesondere für die größeren Städte. Je größer die Kommune, um so häufiger wird über die Einflußnahme der hauptamtlichen Verwaltung auf den Entscheidungsprozeß in den Fraktionen berichtet.

Einflußnahme der Verwaltung auf die Fraktionen

Ratsmitglieder aus	üblich %	nicht üblich %	(keine Stellungnahme) %
kreisfreien Städten	**62,9**	28,1	(9,0)
großen kreisangehörigen Städten	**52,9**	34,7	(12,3)
Städten mit 40000 bis unter 60000 Einwohnern	**54,6**	33,6	(11,9)
Städten mit 25000 bis unter 40000 Einwohnern	**47,1**	41,3	(11,5)
Gemeinden mit weniger als 25000 Einwohnern	38,3	**51,2**	(10,5)

Quelle: «Umfrage NRW», S. 65

Noch höher ist der Anteil der Ratsmitglieder, die eine Einflußnahme des Rates auf die hauptamtliche Verwaltung angeben.

Einflußnahme des Rates auf die Verwaltung

Ratsmitglieder aus	üblich %	nicht üblich %	(keine Stellungnahme) %
kreisfreien Städten	**73,5**	17,6	(8,9)
großen kreisangehörigen Städten	**67,7**	21,6	(10,8)
Städten mit 40000 bis unter 60000 Einwohnern	**65,5**	22,1	(12,4)
Städten mit 25000 bis unter 40000 Einwohnern	**59,2**	28,0	(12,9)
Gemeinden mit weniger als 25000 Einwohnern	50,1	**37,9**	(12,0)

Quelle: «Umfrage NRW», S. 64

Die politische Vertretung und die Verwaltung durchdringen einander – insbesondere in den Großstädten. Die eigentlichen Entscheidungszentren sind die Fraktionen. Entsprechend wird geurteilt: Die Beratungen im Rat und in den Ausschüssen sind nur noch Formsache, weil die Fraktionen die Vorentscheidungen treffen.

	Zustimmung %	Ablehnung %	(keine Angabe) %
Ratsmitglieder	**58,7**	33,7	(7,6)
Fraktionsvorsitzende	**57,1**	35,0	(7,9)
Ratsvorsitzende	**53,9**	38,1	(8,0)

Quelle: «Umfrage NRW», S. 63

Nach verschiedenen Untersuchungen, über die Jörg Ueltzhöffer berichtet, unterscheiden sich die politischen Machtverhältnisse selbstverständlich nach Gemeindegrößen.[31] Die Parteipolitisierung in den Kommunen wird erst ab einer Gemeindegröße von etwa 10000 häufig.[32] Hinzu kommen Unterschiede nach Ländern. Im Land Rheinland-Pfalz, das Gabriel untersuchte, kann nur in etwa 30 Prozent der Fälle von einer kommunalen Führungsrolle einer der Parteien gesprochen werden; in Nordrhein-Westfalen werden dagegen 90 Prozent aller Mandate von den Parteien kontrolliert. An der Auswahl des kommunalen Führungspersonals nimmt höchstens ein Prozent der wahlberechtigten Bevölkerung teil.

Untersuchungen über lokale Machtstrukturen gibt es aus der Bundesrepublik nicht sehr viele, und sie sind auch methodisch mehrheitlich kritisierbar. Dennoch erlauben sie einige eindeutige Aussagen: Politischer Einfluß setzt in den meisten Fällen auch ein Mandat voraus. Es gibt graue Eminenzen, aber auch sie müssen sich mit den Mandatsinhabern, zumindest der herrschenden Clique, arrangieren.

Die mit steigender Gemeindegröße zunehmende Parteipolitisierung verläuft parallel zu den mit zunehmender Größe rasch wachsenden Verwaltungskosten. Diese betragen beispielsweise für die Stadt Bedburg mit 22000 Einwohnern pro Kopf 493,99 Mark. Die Stadt Hürtz – ein Kunst-

31 Jörg Ueltzhöffer: «Die kommunale Machtelite und der politische Willensbildungsprozeß in der Gemeinde», in: Hans-Georg Wehling (Hg.): «Kommunalpolitik», Berlin 1986

32 ibid., S. 112

gebilde der Gemeindereform der siebziger Jahre – mit 52 000 Einwohnern wendet für jeden Einwohner bereits 692,31 Mark auf. Zusätzlich zur Größe wirkt sich die Politik kostensteigernd aus: Pro Kopf benötigt die 42 000 Einwohner große Stadt Brühl 711,16 Mark, die Stadt Frechen mit 45 000 Einwohnern 803,84 Mark. Die Pro-Kopf-Verwaltungskosten von Köln liegen siebenmal so hoch wie die von Neuß (das ist NRW-Rekord), sind aber noch wesentlich geringer als die von Frankfurt.[33]

Deutsche Parteien sind – darin ungleich den amerikanischen – nach ihren Organisationsstatuten kein lockeres Bündnis lokaler Parteien, sondern Untergliederungen von föderalistisch aufgebauten Bundesparteien. Im Zeitverlauf haben sich jedoch die drei Ebenen der parlamentarisierten Politik weitgehend verselbständigt. Die Bezirksverbände der SPD und der CDU kooperieren mit den Bundeszentralen als Partner und nicht als Befehlsempfänger. Die Kommunalpolitik ist ihrerseits gegenüber den Bezirksgliederungen ziemlich autonom, wobei die eigentliche Machtebene die Kreisverbände sind. Hier kann von außen schon deshalb nur wenig hineinregiert werden, weil Politik als Beruf kommunal finanziert wird.

Nach ihrem Selbstverständnis sind die Mandatsträger auf lokaler und Kreisebene nur begrenzt in der Lage, Einfluß auf die Entwicklung der Gemeinde zu nehmen. Aus ihrer Sicht ist die Verwaltung übermächtig. Es ist nicht möglich, auf der Basis systematischer quantitativer Untersuchungen zu klären, wie groß der relative Einfluß von Verwaltung und Parteien tatsächlich ist. In der Realität durchdringen sich beide Bereiche, was am Fall einer Stadt wie Köln charakterisiert werden kann.

33 Statistisches Jahrbuch Deutscher Gemeinden, 76. Jahrgang, Köln 1990, S. 306 f

7. Parteipolitisierung und Vorteilsnahme als Systemeigenschaften: Das Beispiel Köln

7.1. Das Problem

Daß in der heutigen Bundesrepublik die Art der Auswahl von Berufspolitikern und ihre Karriere die entscheidende Schwachstelle des politischen Systems sind, dürfte nicht kontrovers sein. Wenn unsere anschließende Diagnose der Gründe hierfür korrekt ist, dann wird sich der Qualitätsverfall beschleunigen. Es ist dann zu vermuten, daß es irgendwann zu einem Kartell der großen Parteien auf Dauer kommen wird.

Die Vereinigungen in den großen Parteien beklagen, daß ihre Möglichkeiten der Einflußnahme auf Personalentscheidungen und Sachfragen fortwährend gesunken sind. Sie meinen, daß an die Stelle des fachlich ausgewiesenen Politikers der Lokalmatador trete. Das aber ist unscharf gesehen.

Es gibt sie auch heute noch in der Bundesrepublik, die Lokalmatadore. Ein Beispiel ist der Oberbürgermeister von Stuttgart, Rommel. Die süddeutsche Gemeindeverfassung mit der Direktwahl des Oberbürgermeisters ist im Vergleich zu den drei anderen Kommunalverfassungen, die es in der Bundesrepublik gibt, für das Durchsetzen solcher Lokalmatadore sicherlich förderlich. Aber im allgemeinen geht es nicht um eine Vorherrschaft von Lokalmatadoren, sondern um die Dominanz lokaler bzw. regionaler Kriterien bei Personal- und Sachentscheidungen. Auch auf Bundesebene sind entsprechend wenige Politiker auszumachen, die man als Wahlkreislöwen bezeichnen könnte; jedenfalls ist deren Anzahl verschwindend gering geworden.

Da offiziell nicht nur die Räte kleinerer Gemeinden, sondern auch die Kreistagsabgeordneten und die Stadtverordneten der größeren Städte Amateure sein sollen, tatsächlich aber in den Städten ihr Mandat als Beruf ausüben, muß dies durch Vorteilsnahme finanziert werden. Diese ist in Deutschland leichter als in manchen anderen Ländern zu sichern, weil hier die Vorstellungen von Interessenkonflikt wenig praktische Bedeutung haben. Berichtet wird aus den sechziger Jahren, daß im Rat der Stadt Köln Beschlüsse über Großprojekte im Bereich Luxemburger Straße/Universitätsstraße herbeigeführt wurden. Zwei Architekten, die zeitweilig dem Rat der Stadt Köln angehörten, kamen anteilig zum Zuge. Baute Werner Ingendaay, CDU, die 43 Stockwerke des Uni-Centers, so war Henrick Busch, SPD, der Architekt des gegenüberliegenden Hochhauses für die Justiz.[1]

Hatte die SPD im Wahlkampf Linderung der damaligen Wohnungsnot durch den Bau einer Satellitenstadt Mengenich versprochen, so kam die CDU dann mit dem Satelliten Neubrück zum Zuge. Die dort hinströmenden Mieter und Eigentümer fehlten anschließend für das Großprojekt des Kölner Nordens, das bis dahin von CDU und SPD getragen wurde. Entsprechend war dann umzuplanen.

Die Rechtsvertretung der Stadt Köln übernehmen vor Gericht im Wechsel Kanzleien, die der CDU zugeordnet werden, wie die der Stadtverordneten Esser, Artzinger-Bolten und Bietmann, oder der SPD, wie die frühere Kanzlei Siep und Burger. Eingeführt worden war diese parteiübergreifende Art von lukrativer Aufgabenteilung mit der Begründung, Ratsherren dürften schließlich keine Prozesse gegen die Stadt Köln führen. Als Ausgleich für diesen – bloß hypothetischen – Verlust sollte dann die Übertragung der Rechtsvertretung der Stadt dienen.

Als ein herausragendes Beispiel dafür, wie sich solche ausgleichende Gerechtigkeit in Mark und Pfennig konkretisiert, ist vielen Ratsherren – unabhängig von ihrer Parteizugehörigkeit – ein Prozeß in Erinnerung geblieben, den Heinz-Christian Esser, auch heute noch CDU-Stadtverordneter, für die Stadt Köln gegen den Bund führte. Es ging um ein Übungsgelände der Pioniere der Kaserne Longerich am Nüssenberger Busch. Die Stadt wünschte, dieses Gebiet als Grünfläche zu benutzen. Zu überraschend hohen Streitwerten von 56 Millionen Mark wurde der Prozeß über zwei Instanzen geführt. Die Stadt verlor – und Esser war um über 300000 Mark Prozeßkosten reicher.

1 Beide Architekten sind zwischenzeitlich aus ihrer jeweiligen Partei ausgetreten und weisen vehement Vorwürfe zurück, sie hätten aus ihrer Ratstätigkeit Vorteile ziehen wollen.

Zu sehr viel Geld soll – um ein Beispiel aus den Reihen der SPD zu nehmen – auch der Stadtrat Heinz Lüttgen gekommen sein, indem er als Assekuranz-Vertreter Gesellschaften der Stadtwerke GmbH, einer Holding, versicherte. Einen Interessenkonflikt zwischen Ratsmandat und freiberuflicher Tätigkeit soll er nicht sehen, wird von früheren Ratskollegen berichtet.

Aus Architektenkreisen wird erzählt, ihnen würden, wenn sie sich um die Genehmigung von Projekten durch die Stadt Köln bemühten, wärmstens Firmen empfohlen, mit denen sie zusammenarbeiten sollten: Firma X würde die CDU, Firma Y die SPD und Firma Z die FDP geneigt stimmen, für das von ihnen gewünschte Projekt zu votieren.

Seit Ende der fünfziger Jahre wird kolportiert, daß die Kölner Brücken umschichtig gestrichen werden von einer Firma, deren Prokurist Stadtverordneter der CDU war, sowie von einer Firma, deren Miteigner ein bekannter Lokalpolitiker der SPD ist.

Das wichtigste Instrument der Vorteilsnahme sind jedoch die in einer Holding zusammengefaßten Ausgründungen städtischer Dienstleistungen als nun privatrechtlich verfaßte Betriebe. Die Aufsichtsratspositionen und gelegentlich auch Vorstands- oder Geschäftsführerposten werden während der Amtszeit als Stadtverordnete zur Ergänzung des Einkommens benutzt. Ein Beispiel sind die 95000 DM jährlich, die der CDU-Stadtverordnete, Rechtsanwalt Meyer, als Geschäftsführer derjenigen Gesellschaft erhielt, die für die Stadtsparkasse die Vermietungen ihres Hausbesitzes betreut. Noch wichtiger sind die ausgegründeten Betriebe als Instrument der Versorgung nach Aufgabe des politischen Amtes. Ein vielbeachtetes Beispiel aus der jüngeren Zeit hierfür ist die Besetzung des Vorstandspostens bei den Gas- und Elektrizitätswerken (GEW) mit Helmut Haumann, vorher Fraktionsgeschäftsführer der CDU. Der Posten ist mit über 350000 Mark dotiert; mit der Begründung, nur durch hohe Gehälter könne man in solche Positionen Fachleute bekommen, war ein Jahr zuvor die Vergütung drastisch angehoben worden.

Die Personalauswahl der Parteien wird im deutschen System rechtlich durch das Instrument der Liste dominiert, und bei deren Aufstellung dominieren Einflußcliquen auf Kreisebene. Wie erwähnt, hatte bereits Kirchheimer diagnostiziert, daß bei Volksparteien die Kandidatenauslese zum zentralen Element der Politik wird. Für den Berufspolitiker – ob offen oder nur faktisch – wirkt der Kampf um die Wiederaufstellung wie die Auseinandersetzung über eine Vertragsverlängerung. Sind die Gewinne durch eine solche «Vertragsverlängerung» hoch, dann wird der Kampf gegen Konkurrenten gnadenlos. Bereits mit der Aufnahme eines Mandates beginnt heute in der Bundesrepublik der Kampf um die Wiederaufstellung.

Am Beispiel einiger Städte – hier ist insbesondere Köln als Anschauung von uns gewählt worden – wird deutlich, daß nicht die jeweiligen Wahlkreise bestimmend für den Erfolg des Kampfes um die Wiederaufstellung sind, sondern Cliquen. Sie kontrollieren über die Einflußnahme auf die Delegiertenaufstellung als ein Kartell die Zusammensetzung der Listen.

Die wichtigsten Quellen für die nachfolgende Schilderung der Vorteilsnahmen als System sind Veröffentlichungen in den Lokalausgaben der Zeitungen. In Köln sind dies der *Kölner Stadt-Anzeiger*, der *Kölner Expreß*, die *Kölnische Rundschau* und die *Bild*-Zeitung. Fast alle nachfolgend skizzierten «Fälle» beruhen auf Veröffentlichungen, deren sachlicher Gehalt nicht strittig wurde. Besonders hervorzuheben sind die Berichterstattungen im *Kölner Stadt-Anzeiger*, in den früheren Jahren von Friedrich K. Kurylo, später von Heinz Tutt und über die Jahre hinweg von Klaus Zöller. In der *Kölnischen Rundschau* ist der «Klüngel-Spezialist» Manfred Burkhard, im *Expreß* Franz Wolf Ramien und in jüngster Zeit Petra Herterich.

Dies ist also kein eigener Beitrag zu einem investigativen Journalismus, sondern die Nutzung entsprechender Berichterstattungen der Medien für eine systematische Analyse. Hinzu kommen Auswertungen von anderen Veröffentlichungen (wie TV-Drehbücher oder Vereinszeitschriften) und die Auswertung von Sitzungsprotokollen. Der Umstand, daß die meisten der im folgenden mitgeteilten Sachverhalte keine «Enthüllungen» sind, ist bedeutsam. Die Enthüllung von Einzelfällen bewirkt nämlich nichts.

Die am Schluß unseres Buches mitgeteilten Reaktionen auf eine dreißigseitige Kurzfassung dieser Studie unter dem eher nichtssagenden Titel «Parteien und Politiker in der Bundesrepublik (alt) heute – Thesen zu einer strukturellen Erneuerung der politischen Führung» bedeuten also nicht ein Erstaunen oder ein Anstoßnehmen an verblüffenden Enthüllungen. Die große Wirkung einer kurzen Fassung unseres Buches folgte aus ihrem Ergebnis, daß die skizzierten Einzelfälle Teil eines Systems sind, das Wirkungen für die Politik im ganzen Land hat. Offensichtlich hat dieser Nachweis eine Wirkung, die das Enthüllen auch der anstößigsten einzelnen Vorgänge bei uns nicht hat – wenigstens kurzfristig.

7.2. Fallstudie Köln

1. Die stärkste Partei: die Nichtwähler

«Ich glaube nicht, daß sich die Politiker in Köln viel darum kümmern, was Leute wie ich denken.» Zu dieser Aussage ließ die *Kölnische Rundschau*[2] vier Wochen vor der Kommunalwahl 1989 einen Querschnitt der Kölner Bevölkerung durch das Forsa-Institut befragen. 55 Prozent der Befragten antworteten mit «ja». Entschieden zurückgewiesen wurde diese Auffassung lediglich von neun Prozent, und die ungewöhnlich niedrige Zahl von sechs Prozent Meinungslosen bedeutet, daß sich die Bevölkerung zu diesem Thema eine Meinung gebildet hat.

Eine Mehrzahl der Bürger glaubte nicht, daß die Kölner Politiker immer besondere Weitsicht besäßen. Noch beschädigter als das Ansehen der Politiker ist das Prestige der Parteien in Köln. Das ergibt sich als Antwort auf die Bewertung der Parteien mittels einer Skala, die von – 5 bis + 5 reichte:

SPD	1,5
CDU	0,4
Grüne	– 0,2
FDP	– 0,2
Republikaner	– 3,2

Überwiegend befürworten die Kölner eine Parlamentarisierung der Ratsarbeit, indem sich jeweils von SPD und CDU geführte Gruppierungen einander gegenüberstehen sollten. Nur 20 Prozent sprachen sich für eine Große Koalition aus, und nur sechs Prozent befürworteten ein Einverständnis zwischen SPD, CDU und FDP, wie es tatsächlich in Köln die Regel war und ist.

Diesem Umfragebild entsprechen auch Zahlen für Verhalten. Gewöhnlich werden Wahlergebnisse als Anteil der Stimmen bekannt, die auf die Parteien entfielen. Aufschlußreicher für den Rückhalt der Par-

2 Kölnische Rundschau, 16. 3. 1989

teien in der Bevölkerung ist, wieviel Stimmen sie von der Gesamtheit der Wahlberechtigten bekommen. Das ergibt dann für die beiden letzten Kommunalwahlen:

	Kommunalwahl 1984		Kommunalwahl 1989	
SPD	26,9 %	48,8 % (SPD + CDU)	24,9 %	42,9 % (SPD + CDU)
CDU	21,9 %		18,0 %	
Sonstige	9,1 %		16,9 %	
Stimmenthaltung	42,1 %		40,2 %	

Nach Zahlen des Amtes für Statistik und Einwohnerwesen bekam die SPD 1989 weniger als die Hälfte, die CDU sogar weniger als zwei Drittel der für sie möglichen Stimmen.[3]

Die Wahlbeteiligung hat jetzt einen Tiefstand erreicht, und es ist nicht mehr auszuschließen, daß sie in den nächsten Wahlen auf 50 Prozent absinkt. Die CDU hatte vor zwei Jahren in Köln noch über 10000 Mitglieder; jetzt ist die Zahl der Parteimitglieder auf 7600 abgesunken, von denen nur etwa 4000 einen den Statuten entsprechenden Beitrag bezahlen. Selbst ein starker Bezirk der CDU wie Sülz verlor in einem Jahr ca. zehn Prozent seiner Mitglieder. Von der SPD wird gleiches berichtet.

2. Postenklüngel als System

Die Politik in Köln ist, wie sie ist, durch den großflächigen Klüngel mit Posten. Damit ist so viel zu gewinnen, daß die Personalauswahl in Politik und Verwaltung verdorben ist. Viele möchten das ändern, aber die Verfilzung ist so umfassend, daß Einzelkämpfer keine Chance haben. Auch Medien können dann nichts mehr bewirken: Die «Fälle» werden ausgesessen.

Das ist nicht nur in Köln so, und vielleicht in manchen anderen Städten schlimmer. Hamburg dürfte gute Karten in einem Wettbewerb um einen

3 Statistisches Jahrbuch der Stadt Köln, 76. Jg., S. 201–203. Für Essen errechnet sich für die Kommunalwahl 1989 ein Anteil der Nichtwähler von 42,8 % der Wahlberechtigten. Bezogen auf diese erhielt die CDU 18,5 % und die SPD 28,8 %. Die Zahlen wurden entnommen aus Karl Rohe: «Zur Situation der Ruhrgebiets-CDU am Beispiel Essen». Gesamthochschule Essen, Mai 1991 (vervielfältigt)

vorderen Platz beim Parteienfilz haben, für München und Berlin gilt das gleiche. Aber auch in Köln ist der Filz viel mehr als Begünstigung bei Posten. Von jedem, der nach oben kommen will, wird erwartet, daß er Dankesschulden für Vorteile beim Klüngeln macht. Erst mit bezeichnenderweise so genannten «Leichen im Keller» als Pfand wird ein Neuer vertrauenswürdig für das Establishment.

In den nachstehenden Schilderungen sind hauptsächlich die beiden großen Parteien SPD und CDU charakterisiert. Das bedeutet nicht, daß die FDP sich nicht am Kölner «Klüngel-System» beteiligen würde. Der *Kölner Stadt-Anzeiger* publizierte 1988, also mit erheblicher zeitlicher Verspätung, ein Geheimpapier, das nach der Kommunalwahl 1979 zwischen SPD und FDP geschlossen worden war. Die «vertragschließenden Parteien» unter der Federführung der Fraktionsvorsitzenden Günter Herterich, SPD, und Peter Winkler, FDP, hatten damals ein Paket von gleich 14 hohen Posten bei der Stadtverwaltung und in den städtischen Unternehmen unter sich aufgeteilt. Bis hinunter zur Abteilungsleiterebene schoben die geheim tagenden Politiker Posten hin und her. Wer nicht in ihr Konzept paßte, mußte versetzt werden – selbst wenn dafür rechtlich der Oberstadtdirektor und nicht die Parteien zuständig waren.

Wie verläßlich Kölner Klüngel ist, zeigen zwei Begleiterscheinungen dieses SPD/FDP-Geheimpapieres: Immer wieder wurden die in dieser Vereinbarung getroffenen Absprachen im Rat geleugnet. So bestritt SPD-Ratsherr Klaus Heugel 1979 in einer Ratssitzung die Abmachung, zugunsten der FDP einen weiteren Vorstandsposten bei der Stadtsparkasse schaffen zu wollen. Genau dieses aber hatte er wenige Wochen zuvor schriftlich mit der FDP vereinbart. Gelohnt hat sich zudem das Klüngeln für die Begünstigten auch über einen Fraktionswechsel hinweg. 1984 scheiterte die FDP bei der Kommunalwahl am Wählerwillen und schied somit aus dem Bündnis aus, aber noch 1988 sollen alle Personen, deren Beförderung nicht zuletzt dank ihres Parteibuches mit der Vereinbarung 1979 sichergestellt worden war, in Amt und Würden gewesen sein. Die Hälfte der sechs Sozialdemokraten, die 1979 das 14-Posten-Klüngelpaket unterzeichneten, ist heute noch im Rat der Stadt Köln: Dr. Klaus Heugel, Dr. Wilhelm Vollmann, Heinz Lüttgen.[4]

4 Kölner Stadt-Anzeiger (Friedrich K. Kurylo): «Kölner Klüngel mit Brief und Siegel. Wer abgeschoben wurde, konnte sein Gesicht wahren». 29. 10. 1988

Ein wichtiger Umstand für die politische Entfremdung einer wachsenden Zahl von Wählern ist der aus dem Personal-Kartell folgende Zustand der Parteien. Sowohl SPD wie CDU sind in Lager zerfallen. Bei der CDU hat dies vorwiegend persönliche Gründe, bei der SPD neben persönlichen auch weltanschauliche Ursachen.

2.1. Cliquen statt Parteien: die SPD

Ab Mitte der achtziger Jahre ließen sich in der Kölner SPD drei Gruppen unterscheiden. Einmal gab es den in vielen Kommunen bestimmenden Konflikt zwischen linkem und rechtem Flügel in der SPD, hier vorwiegend zwischen gewerkschaftsnahen Parteifunktionären und solchen mit Berufen des «neuen Mittelstandes». Ab Mitte der achtziger Jahre kam ein Konflikt innerhalb des bis dahin eindeutig dominierenden rechten Flügels zwischen einer Gruppe um den vormaligen Bundestagsabgeordneten Günter Herterich einerseits sowie SPD-Fraktionschef Dr. Klaus Heugel und dem Fraktionsgeschäftsführer Anton («Toni») Klefisch andererseits hinzu.

Wie in den Stadträten in Nordrhein-Westfalen üblich, gründete sich deren Einfluß auf die beiden wichtigsten Machtpositionen, die es in den Lokalparlamenten gibt: Im Besitz der Ämter als Fraktionsvorsitzender und Fraktionsgeschäftsführer herrscht man, in Abstimmung mit dem Parteivorsitzenden und den Partnern der anderen großen Parteien, über Verwaltung und Stadt.

Der Konflikt innerhalb der Parteirechten entzündete sich anläßlich der Ankündigung des damaligen Bundestagsabgeordneten Herterich, er werde wieder in die Kommunalpolitik Kölns zurückkehren. Herterich war vor Heugel ab 1975 der starke Mann der SPD gewesen, ja der stärkste Politiker in Köln überhaupt. Ihm ist – gemeinsam mit dem von ihm mit ausgesuchten vormaligen Oberstadtdirektor Kurt Rossa – beispielsweise die Verwirklichung des ganzen Komplexes Rheinufer-Museum Ludwig-Philharmonie zuzurechnen. Aber Herterich hatte keinen zweiten neben sich geduldet. Außerdem ist die Entscheidung, in den Bundestag zu gehen, meist eine Einbahnstraße. So löste dann seine Ankündigung einer Rückkehr die Gegenreaktion des inzwischen – von ihm selbst – installierten Führungsduos aus. Seither wurde unter dem Einfluß von Heugel/Klefisch die Herterich-Gruppe, die zu Beginn der vorletzten Amtsperiode in der 45köpfigen SPD-Fraktion noch acht Abgeordnete stellte, bis auf einen Abgeordneten ausgeschaltet.

Die Ausgrenzung des Herterich-Flügels erreichte der zuvor lange Zeit in der Partei stark angeschlagene Heugel-Clan durch ein Personalpaket, das den linken Flügel um Parteichef Kurt Uhlenbruch mit einschloß. In den Topf wurden zur Verteilung folgende Ämter gelegt: ein Europaparlamentsmandat, ein Bundestagsmandat, zwei Landtagsmandate, die Position des Sozialdezernenten und zwei Amtsleiterposten. Das Paket wurde dann mit Namen versehen, als es um die Wahl des Personaldezernenten ging, was als Schlüsselentscheidung für die zukünftige Versorgung mit Posten galt. Die Besetzung dieser Position hatte die CDU der SPD überlassen. Hier hatte Wolfgang Klapdor, Büro-Chef des damaligen Oberstadtdirektors Rossa, zunächst eine Mehrheit, aber Heugel wollte Gerhard Kappius, den bisherigen Leiter des Hauptamtes, von dem er sich größeres Verständnis für seine Anliegen erhoffte. Heugel bot jetzt den Linken Annelie Kever-Henseler und Wilhelm Vollmann zwei Landtagsmandate und dem linken Schulpolitiker Andreas Henseler das Schuldezernat an. Für seine Crew behielt er für Gepa Maibaum das Mandat im Europaparlament, für Walter Rempe das Mandat im Bundestag (der sich gegen Günter Herterich auf einem sogenannten «Verräter-Parteitag» durchsetzen konnte), und für Donata Reinecke ein Landtagsmandat. Jetzt konnte weitergewählt werden, bis das gewünschte Ergebnis erzielt wurde: Der von Heugel favorisierte Gerhard Kappius wurde Personaldezernent.[5] Diese neue Mehrheit aus Linken und Rechten konnte dann die Wiederaufstellung der Herterich-Anhänger aus dem Rat verhindern.

Mit welcher Konsequenz der Heugel-Flügel seinen Feldzug zur politischen Vernichtung des Herterich-Flügels führte, wird am Fall des früheren Stadtverordneten Bernd Wolfgang Schwarzkopf anschaulich. Schwarzkopf war Prokurist bei den Kölner Verkehrsbetrieben, wollte aber höher hinaus. Ein Posten bei der Landesentwicklungsgesellschaft war in Aussicht. Schwarzkopf kündigte seine angenehme Stellung, aber die versprochene bessere erhielt er dann doch nicht – nach Aussagen von Herterich versperrten ihm wegen seiner Unbotmäßigkeit einige Partei-

5 Kölner Stadt-Anzeiger (Heinz Tutt): «Kampf um Macht und Karrieren. SPD vor der Wahl des städtischen Personaldezernenten». 28. 11. 1987; Kölner Stadt-Anzeiger (Heinz Tutt): «Landtagsmandate als Belohnung geboten?» 4. 12. 1987; (Klaus Zöller): «Handel um Posten. SPD-Gruppenstreit», 4. 12. 1987; (Heinz Tutt): «Ein Parteitag voller Harmonie und Zuversicht». 29. 6. 1988

freunde den Aufstieg. Jahre hindurch blieb der frühere Prokurist arbeitslos. Inzwischen hat er in Zwickau (Ex-DDR) eine neue Chance bekommen. Bis dahin reicht der lange Arm seiner Kölner Sozialdemokraten nicht.

Heute muß in der SPD nur noch zwischen je einer Gruppe von links und rechts geklüngelt werden. Inzwischen gibt es nur hauchdünne Mehrheiten, einmal für links, einmal für rechts. Die Gewichte verschieben sich fortwährend, und die führenden Parteimitglieder sind mit diesen Grabenkämpfen um Einfluß stark ausgelastet.

Zu einem Aufflammen der Gegensätze innerhalb der SPD kam es noch einmal, als bei der Kommunalwahl im Oktober 1989 der sichere Listenplatz von Fraktionschef Heugel wegen eines unerwartet hohen Wahlsieges der SPD, und damit zu vieler Direktmandate, nicht mehr zog: Heugel war nicht mehr im Rat.

Da bewog die Kölner SPD-Spitze noch am Abend der Wahl den Abgeordneten der SPD mit dem zweithöchsten Stimmenanteil in Köln, Jürgen Noppel, zugunsten von Heugel sein Mandat zurückzugeben. Und Heugel war wieder im Rat. Jürgen Noppel war zu diesem Zeitpunkt Prokurist bei der stadteigenen Gemeinnützigen AG für Wohnungsbau (GAG). Mitte 1991 stand dann seine Beförderung in die Chefposition bei der Grund und Boden GmbH (Grubo) an.[6]

2.2. *Cliquen statt Parteien: die CDU*

Bei der CDU gab es seit längerer Zeit zwei Gruppierungen, die aber nicht den Parteiflügeln links oder rechts zuzuordnen sind. Nach Friedel Haumann, langjähriger CDU-Ratsherr, gab es «zwei starke Blöcke..., nicht ideologisch gesehen, sondern von Persönlichkeiten geführt, die sich nicht grün waren». Weil er zu den Vertretern einer «gemäßigten Linie» in der Partei gehöre, sei er 1984 von der Kandidatenliste der CDU für die Kommunalwahlen ausgeschlossen worden.[7]

Es handelt sich um das Weiterleben einer Clique, die seit langer Zeit die Kölner CDU beherrscht, und eine Gruppe, die hier Wachablösung versuchte. Etwas unscharf kann man die lange Zeit dominierende Clique mit den Sozialausschüssen/CDA (früher Heinz Soenius, heute Her-

6 Kölner Stadt-Anzeiger (Heinz Tutt): «In der Stadt klüngelt es wieder». 20.6.1991, S. 11

7 Eigentum aktuell: «Friedel Haumann – Erfahrungen und Erkenntnisse». Ausgabe 1/92, S. 8

mann-Josef Arentz, beide Landtagsabgeordnete) sowie dem Katholikenausschuß (Landtagsabgeordneter Rudi Conin) verbinden. Die Oppositionsgruppe gegen diese Clique kam einmal unter Führung des späteren Bundestagsabgeordneten Heribert Blens von der Jungen Union und wurde nach dessen Einzug in den Bundestag von Richard Blömer übernommen. Die eindeutige Zuordnung dieser Cliquen zu Interessengruppen ist insofern problematisch: Blömer ist nämlich als Lehrer jetzt Geschäftsführer der Jakob-Kaiser-Stiftung und damit ebenso arbeiternehmernah wie der zeitweilige Führer der Soenius-Arentz-Fraktion, Rolf Bietmann, als Rechtsanwalt arbeitnehmerfern war.

In einer Nachtsitzung des CDU-Kreisparteitages in Ehrenfeld 1987, die in die Kölner Lokalchronik als «Nacht der langen Messer» eingegangen ist, erhielt die Blömer-Gruppe ein leichtes Übergewicht, das sie allerdings nur zurückhaltend nutzte. Von da ab gab es pausenlos Verhandlungen, die schließlich zu zwei Geheimdokumenten führten, die den Stil der Politik in Köln exemplarisch charakterisieren:

Geheim-Dokument Nr. 1
zur CDU-Spitze
(Abschrift eines handschriftlichen Konzeptes)

Vereinbarung

Zur Vorbereitung der Wahlen zum Parteivorstand am 7. 3. 88 treffen die Unterzeichnenden nach ausführlichen Beratungen in ihren jeweiligen Gremien folgende Vereinbarung:

1. Es werden gewählt:
   a) zum Parteivorsitzenden
      Dr. Ottmar Pohl
   b) zum stellvertretenden Vorsitzenden
      aa) Dr. Rolf Bietmann
      bb) Josef Fink
      cc) Marie-Th. Ley
   c) zum Schatzmeister
      Dr. Fritz Gläser

sowie zu seinen Stellvertretern
Axel Rodert und
Victor Hensel oder ersatzweise ein von Herr Dr. Bietmann zu benennender anderer Kandidat

d) zu Beisitzern
12 Kandidaten auf Vorschlag von Dr. Bietmann
12 Kandidaten auf Vorschlag von R. Blömer
sowie Dr. H. Blens

Beide Seiten verpflichten sich, über die Zahl der vorgenannten Kandidaten hinaus keine Nominierungen vorzunehmen und darauf hinzuwirken, daß auch von dritter Seite weitere Nominierungen nicht erfolgen.
(...)

Köln, den 06. 03. 88
(9 Unterschriften)

Geheim-Dokument Nr. 2 zur Kommunalwahl

(Abschrift eines handschriftlichen Konzeptes)

Vereinbarung

Zur Vorbereitung der Kommunalwahl 1989 treffen die Unterzeichnenden im Geiste und unter Bezugnahme auf die heutige Vereinbarung zur Parteivorstandswahl folgende weitere Vereinbarung:

1. Spitzenkandidat und damit Nr. 1 der «Reserveliste» der CDU wird BM Dr. Rolf Bietmann
2. Platz 2 der Reserveliste erhält Fraktionsvors. Richard Blömer
3. Dr. Rolf Bietmann wird zum OB vorgeschlagen; sofern dieses Amt nicht erreichbar ist, wird Dr. Bietmann wieder zum 1. Stellvertreter des OB im Rat vorgeschlagen
4. Richard Blömer wird der neuen Fraktion als Vorsitzender vorgeschlagen

Köln, den 06. 03. 88
(9 Unterschriften)

Diese Geheimdokumente wurden erst mit großer Verzögerung auf dem Kreisparteitag der CDU am 23. 10. 1989 bekannt, als die Blömer-Gruppe sich nicht mehr an die vereinbarte Parität hielt. Für einen frei werdenden Listenplatz für den Landtag, der bisher von dem einzigen Neutralen in der Führungsclique, Ottmar Pohl, besetzt war, wurde Richard Blömer durchgesetzt, der zuvor gemäß der Vereinbarung auf dem fünften Platz gestanden hatte. Aus Rache veröffentlichte dann Rolf Bietmann das folgende Geheimdokument[8]:

1. Die anstehenden personellen Entscheidungen in Fraktion und Partei sollen in den nächsten 5 Jahren einvernehmlich und ohne öffentliche Auseinandersetzung getroffen werden.
2. Das gilt auch für die Wahl des nächsten Parteivorstandes.
3. Die Entscheidung des PV über die Vorschläge der Kölner Kreispartei für die Reihenfolge der Listenplätze für den Landtag ist endgültig und wird nicht problematisiert. (Sie ist auch kein Thema auf dem nächsten Kreisparteitag.)

(...)

Bietmann Blömer Pohl

Bei solchen Verabredungen sind Parteitage selbstverständlich eine Farce. Hier ist die Parteiführung lediglich bemüht, ein eventuelles Ausbrechen der Basis abzublocken. Im März 1988 hatten sich die Spitzen der beiden Clans darauf verständigt, den Delegierten nur eine Blockabstimmung vorzuschlagen, wobei die Zahl der Kandidaten exakt der Zahl zu besetzender Plätze im Vorstand entsprach. Der Wahlzettel sah nur ein Ja oder ein Nein zum ausgehandelten Block vor. Ein Aufstand der Delegierten erzwang eine Einzelabstimmung. Obwohl es keine Gegenkandidaten

8 Kölner Stadt-Anzeiger (Heinz Tutt): «Zurück blieb ein Scherbengericht». 25. 10. 1989; Expreß (Ingolf Zera): «CDU: Die Schlammschlacht. Nach tumultartigem Parteitag dreschen Fraktionschef Blömer und Bürgermeister Bietmann aufeinander ein». 25. 10. 1989, S. 23

gab, erhielten von den vorgeschlagenen 25 Kandidaten des ausgeklüngelten Vorschlagsbündels nur fünf mehr als 50 Prozent der Stimmen. Ein Fünftel der ausgehandelten Kandidaten erreichte nicht einmal 40 Prozent. Damit war deutlich geworden, daß der Hinterzimmerkompromiß von der Basis nicht getragen wurde: Die Spitzenfiguren, die sich bis zu diesem Abend wie die Führer von Clans mit treu folgender Mannschaft verstehen konnten, hatten in irrtümlicher Einschätzung der Mitglieder einen Weg eingeschlagen, an dessen Ende die Generäle nur noch die halben Fußtruppen hinter sich hatten.[9]

3. Politiker als Konzernherren

Bei den herrschenden Cliquen in der Kölner Politik geht es im Alltag um Vorteilsnahme. Das kann nur gelingen, wenn sich die miteinander in Konflikt befindlichen Gruppen – zwischen den Parteien und innerhalb der Parteien – vorweg auf Spielregeln verständigen. Die Hauptpreise in diesen Einflußkämpfen sind Positionen in Gremien, auf die der Stadtrat politisch Zugriff hat, und Aufträge, die von der Stadt und den von ihr kontrollierten Gesellschaften vergeben werden.

Wie andere Städte auch hat die Stadt Köln vor 30 Jahren frühere Regiebetriebe als Betriebe mit privatrechtlicher Form ausgegliedert; sie unterliegen damit nicht der normalen Kommunalaufsicht. Die Kölner Verkehrsbetriebe AG (KVB) mit einem Grundkapital von 145 Millionen Mark und die Gas-, Elektrizitäts- und Wasserwerke AG (GEW) mit einem Grundkapital von 500 Millionen Mark sind davon die größten. Begründet wurde das Ausgliedern mit Steuervorteilen, da so die Verluste der KVB mit den Gewinnen der GEW verrechnet werden können. Das ist behördlich betriebene legale Steuerverkürzung, vermittels derer die Verluste der KVB nun vom Bund oder vom Land mitgetragen werden.

Das Ausgliedern von Dienstleistungen in Firmen mit privatrechtlicher Form, aber Kontrolle durch den Stadtrat, ist in der Bundesrepublik inzwischen verbreitet. Wie Köln hat es beispielsweise auch Mannheim gemacht. Dort regiert die SPD; aber in Berlin hat soeben CDU-Chef Diepgen Nachahmung angekündigt. In Köln sind durch diese Praxis inzwischen praktisch zwei städtische Verwaltungen entstanden: die Stadtverwaltung (regulär) mit 24000 Bediensteten und der Stadtwerkekonzern

9 Kölner-Stadt-Anzeiger (Erwin K. Scheuch): «Generäle mit halben Truppen». 12./13.3.1988

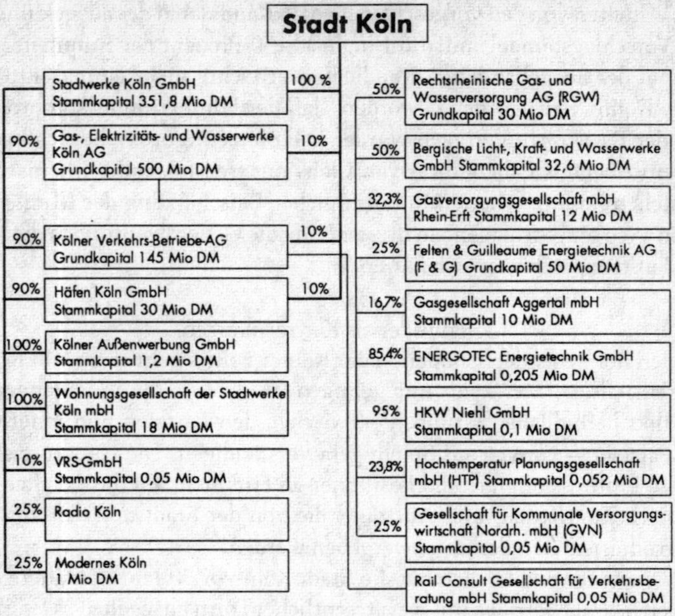

Stadt Köln[10]. Die Grafik veranschaulicht die zahlreichen Verschachtelungen des Stadtwerke-Konzerns.

mit 7000 Mitarbeitern. Daneben gibt es weitere Betriebe unter städtischer Kontrolle. Je nach Zählung kommt man auf 18 Firmen.[11]
Die von der Stadt Köln stark beeinflußten oder ihr gehörenden, aber ausgegliederten Gesellschaften sind in einer Holding zusammengefaßt: der Stadtwerke Köln GmbH. Von neun Direktoren und Vorstandsmitgliedern dieser Holding sind fünf Mitglieder der SPD und vier der CDU, und alle verdienen sie über 100000, einige mehr als 300000 Mark.[12]

Die Gebührenzahler kosten die Politiker als Konzernherren mehr als

10 Kölner Stadt-Anzeiger (Heinz Tutt): «Töchter werden immer mächtiger». 25.4.1991, S. 13
11 ibid.
12 Kuballa, op. cit., S. 8

nur die Gehälter. Sie haben auch gewaltige Pensionen mitzufinanzieren. Gegenwärtig wird von Verhandlungen der Fraktionsspitzen aus SPD und CDU berichtet, die selbst die Amtszeiten in der Fraktion auf die Pensionen angerechnet sehen wollen. Erfolg kann solches nur haben, weil die Kommunalaufsicht sich praktisch auf spektakuläre Einzelaktionen des früheren SPD-Ratsherrn von Viersen und jetzigen Regierungspräsidenten Dr. Franz-Josef Antwerpes beschränkt. Der sperrt schon einmal medienwirksam eine Autobahn, greift aber in die Millionen kostenden Klüngel-Geschäfte nicht wirksam ein.

Inzwischen hat der Stadtrat als Gremium, das die Stadtwerke über den Aufsichtsrat kontrollieren soll, weitgehend den Überblick über die Vorgänge in diesen vielen Gesellschaften verloren. Dazu trägt wesentlich die Art bei, wie hinter dem Rücken der Mehrheit der Ratsmitglieder über wichtige Fragen des Stadtwerkekonzerns verhandelt wird. In entwaffnender Offenheit beschrieb Stadtrat Horst Siefen, Regenbogenfraktion (eine Abspaltung der Grünen), diese Art Kölscher Geheimverhandlungen: «Die Ausschreibung allein bringt es auch nicht; die Dinge sind vorher verabredet, vorher ausgeklüngelt... Was können wir als Rat überhaupt tun, um bei diesen Positionen mit entscheiden zu können, wenn wir nicht gerade den ganz kleinen Klüngelkreisen angehören? Das sind ja nicht ganze Fraktionen, die darüber entscheiden, sondern nur ganz wenige Leute von Fraktionen. Selbst die Fraktionen bis in die letzten Sitzreihen werden vorher durchaus nicht schlau gemacht; sie werden auch irgendwann vor vollendete Tatsachen gestellt. Insofern ist für mich diese Ohnmacht des Rates schon eine Offenbarung, die mich traurig stimmt und eigentlich auch den Wähler traurig stimmen müßte...»[13]

Ein Beispiel ist eine Geheimsitzung, auf der die Bezüge der drei Spitzenmanager des Konzerns um jährlich 25000 DM angehoben wurden. Paritätisch ausgewogen beschlossen dies zwei SPD- und zwei CDU-Politiker: für die SPD Oberbürgermeister Norbert Burger und Fraktionsgeschäftsführer Toni Klefisch (Aufsichtsratsvorsitzender KVB), für die CDU Bürgermeister Rolf Bietmann (Aufsichtsratsvorsitzender GEW) und Josef Knechtges (Aufsichtsrat KVB).[14]

Alle Firmen des Stadtwerkekonzerns haben ihre Aufsichtsgremien

13 Protokoll der 48. Öffentlichen Sitzung des Rates der Stadt Köln vom 22.6.1988, S. 320f

14 Kölner Stadt-Anzeiger (Tutt): «Töchter wurden immer mächtiger», op. cit.

und Vorstände, was viele und teilweise hochdotierte Positionen für amtierende und ausgeschiedene Ratsmitglieder bedeutet. Ämterhäufung ist bei den Kerngruppen der Berufspolitiker verbreitet – bis zu fünf Aufsichtspositionen sollen – wie bei Oberbürgermeister Norbert Burger, SPD[15] – gezählt worden sein. Bei den Kölner Verkehrsbetrieben (KVB) waren 1990 zehn Stadtverordnete im Aufsichtsrat: fünf von der SPD, vier von der CDU, ein Grüner. Die Gemeinnützige AG für Wohnungsbau (GAG) hat zwei Vorstände: Einer war Ratsherr der CDU, der andere der SPD. Prokurist ist ein ehemaliger Ratsherr der SPD. Auch bei der Grund und Boden GmbH findet sich das gleiche Strickmuster: ein Geschäftsführer war früher Vorsitzender der SPD, der andere ist CDU-Mitglied. Bei der Kölner Sportstätten GmbH war der Hauptgeschäftsführer Ratsmitglied der SPD; dafür war der Prokurist der Wohnungsgesellschaft der Stadtwerke (WSK) ein früherer Stadtrat der CDU.[16]

Eine in Kölner Parteikreisen mittlerweile eher charakteristische Karriere machte zum Beispiel Hermann-Josef Nonn, CDU. 30 Jahre lang arbeitete er bei der Köln-Bonner Eisenbahnen AG (KBE) als Triebfahrzeugführer und Fahrpersonaldisponent im mittleren Dienst. Nach einer Zusatzqualifikation stieg er 1982 zum stellvertretenden Leiter des Bahnbetriebswerkes Wesseling auf. Einen wirklichen Karrieresprung konnte er allerdings erst schaffen, nachdem er 1984 zum Betriebsratsvorsitzenden gewählt worden war. Vier Jahre später versuchte er – noch vergeblich –, in die höchste Etage aufzusteigen. An seiner Stelle wurde zum Arbeitsdirektor bei den Kölner Verkehrsbetrieben SPD-Ortsvereinsvorsitzender Ulrich Ruchartz, SPD, bestimmt.[17] Nun darf Nonn ab 21. 2. 1992 die Position eines Abteilungsleiters bei seiner eigenen KBE übernehmen. Seine Erfahrungen als Betriebsratsvorsitzender kommen ihm dabei zweifelsfrei zugute: Zuständig wird Nonn für «Personalüberleitungsmaßnahmen» sein.

Ähnliche Karrieren werden freimütig aus der SPD berichtet, zum Beispiel der Aufstieg eines Genossen vom Schraubendreher bei der Bundesbahn im unteren Dienst über die Geschäftsführung der Kölner SPD hin zum Abteilungsleiter bei der GEW, oder vom Stadtinspektor über ein

15 Bild am Sonntag (Helmut Böger): «Die Pensions-Absahner». 23. 2. 1992, S. 4
16 Kuballa, op. cit., S. 8
17 Kölner Stadt-Anzeiger (Heinz Tutt): «Poker um Posten des Arbeitsdirektors». 7. 10. 1988

Bundestagsmandat bis zur Geschäftsführung der Grund und Boden GmbH.

Spitzenmanager der großen Unternehmen beziehen ein Jahresgehalt um die 300000 Mark. Selbst bei der defizitären KVB setzen sich die Bezüge zusammen aus 192000 Mark Gehalt und einer Erfolgsprämie, die bis zu 110000 Mark betragen soll.[18]

«Ist es richtig, daß die Direktoren der Kölner Verkehrsbetriebe quasi eine Gewinnbeteiligung bekommen?» fragte in einer Fernsehsendung, die am 20. Juli 1989 ausgestrahlt wurde, der WDR-Journalist Felix Kuballa. Auch hierzu fand Stadtrat Horst Siefen eine Beschreibung, die das vorherrschende Denken treffend charakterisiert: «Das ist eine Leistungszulage zur Verminderung des negativen Zuwachses.»[19] Siefen sprach von 60000 bis 80000 Mark Zulage pro Vorstandsmitglied, die es also gab, weil das tatsächliche Defizit der KVB kleiner war, als zu Beginn des Jahres vorausgesehen wurde. Und diese Ausgangsschätzung der zu erwartenden Verluste erfolgte durch die gleichen Direktoren der KVB, die nachher in den Genuß der «Erfolgsprämie» kommen – eben der «Leistungszulage zur Verminderung des negativen Zuwachses».

Anfang 1987 vereinbarten die Fraktionsgeschäftsführer von SPD und CDU, Toni Klefisch und Helmut Haumann, einerseits sowie ÖTV-Geschäftsführer Heinz Schürheck und Arbeitnehmervertreter der Betriebe andererseits, daß die nächsten vier zu besetzenden hochdotierten Positionen in den Gas-, Elektrizitäts- und Wasserwerken, den Verkehrsbetrieben und den Stadtwerken paritätisch an Politiker gehen sollten, die CDU und SPD vorschlügen. Für diese Personalvorschläge war die Zustimmung von Gewerkschaft und Betriebsrat zu gewinnen, indem man ihnen die Besetzung der Arbeitsdirektorenposten überließ. Das Geheimpapier wurde bekannt, was aber an der Umsetzung des Postenklüngels nichts änderte – ungeachtet der massiven öffentlichen und parteiinternen Kritik. Die Grünen beispielsweise bezeichneten das «Geschäft» als «unverschämten und dreisten Postenschacher». Der bisherige Stadtkämmerer Gerd Ludemann (SPD) wurde kaufmännischer Direktor bei den Gas- und Elektrizitätswerken, und ein ehemaliger Betriebsratsvorsitzender, der den Vertrag mit unterzeichnet hatte, wurde dort Arbeitsdirektor. Ulrich Ruchartz (siehe den Fall Nonn) wurde vom Aufsichtsrat zum Vorstandsmit-

18 ibid.
19 Kuballa, op. cit., S. 9

glied der KVB gewählt. Den Vorsitz im Aufsichtsrat führte Toni Klefisch, der Stellvertreter von Ulrich Ruchartz im SPD-Ortsverein Köln-Vogelsang. Helmut Haumann ließ sich als Aufsichtsratsvorsitzender der GEW nach Ausscheiden aus dem Rat zum Technischen Direktor dieses Betriebes wählen. Obwohl er als graduierter Vermessungsingenieur keinerlei Fachkenntnisse in Sachen Gas und Wasser hatte, erhielt er einen Leitungsposten mit Bezügen um die 350 000 Mark im Jahr.[20]

Die Berufspolitiker in den Ratsfraktionen erwarten mit Ausscheiden aus der aktiven Politik eine von den Parteien geförderte Karriere. In den letzten 40 Jahren haben die Partei- und die Fraktionsvorsitzenden sowie die Fraktionsgeschäftsführer – die Inhaber der drei Schlüsselämter – in Köln alle eine solche Karriere gemacht. Für die Grünen nannte dies Ratsherr Dieter Göbel spöttisch ein «Naturgesetz der Kölschen-Klüngel-Politik»[21]. Eine Minderheit stieg in Parlamente mit Berufspolitikern auf, die Mehrheit machte eine Karriere bei Betrieben, die entweder direkt oder indirekt von der Stadt abhängen. «Auf diesem zweiten Weg wird ihr Einkommen in der Regel verdrei- bis verfünffacht», ermittelte Kuballa in der erwähnten Fernsehsendung.[22]

Ende 1991 wurde ein Konflikt um die Versorgung des bisherigen SPD-Geschäftsführers Klefisch beendet, der mit 44 Jahren nach zehn Jahren in diesem Amt den Anspruch auf Versorgung für den Rest seines Erwerbslebens angemeldet hatte. Er konnte den Lohn für seine Verdienste aus der Zeit des Klefisch-Haumann-Geheimpapiers erwarten und hoffte, bei den Stadtwerken Nachfolger des Geschäftsführers Heinz Soenius (CDU) zu werden, der nach wie vor in seiner Fraktion die graue Eminenz ist. Das hätte Klefisch im Jahr 363 595 Mark gebracht. Sein Fraktionsvorsitzender Heugel fürchtete die Kritik in den Zeitungen, die beim letzten großen, öffentlich bekannt gewordenen Personalkarussell mit den Kandidaten Ludemann (SPD) und Haumann (CDU) aufgekommen war, als diese 1988 in den GEW-Vorstand gewählt wurden. So wurde dem graduierten Betriebs-

20 Kölner Stadt-Anzeiger (Heinz Tutt): «Grüne prangern ‹dreisten Postenschacher› an. Umstieg vom Rat zu den Stadtwerken bringt im Jahr 320 000 Mark». 18. 6. 1988; (Heinz Tutt): «Poker um Posten des Arbeitsdirektors». 7. 10. 1988; Kuballa, op. cit., S. 11

21 Göbel in Protokoll der 48. Öffentlichen Sitzung des Rates der Stadt Köln vom 22. 6. 1988, S. 313

22 Kuballa, op. cit. S. 9 f

wirt Klefisch der Posten als kaufmännischer Vorstand bei einer Untergesellschaft der Stadtwerke, den Rechtsrheinischen Gas- und Elektrizitätswerken, vermittelt. Die Gesellschaft ist zwar als Servicebetrieb zur Versorgung der Bürger eigentlich überflüssig; denn sie verteilt lediglich das, was sie von den anderen öffentlichen Unternehmen GEW und Rhenag kauft, aber der Chef-Posten bringt immerhin noch 250000 Mark.[23] Eine der ersten Handlungen des neuen Chefs soll übrigens gewesen sein, sich den größten Volvo zu bestellen – repräsentative Autos sind auch für Politiker ein wichtiges Statussymbol.

Bemerkenswert an der Diskussion nach Bekanntwerden dieser Versorgung war deren Verteidigung durch CDU-Fraktionschef Albert Schröder: Wenn wir die Leute aus ihren Berufen herausnehmen und in den Fraktionen beschäftigen, haben wir später die «verdammte Pflicht und Schuldigkeit, für solche Leute zu sorgen, die zehn Jahre und länger in der Politik aktiv waren, wenn sie den Posten ausfüllen können».[24] In diesem Sinn steht 1992 eine weitere Versorgung an: Der jetzige CDU-Fraktionsgeschäftsführer, Josef Müller, darf hoffen, Nachfolger von Jürgen Noppel in der GAG zu werden, sobald dieser in die Chefposition bei der Grund und Boden GmbH gewechselt ist.[25] Damit hätte sich auch für den früheren Postobersekretär Müller das politische Engagement gelohnt.

Wie verbreitet dieses Selbstverständnis unter Ratsherren der Stadt Köln zu sein scheint, belegte Erhard Barunke, SPD, der bei Amtsantritt des Intendanten Edmund Gruber Personalratsvorsitzender im Deutschlandfunk war. Kurze Zeit nach dem Machtwechsel in diesem Sender fand Barunke sich um drei Gehaltsstufen befördert. Den Ausweis seiner Stelle in dieser hohen Position «akzeptierte» er in einem Schreiben an Gruber «voll und ganz». Doch – so die schriftliche Bitte des SPD-Ratsherrn – der Intendant möge ein «klärendes Wort» an die Belegschaft richten, daß Barunke sich in seiner Funktion als Personalratschef nicht «den Schneid» habe «abkaufen» lassen.[26]

23 Kölner Stadt-Anzeiger (Heinz Tutt): «In der Stadt klüngelt es wieder». 20.6.1991, S. 11

24 Kölnische Rundschau (Sz): «CDU fordert Ausschreibungen gegen den Postenklüngel» 3.7.1991

25 Kölner Stadt-Anzeiger (Heinz Tutt): «In der Stadt klüngelt es wieder», op. cit.; 20.6.1991; Bild: «Nach SPD-Klefisch jetzt Kölsches Versorgungs-Pöstchen für CDU-Müller». 13.2.1992

26 Der Spiegel: «Infantiler Machiavellist» 3/1989, S. 44ff

Daß Politik als Sprungbrett in eine Karriere in stadteigenen Betrieben genutzt werden soll, ist unter den führenden Kölner Politikern unstrittig, wie übereinstimmend der SPD-Vorsitzende Kurt Uhlenbruch und sein Pendant bei der CDU, Axel Rodert, gegenüber dem *Kölner Stadt-Anzeiger* betonten. Uhlenbruch: Die bei der SPD erworbenen politischen Fähigkeiten des Fraktionsgeschäftsführers Klefisch könne dieser nur in einem der Politik nahestehenden Bereich umsetzen. Offen bejahte Uhlenbruch, daß die stadteigenen Gesellschaften nur theoretisch den Prinzipien der Privatwirtschaft unterworfen sind: Die wirtschaftliche Führung, wie sie die privatrechtliche Organisationsform nahelege, sei nicht allein entscheidend. In den Vorstand solcher Unternehmen gehörten Leute, «auf die auch politisch Verlaß sei». Rodert, Notar in einer bekannten Kölner Kanzlei, in der gleichen Runde: In den Vorständen müßten «politisch motivierte Leute sitzen».[27] SPD-Ratsmitglied Heinz Lüttgen beantwortete Kritik mit der Gegenfrage, «ob es denn richtig sei, daß jeder, der dem Rat angehört, nichts werden darf». Klefisch sei als Kommunalpolitiker besonders geeignet; denn in der Rechtsrheinischen Gas- und Wasserversorgung AG (RGW) sei politische Geschicklichkeit von hoher Bedeutung.[28]

In einer Art All-Parteien-Koalition bekräftigte der Vorsitzende der Kölner FDP-Ratsfraktion, Wolfgang Leirich, das Recht, aus der Fraktion in eine Managerposition bei den städtischen Gesellschaften überzuwechseln. «Keiner hat versagt», behauptete Leirich und zählte freimütig auf: Rudi Conin, Heinz Soenius, Josef Schneider, Helmut Haumann, Erich Henke, Karl-Heinz Dresselhaus. Selbst für die Zukunft ist sich Leirich sicher: «Und auch Toni Klefisch wird nicht versagen.»[29] Das grüne Ratsmitglied Dieter Göbel, der diese Praktiken früher als «Endlagerung alter Politiker» bezeichnete[30], mußte sich in einer öffentlichen Ratssitzung allerdings seinerseits vorhalten lassen, im Rahmen der Haushaltsberatungen 1988 von der SPD gefordert zu haben, daß die Grünen bei der Besetzung von Positionen in der Verwaltung und in städtischen Gesellschaften

27 Kölner Stadt-Anzeiger (Heinz Tutt): «Vorständen geht's ans große Geld». 29./30.6.1991

28 Kölner Stadt-Anzeiger (Klaus Zöller): «Der Rat mußte noch einmal nachsitzen. Debatte auch um Klüngel, Geld und Ehre». 17.7.1991

29 Kölnische Rundschau (Manfred Burkhard): «Scheuch argumentiert in ein Vorurteil hinein». 15.2.1992

30 Expreß (Petra Herterich): «Endlagerung alter Politiker». 17.7.1991

berücksichtigt werden.[31] Die Grünen sind durchaus auf dem Weg, in das Kartell der Vorteilsnahmen mit eingebunden zu werden, wenn man sie denn läßt. So konnte SPD-Fraktionsführer Klaus Heugel Göbel bei einer öffentlichen Diskussion am 13. 2. 1992 vorwerfen: «Eure Tarife waren zu hoch.» Nur hieran seien die Koalitionsverhandlungen zwischen SPD und Grünen nach der letzten Kommunalwahl gescheitert.[32]

Der Chemiker Uwe Lahl war vom Bundestagsassistenten der Grünen ohne praktische Verwaltungserfahrung zum Umweltdezernenten in Bielefeld gewählt worden. Nun sollte er Geschäftsführer einer eigens aus der Kölner Stadtverwaltung auszugründenden «Abfallverwertungsgesellschaft» werden, was in der vorschlagenden SPD heftig umstritten war. Für den Oberstadtdirektor Lothar Ruschmeier wurde diese Doppelentscheidung für eine Gesellschaft und einen Geschäftsführer zu einer Prestigefrage.[33] Das ging letztlich schlecht aus für die siegessichere Koalition aus Fraktionslinken und Ruschmeier und auch für den Bewerber: In einem regelrechten Psychokrieg wurde Uwe Lahls Berufung zerredet. Nicht zuletzt scheiterte Lahl an seiner Forderung, acht Dienstjahre als Beigeordneter in Bielefeld auf seine Pensionsansprüche angerechnet zu bekommen, von denen er allerdings nur knapp sechs Jahre nachweisen konnte.[34]

Klaus Heugel hatte selbst die gelegentlichen Ausschreibungsverfahren für die Besetzung von Direktorenposten noch 1988 in einer öffentlichen Stadtratssitzung als «Augenwischerei» bezeichnet und befunden, stadtnahe Firmen sollten durch Personen mit kommunalpolitischer Erfahrung in Spitzenstellungen geführt werden.[35] Später hatte er beim Wechsel seines Gefolgsmannes Klefisch auf einen entsprechenden Vorstandsposten Kritik aus der eigenen Partei zurückgewiesen. Es habe der Aufsichtsrat der

31 Protokoll der 48. Öffentlichen Sitzung des Rates der Stadt Köln über den 4. Dringlichkeitsantrag der Fraktion «Die Grünen» vom 20. 6. 1988 zum Thema Neubesetzung von Vorstandsposten, S. 319

32 Stenografische Aufzeichnungen der Diskussionsrunde am 13. 2. 1992 im Studio Dumont in Köln

33 Kölnische Rundschau (mb): «Bielefelder Lahl setzte sich bei SPD-Fraktion doch noch durch». 12. 9. 1991

34 Kölner Stadt-Anzeiger (fw): «Extrasitzung wegen Lahl. FDP kritisiert die Wahl». 2. 10. 1991

35 Protokoll der 48. Öffentlichen Sitzung des Rates der Stadt Köln vom 22. 6. 1988, S. 313 ff (op. cit.); Tutt, op. cit., 29./30. 6. 91

RGW zu entscheiden und nicht der Rat.[36] Das aber war kein Problem; denn im Aufsichtsrat saßen CDU-Politiker, die ihrem politischen Gegner Klefisch den Aufstieg nicht verwehren wollten. Solches war ihm ja in dem Klefisch-Haumann-Papier zugesagt worden. Auf einem Kreisparteitag der CDU wurde befunden, daß die Besoldung mit 250000 Mark für den Noch-SPD-Geschäftsführer eigentlich niedrig sei, da in solchen Positionen in Köln Besoldungen zwischen 320000 und 400000 Mark angemessen seien. Nach Analysen zweier privater Personalberatungen lägen die Kölner Bezüge nur im Mittelfeld vergleichbarer städtischer Unternehmen.[37]

Andererseits mußte CDU-Chef Rodert auf der erwähnten Versammlung im Studio Dumont am 13. 2. 1992 zugestehen, daß sich kein Mensch darüber aufregen würde, «wenn wir – wie in Bonn – zum Beispiel die Kölner Verkehrsbetriebe als Eigenbetriebe führen würden. Dann würde dort ein Dezernent bestimmen und auch so besoldet.»[38]

4. Belohnungssysteme

Während der Ratszeit sind die offiziellen Bezüge so dimensioniert, daß die politische Arbeit nur als Feierabendbetätigung möglich wäre. Allerdings gibt es viele ergänzende Zahlungen und Vorteile, selbst für Hinterbänkler. So bewilligten die Stadträte den Fraktionen pro Person 2700 Mark im Monat für ihre Öffentlichkeitsarbeit und Fortbildung.[39] Ist ein Ratsmitglied Aufsichtsrat einer der städtischen Gesellschaften, dann sind schöne Reisen möglich. Der Aufsichtsrat der KVB bereiste London und Dublin, Lissabon, Stockholm und Helsinki, Leningrad, Kopenhagen und Budapest. Bei der GEW gab es Frankreich, Spanien, Schottland, Italien, Norwegen/Island. Aufsichtsräte der Stadtsparkasse konnten auf deren Kosten Berlin, Istanbul, Wien, Rom, Paris und Stockholm besuchen. Und beim Aufsichtsrat der Kölner Messe waren es Barcelona, Italien, Thessaloniki,

36 Expreß (Franz Wolf Ramien): «Posten-Klüngel bei Kölner SPD». 20. 6. 1991, S. 29

37 Kölnische Rundschau (Sz): «CDU fordert Ausschreibungen gegen den Postenklüngel. Parteispitze räumt Fehler bei Vergabe von Managerstellen ein». 3. 7. 1991

38 Stenografische Aufzeichnungen der Diskussionsrunde am 13. 2. 1992 im Studio Dumont in Köln, op. cit.

39 Kölner Stadt-Anzeiger (Heinz Tutt und Kirsten Boldt): «Mehrheit von SPD und Grüne für Uwe Lahl». 27. 9. 1991, S. 13

Prag, Plovdiv und Kopenhagen.[40] Der Rat selber hat viele Partnerstädte bestimmt, die natürlich auch bereist werden müssen. Die wichtigste Belohnung für Ratsmitglieder ist aber ein Sitz in einem der vielen Aufsichtsgremien, auf deren Besetzung der Rat selber Einfluß hat.

Das System kann als Kartell nur funktionieren, weil eine Fülle von Trostpreisen verteilt werden kann. Die gewöhnlichen Stadtverordneten erhalten für ihr Ehrenamt kaum mehr als 1000 Mark Aufwandsentschädigung im Monat. Aber, so Stadtrat Horst Siefen von der «Regenbogenfraktion» in der erwähnten Sendung von Felix Kuballa (Originaltext): «Als Stadtrat habe ich die Möglichkeit einer Freifahrkarte für die Städtischen Verkehrsbetriebe. Wenn ich die nicht in Anspruch nehme, dann kann ich mir 90 Mark in bar auszahlen lassen, pro Monat wohlgemerkt. Die städtischen Einrichtungen stehen uns kostenlos zur Verfügung. Das sind also der Zoologische Garten, das sind die städtischen Bäder, Museen, Saunen, das ist die Rheinseilbahn. Ich bekomme eine kostenlose Jahreskarte für den Besuch der Kölner Messen oder den Tanzbrunnen, dort können wir tanzen gehen. Wir haben die Möglichkeit, im Kulturbetrieb pro Monat acht Karten für Oper und Schauspiel zu erhalten. Als Vorsorgeuntersuchung gibt es die Möglichkeit, beim städtischen Amtsarzt ein- oder zweimal im Jahr sich gründlich untersuchen zu lassen. Und im städtischen Krankenhaus also steht mir die Behandlung einer Chefarztbehandlung zu.»[41]

Weitere Privilegien in Köln: 250 Sondergenehmigungen, mit denen man ungestraft falsch parken kann. Diese Sondergenehmigungen erhalten neben den Mitarbeitern im sozialen Dienst und Handwerkern führende Beamte der Stadt und Ratsmitglieder ebenso wie Politiker in den Bezirksparlamenten.[42] Nach der Bekanntgabe dieser Ausnahmeregelung auch für Spitzenpolitiker gab übrigens Bürgermeister Harry Blum, CDU, seinen Parkausweis zurück.[43]

Vorteilsnahmen bleiben nicht auf Ratsmitglieder beschränkt. So baute der für das Bauwesen zuständige Amtsleiter seinen Bungalow mit einer Extragenehmigung durch sein eigenes Amt in einem als Grünfläche aus-

40 Expreß (Franz Wolf Ramien): «Die lustigen Reisen der Aufsichtsräte». 20. 6. 1991, S. 26

41 Kuballa, op. cit., S. 7

42 Kölner Stadt-Anzeiger (cv): «Extrawurst von Amts wegen». 30./31. 5. 1991

43 Expreß: «Bürgermeister verzichtet auf Parkrecht». 18. 6. 1991, S. 16

gewiesenen Areal. Gefälligkeiten von Stadtwerken für führende Beamte und deren Kinder sind Kölner Folklore zufolge üblich.

Bei Geheimverhandlungen über eine sprunghafte Anhebung der Gehälter für Vorstandsposten in den stadteigenen Betrieben GEW und KVB wurde das Einverständnis des Betriebsrates dadurch erleichtert, daß ein Drittel der Belegschaften mit Prämien bedacht wurde – entsprechend der Ertragslage bei der GEW war dies eine «gewinnabhängige», bei der KVB eine «verlustabhängige» Zulage.[44] Dagegen protestierte heftig der Kommunale Arbeitgeberverband (KAV NW) in Wuppertal, vertreten durch seinen Vorsitzenden Herbert Jahrofer, dem damaligen Oberstadtdirektor von Bochum. Die Kölner Gesellschaften aber zahlen weiter. Für den einzelnen so bedachten Arbeitnehmer mag diese tarifwidrige Leistungszulage nur ein angenehmes Zubrot sein. Für GEW und KVB sind dies Belastungen in Millionenhöhe, die auf die Kundentarife abgewälzt werden.

Am Rande der Legalität war die Mietzahlung des mit Stimmen der CDU zum Schuldezernenten gewählten Linken Andreas Henseler. Dieser war zuvor Studienrat mit einer A-14-Besoldung gewesen. Ungeachtet seines Aufstieges um acht (!) Beförderungen in B 7 bewohnte er nahe dem teuersten Stadtteil Kölns, Marienburg, noch für längere Zeit in einem großen Garten ein Einfamilienhaus, für das er der Stadt pro Monat 200 Mark Miete zahlte. Henseler erhält selbst ein Jahresgehalt von 150000 Mark brutto und seine Frau als Landtagsabgeordnete 100000 Mark. Dessen ungeachtet wurde die Miete des städtischen Hauses nicht angehoben.[45]

Eindeutig jenseits der Grenze, wo die Vorteilsnahme justitiabel wird, soll sich der Staatsanwaltschaft Köln zufolge der ehemalige CDU-Ratsherr und Manager der Wohnungsgesellschaft des Kölner Stadtwerkekonzerns, Walter Hasert, bewegt haben. In mindestens 30 Fällen sei er von Lieferfirmen mit Reisen, Lieferungen für seine Häuser in Köln und Südfrankreich sowie Wohnwagen beschenkt worden. Die Erklärung des Christdemokraten: In Wirklichkeit habe es sich um einen Freundschaftsdienst gehandelt;

44 Persönliche Information eines zum Zeitpunkt des Deals obersten Beamten der Stadtverwaltung

45 Expreß (Franz Wolf Ramien): «Für ein Häuschen mit Garten nur 200 Mark Miete». 1. 7. 1991

er habe als Strohmann die Geschenke an die Freundin des Schenkenden weitergeleitet, damit dessen Ehefrau nichts davon erfahre.[46]

Ein klassisches Beispiel der Verknüpfung von Ratsmandat und beruflichen Interessen bot der CDU-Stadtverordnete Karl-Heinz Gierden. In Köln sollte eine große Mehrzweckhalle gebaut werden, deren Kosten weit über 100 Millionen Mark hinausgehen; inzwischen werden um die 500 Millionen Mark genannt. Zwei Entwürfe rivalisierten damals miteinander, und für jeden dieser Entwürfe hatten sich Gruppen von Ratsmitgliedern als Befürworter eingesetzt. In seinem Hauptberuf als Bankdirektor führte Ratsherr Gierden Kreditgespräche mit dem Bewerber des Projekts «Open-air-Arena», das er dann während der Meinungsbildung der Fraktion als die bessere Lösung empfahl.[47] In diesem Sinn beteiligte er sich an der Abstimmung, was Oberstadtdirektor Rossa als Befangenheit beanstandete. Diese Beschuldigungen wies Gierden zurück und zeigte einen Brief vor, nach dem eine Kreditzusage erst nach der Beschlußfassung erfolgt sei. Es stellte sich aber heraus, daß der Brief rückdatiert war, was aber in Köln keine unmittelbaren Konsequenzen hat.[48] Allerdings hat Gierden zwischenzeitlich seinen Ratssitz aufgegeben, weil ihm vorgeworfen worden war, gar nicht in Köln zu wohnen.[49] Zu diesem Rücktritt war Gierden durch die Klage eines Parteifreundes gezwungen worden, auf den – nach dessen eigenem Bekunden auf einer Parteiversammlung der CDU Köln-Sülz am 10. 2. 1992 – zu seiner Enttäuschung massiver Druck seitens der CDU-Führung Kölns ausgeübt worden war. Gierden sei schließlich der einzige Wirtschaftsexperte der CDU, und auf ihn könne man nicht verzichten, sei ihm beschieden worden.

Wie abgesichert das System in der Regel aber inzwischen ist, ergibt sich aus den Folgen der Aufdeckung eines Sachverhaltes, der in der Öf-

46 Expreß (Detlev Schmidt): «Stadtwerke: Ex-Prokurist bestochen?». 18. 6. 1991

47 Kölner Stadt-Anzeiger (Wolfgang Brüser, Heinz Tutt und Klaus Zöller): «Gerüchte nach dem Geheimbeschluß. Nachts überraschend Rats-Entscheid für offene Arena – Rätselraten um die Hintergründe». 17. / 18. 6. 1989

48 Kölner Stadt-Anzeiger (Wolfgang Brüser und Friedrich K. Kurylo): «Und wieder eine neue Wahrheit. Kölner Bank datierte Brief zur Halle zurück – Oberstadtdirektor prüft weiter». 28. 6. 1989; Kölnische Rundschau (Manfred Burkhard): «Brief der Bank sorgte für Verwirrung um neue Halle». 28. 6. 1989

49 Kölner Stadt-Anzeiger (tu): «Gierden gibt Ratssitz auf». 18. 10. 1990

fentlichkeit als schwere Umweltschädigung gewertet wurde. Klöckner-Humboldt-Deutz produziert in seiner Gießerei für Motoren giftigen Sand, der Sondermüll ist. Dieser ist viel teurer zu entsorgen als normaler Abfall. Die Firma Klöckner-Humboldt-Deutz hatte zwei Betriebsratsmitglieder mit dem Parteibuch der SPD zu Umweltbeauftragten ernannt, die unter Ausnutzung ihrer Beziehungen zu einem Parteifreund in der Stadtverwaltung erreichten, daß dieser Sondermüll auf normale Müllablagerungen gekippt wurde. Die Stadt wurde dadurch um etwa 3,8 Millionen Mark geschädigt[50] – ganz abgesehen von der Umweltbelastung. Als die Presse darüber berichtete, setzten die Stadtverordneten einen Untersuchungsausschuß ein. Dessen Vorsitzender wurde ein Ratsherr der «Opposition», Adolf Hellmich, CDU. Dieser befand dann einige Zeit später erwartungsgemäß, daß man Verantwortlichkeiten nicht mehr eindeutig klären könnte, und er sei sowieso gegen eine Hexenjagd.

5. Politisierung der Verwaltung

Bekannt ist in der Kölner Bevölkerung, daß die Spitzen der Verwaltung – die Beigeordneten – nach einem ausgehandelten Schlüssel für die Reihenfolge der Besetzung freiwerdender Positionen zwischen den Parteien aufgeteilt werden. Den letzten Kommunalwahlkampf 1989 hatte die CDU allerdings mit dem Versprechen harter Opposition geführt. Sie präsentierte der Öffentlichkeit mit Rolf Bietmann ihren Spitzenkandidaten für das Oberbürgermeisteramt und mit Etta Schiller, Vorsteherin des Finanzamtes Köln-Süd, eine Bewerberin um das vakante Amt des Oberstadtdirektors (der populäre und unabhängige Kurt Rossa war von seiner eigenen Partei, der SPD, nach Ablauf seiner zwölfjährigen Amtszeit nicht wiedergewählt worden). Die CDU erlitt dann zwar eine verheerende Wahlniederlage; die SPD verfehlte jedoch die absolute Mehrheit, und Koalitionen bei der Besetzung von Posten wurden nötig. Etta Schiller wurde von ihren Parteifreunden ermutigt, bei den kleineren Parteien «um Sympathie und Vertrauen zu werben» – was sie auch tat. Nicht nur hatte die SPD die absolute Mehrheit verfehlt; der SPD-Bewerber um den Posten des Oberstadtdirektors, Lothar Ruschmeier, war zudem in den eigenen Reihen umstritten. CDU-Fraktionschef Richard Blömer versicherte, die Wahl Ruschmeiers sei kein Thema für die CDU. Auch die Freien Demokraten

50 Kölner Stadt-Anzeiger (Heinz Tutt): «Kampf um Macht und Karrieren». 28. 11. 1987, op. cit.

wollten die Kandidatur Ruschmeiers nicht unterstützen. Für die Grünen war dessen Wahl sogar «ausgeschlossen». Aussichtslos war die Bewerbung einer CDU-Gegenkandidatin also keineswegs.[51]

Dann aber paßte eine Oberstadtdirektorin Etta Schiller (sie wäre in Deutschland die einzige Frau in dieser Position gewesen) einigen CDU-Politikern nicht mehr ins Konzept. Schriftlich ließen Vorstand und Fraktion der CDU ihre vormalige Favoritin wissen, sie möge zur Kenntnis nehmen, daß ihre Partei sie nicht mehr unterstützen werde.[52] Auf einem späteren Kreisparteitag warf der zuvor in Frankfurt glücklose Ex-Oberbürgermeister Wolfgang Brück – gerade erst in Köln als Teil des vom neuen CDU-Chef Rodert ultimativ durchgesetzten Personalpakets zum stellvertretenden Vorsitzenden gewählt – Etta Schiller vor, sie habe schließlich die Kommunalwahlen verloren und müsse nun die Konsequenzen ziehen. Im übrigen habe er, Brück, sich soeben davon überzeugt, daß Ruschmeier doch keine schlechte Wahl sei. Bis dahin hatte der Kölner Parteivorstand öffentlich und zuletzt im Wahlkampf das Gegenteil befunden. Immerhin galt der jetzt mitgewählte Ruschmeier bei der CDU als friedensbewegter Ideologe.

Das war der «Preis» für das Fallenlassen Etta Schillers durch ihre eigene Partei: Die CDU bekam für die Wahl Ruschmeiers zum Oberstadtdirektor die Posten des Stadtdirektors sowie fünf Beigeordnete – zwei mehr als zuvor.[53] Offensichtlich wirkte die unverhüllte Drohung des SPD-Fraktionschefs Heugel, daß CDU-Dezernenten auch nicht mehr die Stimme der SPD hätten, sollte sein Favorit Ruschmeier nicht Oberstadtdirektor werden. «Eine Verweigerung der CDU würde das Klima deutlich verschlechtern», so Heugel.[54] Dabei hatten sich die Parteien nicht einmal ein Vetorecht gegen die Personalvorschläge des politischen Gegners/Partners vorbehalten – wie es etwa bei dem Richterwahlausschuß für die Besetzung des Verfassungsgerichtes üblich ist.

Im letzten Wahlkampf war eines der beiden zentralen Themen der

51 Kölner Stadt-Anzeiger (Wolfgang Brüser und Heinz Tutt): «Kater am Tag danach». 3. 10. 1989

52 Die Welt (fp): «Etta Schiller scheiterte am Kölner Klüngel». 24. 2. 1990, S. 5

53 Kölner Stadt-Anzeiger (Heinz Tutt): «Fällt Etta Schiller nach Weiberfastnacht?» 21. 2. 1990; Westfälische Nachrichten (Jochen Jurettko): «Kölner Klüngel um Nachfolge von Kurt Rossa fordert Opfer». 2. 3. 1990

54 Kölner Stadt-Anzeiger (br): «Heugel warnt CDU und die Genossen». 25./26. 3. 1989

CDU die linke Schulpolitik der SPD. Dennoch überließ die CDU in ihrem Vertrag über die Ämterverteilung die Besetzung des Schuldezernats der SPD, und diese schlug erwartungsgemäß den bei der CDU als linken Ideologen geltenden Andreas Henseler vor; der Vorschlag wurde mit den Stimmen der CDU akzeptiert. Die öffentliche Ausschreibung war hierbei nur eine Farce.[55]

Tatsächlich geht die Parteipolitisierung der Verwaltung viel weiter. Auf diese Weise ist es den Parteien möglich, mit ihren Vorstellungen über Begünstigungen von Gruppen und Personen in der Verwaltung mit punktuellen Forderungen Gehör zu finden. Von seiten der CDU wurde 1989 gefordert, daß nun zusätzlich zu den Behördenleitern (Beigeordneten) auch die Dienststellenleiter (Amtsleiterebene) mit etwa 60 Positionen – die Aufgaben werden schon einmal unterschiedlich abgegrenzt und zusammengefaßt – Gegenstand von Kartellabsprachen sein sollen. Der CDU – so die Klage – gehörten bisher nur neun der Amtsleiter an.[56]

Als Amtsleiter ist man (anders als der auf Zeit gewählte Beigeordnete) ein Lebenszeit-Beamter. Von den jetzigen 52 Amtsleitern in führenden Positionen bei der Stadtverwaltung Köln sind über 80 Prozent Parteimitglieder. Die Mehrzahl gehört – wie erwähnt – der SPD an.[57] Tatsächlich ist auf der unteren Ebene die Schlagseite der Kölner Verwaltung zur SPD ausgeprägter als in den obersten Leitungspositionen. Inzwischen soll sich nach Aussagen leitender Beamter der Parteienproporz weit über die Geheimverträge hinaus bis hinunter auf die A-8-Obersekretärsebene auswirken. Die Schlüsselfrage bei der Besetzung von Positionen in der Stadtverwaltung soll heute heißen: «Ist das einer von uns?» Wer nicht den Weisungen seiner jeweiligen Fraktionsspitze folge, sei als Beamter in seiner Beförderung bedroht.

Wahlbeamte, die im Zuge parteipolitischer und innerparteilicher Auseinandersetzungen in Mißkredit geraten sind, werden in Köln nicht wiedergewählt. Ein Muß ist dies nicht, das System muß flexibel bleiben: Im Vorfeld der Wahl des neuen Oberstadtdirektors 1989 hatte SPD-Fraktionschef Heugel – ungeachtet seiner früheren Warnungen an die

55 Kölner Stadt-Anzeiger: «Sie wird die erste Frau in Kölns Verwaltungsspitze. Dagmar Schlapeit-Beck vor der Wahl zur Sozialdezernentin». 17. 8. 1990
56 Kölner Stadt-Anzeiger (Heinz Tutt): «Fällt Etta Schiller nach Weiberfastnacht?», op. cit.
57 Kuballa, op. cit., S. 13

Adresse potentieller CDU-Dezernenten – ausdrücklich versichert, sollte sich die Kölner CDU zu einer «Fundamentalopposition» entscheiden, so würde die SPD dennoch CDU-Beigeordnete nach Ablauf ihrer jetzigen Amtszeit wiederwählen: «Leute, die gut arbeiten, werden wir nicht einfach abschießen.»[58]

Seit 1979 schickten Kölner Kommunalpolitiker fünf Dezernenten und einen Oberstadtdirektor in die «Frühpension». Deren Gehalt muß bis zu ihrer Pensionierung von der Stadt zu über 70 Prozent weitergezahlt werden:

- 1979 Rechtsdezernent Dr. Peter Schaefer, SPD, 56 Jahre.
- 1980 Baudezernent Werner Baecker, SPD, 52 Jahre.
- 1985 Sportdezernent Hans-Erich Körner, SPD, 54 Jahre.
- 1987 Schuldezernent Dr. Wolfgang Leirich (FDP), 49 Jahre. Das Dezernat wurde aufgelöst (allerdings später wiederbelebt und mit Andreas Henseler besetzt).
- 1989 Oberstadtdirektor Kurt Rossa, SPD, 59 Jahre.
- 1991 Dezernent Wolfgang Keil, SPD, 48 Jahre.

Die Stadt Köln belastet diese Behandlung von Beamten als eine Art «Wegwerfbeigeordnete» (Rossa) mit etwa 7,5 Millionen Mark.[59]

Beide großen Parteien in Köln haben formelle Betriebsgruppen für «ihre» Beamten. Diese sorgen dafür, daß den Parteien in der Verwaltung nichts entgeht (im Bundesgebiet soll es mehr als tausend solcher Betriebsgruppen mit einem direkten Kontakt zu den Parteizentralen geben).[60] Wer Leiter der Betriebsgruppe der SPD ist, ist zweitrangig; denn nach einem geflügelten Wort in der Stadtverwaltung ist die zweite berufliche Lebensversicherung neben dem Beamtentum das SPD-Parteibuch. Demgegenüber dürfte es für den Leiter der CDU-Betriebsgruppe, den Grünflächenamtschef Strunden, schon schwieriger sein, die wenigen Posten, welche die SPD der CDU zugesteht, auch mit getreuen Gefolgsleuten besetzen zu können. Das Prinzip der Betriebsgruppen entspricht in der Tendenz der Parallelisierung von staatlicher Verwaltung und Parteiaufbau im real existierenden Sozialismus.

58 Kölnische Rundschau (Sz): «Rat kann Wahl von Ruschmeier noch verhindern. SPD sichert Klefisch neuen Posten zu». 4. 11. 1989

59 Kölnische Rundschau (Susanne Happe): «Sechs Frühpensionäre läßt sich die Stadt 7,5 Millionen Mark kosten». 24. 5. 1991

60 Kuballa, op. cit., S. 14

Die CDU-Führung sieht in diesen Absprachen zur Postenverteilung die einzige Möglichkeit, einen Durchmarsch der SPD durch alle Positionen zu verhindern. So wenigstens ist die offizielle Begründung. Andererseits aber wäre die SPD schlecht beraten, der CDU nicht einige Positionen in einem Personalpaket zu überlassen; denn sonst könnte diese ja wieder als Opposition wirksam werden. Jedenfalls ist es auch in den Städten des Ruhrgebietes wie in Bochum oder Essen üblich, die ewig unterlegene CDU bei der Stellenverteilung mit einigen Krümeln zu berücksichtigen. Beispiel Essen: Die CDU darf den Bürgermeister und zwei Beigeordnete stellen.[61] Entsprechend ihrer stärkeren Verankerung in Köln kann die CDU hier für die klüngelnde Zusammenarbeit mit der SPD etwas mehr verlangen.

Zu diesem System sagte Kurt Rossa, ehemaliger Oberstadtdirektor von Köln, im Mai 1991: «Mein Selbstverständnis als ... Oberstadtdirektor kollidierte dauernd mit dem parteipolitischen Machtanspruch, der von dem Spitzenbeamten erwartet, daß er sich so benimmt, als hätte er seinen Amtseid auf den Geschäftsführer der SPD-Fraktion geleistet ... alle wichtigen Entscheidungen fallen in der Spitze in einem Zirkel von ganz wenigen. Das Merkwürdige an Köln ist, daß die eigentlichen Machthaber völlig im Schatten bleiben, und der Mann, dem Köln eigentlich gehört, der Dr. Klaus Heugel, ist fast allen Kölnern unbekannt.»[62] Aber auch über die CDU fällt Rossa ein hartes Urteil: «Die CDU war in der sogenannten Dezernatsneuordnung voll verklüngelt und ... der Auffassung, daß der Oberstadtdirektor, der die Verwaltung ja hierarchisch zu führen und zu verantworten hat, einen Anspruch darauf hätte, als Beigeordnete erstklassige Fachleute verlangen zu dürfen. Da ist seither noch vieles ins Rutschen gekommen ... Ein Machtspiel zur Versorgung genehmer Parteifreunde.»[63]

61 Peter Grafe: «Malefiz in Essen. Karriere, Komplott und Konspiration – wie es die Sozis machen», in: Transatlantik, September 1990, S. 78

62 Kurt Rossa: Interview mit der Zeitschrift «Periskop» – Magazin für Köln-Lindenthal und Sülz, Mai 1991

63 Kurt Rossa: «Rede zum Neujahrsempfang der CDU Köln – Stadtbezirksverband Porz» – im Rathaus zu Köln-Porz am 15. 1. 92 (unveröffentlichtes Manuskript). Kurt Rossa ist seinen Prinzipien auch nach seiner Verabschiedung aus dem Amt des Oberstadtdirektors treu geblieben. In zahlreichen Kolumnen der *Welt am Sonntag* kämpft er seither für eine Reformierung des Systems. Auch satirisch hat Rossa sich der wachsenden Parteipolitisierung in

Die real existierende Stadtverwaltung in Köln kann heute als eine lokkere Föderation von Ämtern verstanden werden. Die wichtigen Ausschußmitglieder des Stadtparlaments, die jeweiligen Amtsleiter und die Interessenvertreter des jeweiligen Gebietes sind so lange ziemlich autonom in ihren Entscheidungen, wie sie sich im Rahmen des Gesamtbudgets halten und untereinander Einigkeit erzielen können. Der Rat und die Verwaltungsspitze stellen eine Reserve für die Fälle dar, in denen der übliche Ablauf von Entscheidungsprozessen nicht funktioniert.

Daß Bürger in der Stadt Köln mehrheitlich meinen, daß die Politik für sie nicht durchsichtig sei, ist ein Urteil, das unter solchen Umständen gar nicht anders ausfallen kann.

6. Politisierte Sachentscheidungen

Unter den hier geschilderten Gesichtspunkten kann natürlich Politik nicht sachlich sein. Ein Beispiel ist die Führung der Ost-West-Straßenbahn-Trasse in Köln. Sie sollte als U-Bahn auch die Ringstraße unterqueren. Inzwischen war es in der SPD Mode geworden, gegen U-Bahnen zu sein; mit Straßenbahnen hoffte man, den Autoverkehr aus der Innenstadt verdrängen zu können. So wurde Dr. Heugel von seiner Partei verpflichtet, die Untertunnelung von Heumarkt und Ringstraße zu blockieren. Hier hatte er bereits tatsächlich auch geblockt, weil er zu Recht oder zu Unrecht meinte, ein Abrücken von einer einmal bezogenen Position werde von seinen Gegnern in der eigenen Partei als Signal schwindender Macht gedeutet.

Dabei fielen den Parteilinken immer neue Argumente ein. Zuletzt hieß es, unter dem Neumarkt sei ein römisches Villengebiet zu vermuten, das es für zukünftige Ausgräber-Generationen zu bewahren gelte. In den neunziger Jahren soll nun ein Gutachten die Neugestaltung dieser wichtigen Kreuzung empfehlen. Nach Heugel sollte jedoch der Gutachter nicht einmal prüfen dürfen, ob eine Untertunnelung statt ebenerdiger Straßenbahnführung sinnvoll sei. Die CDU trotzte ihm dann im «Kooperationsvertrag» 1989/90 die Erlaubnis zur Untersuchung der unterirdischen Variante ab.

Schwierigkeiten gibt es bei einem solchen Kartell mit Außenseitern wie Grünen oder Randgruppen wie Hausbesetzern. Diese werden dann

Deutschland angenommen. Vgl.: Kurt Rossa: «Ein Fisch in Opas Bett. Romanzen und sanfte Satiren», 3. Aufl. Bergisch Gladbach 1988 um so heftiger umworben. Weihnachten 1991 wollte der Leiter des Grünflächenamtes, Peter Strunden (CDU), überraschend das übliche Schmücken von Bäumen mit kleinen Weihnachtslichtern untersagen. Er wollte «unseren Freund, den Straßenbaum», schützen. 5000 Bäume im Stadtgebiet trügen schon das «Kains-Mal des Todes auf der Stirn». Dieses «Kains-Mal» hatte freilich bei dem jahrzehntelangen Schmücken der Bäume zur Weihnachtszeit bisher noch niemand an «unserem Freund, dem Straßenbaum» erspäht.[64]

Hausbesetzer erhalten in Köln großzügige Finanzzusagen. Auch dies soll die Grünen im Rat freundlich stimmen für spätere Initiativen der SPD. Bei einem besetzten gewerblichen Gelände am Kartäuserwall wurde den Hausbesetzern eine Sanierung zugesagt, die im Endeffekt 14 Millionen gekostet hätte. Die Hausbesetzer sollten dann nur 20 Prozent der ortsüblichen Miete zahlen.

7. Techniken der Disziplinierung

Das geschilderte System des Cliquenwesens kann nur funktionieren, wenn Disziplin erzwungen wird. Über die SPD wurde veröffentlicht, daß bei einer Kampfabstimmung um Fraktionsposten Kugelschreiber mit unterschiedlichen Farben wie Rosa verteilt wurden. Wenn das nicht sicher genug ist, weil beispielsweise einer der Stimmzähler zu den «unsicheren Kantonisten» gehört, dann verpflichten die Gruppen im Stadtrat schon einmal ihre Mitglieder, sich jeweils in den Stimmzettel schauen zu lassen.[65] Letzteres wird auch über die CDU publiziert. Beispielsweise hatten sich bei einer Abstimmung im Kölner Stadtrat über die Besetzung von Posten im KVB-Aufsichtsrat und Kreispolizeibeirat die CDU-Politiker Josef Müller und Heinz Christian Esser «als lebendige Mahnung, richtig zu stimmen» (Esser), an die Urne gestellt.[66] Die Vereinbarungen zwischen den Fraktionen werden durchgesetzt mit der Drohung, daß bei einer einzigen Fehlabstimmung die Personalpakete ungültig würden. Im praktischen Verhalten wird damit die Konzeption des Abgeordneten in unserer Ver-

64 Kölner Stadt-Anzeiger (Frank Wiebe): «‹Unser Freund, der Straßenbaum›. Stadt ist gegen die Weihnachtsbeleuchtung». 16./17.11.1991

65 Kölner Stadt-Anzeiger (Heinz Tutt): «Machtprobe im letzten Moment noch abgeblasen. SPD-Fraktion vertagte Streit um Posten». 30.1.1986

66 Kölner Stadt-Anzeiger (Heinz Tutt): «CDU geriet noch tiefer in die Krise». 21.12.1989

fassung, daß er lediglich seinem Gewissen verantwortlich sei, ersetzt durch die Parteikontrolle über dann nicht mehr geheime Abstimmungen.

Wenn das alles nicht ausreicht, dann werden auch schon einmal Beschlüsse von Parteigremien völlig ignoriert. Als die CDU im Oktober 1989 eine schwere Niederlage erlitt, beschlossen die Delegierten auf dem folgenden Kreisparteitag fast einstimmig die Parlamentarisierung der Kölner Ratsarbeit und damit ein Ende der Personalpakete. Ausdrücklich wurde gefordert, ab sofort im Rat eine harte Oppositionslinie zu vertreten.[67] Auf dem nächsten Kreisparteitag präsentierte sich dann der neue Vorsitzende Axel Rodert mit einem Personalpaket, dem man nur gesamthaft zustimmen konnte; das hat ja in der CDU schon Tradition. Zudem wurde den Kreisdelegierten die Zustimmung zu einem inzwischen mit der SPD ausgehandelten Personalpapier abverlangt – von der harten Oppositionslinie war nichts mehr übriggeblieben. Analoges ereignete sich auch bei der FDP: Die Partei wollte Opposition, die Fraktion praktizierte Kooperation.[68]

Zur Änderung des verdeckten Berufspolitikertums hatte die Kölner CDU damals auch beschlossen, daß der Parteivorstand jährlich einen Bericht zur Situation und Einstellungspraxis bei stadtnahen Gesellschaften zu erstatten habe. Wenn man die Klüngelpraxis im Stadtwerke-Konzern kontrollieren wollte, war das als Materialgrundlage unverzichtbar. Der beschlossene Bericht wurde nicht erstattet, und der neue Vorsitzende Rodert erläuterte eineinhalb Jahre nach der Wahlkatastrophe im Oktober 1989, es hätten andere Dinge eine größere Dringlichkeit als dieser Auftrag erhalten.[69] Auf einer Versammlung der CDU Sülz am 10. 2. 92 bekräftigte Rodert dann, er hätte diesen Bericht einfach nicht erstellen können, weil dies zuviel Arbeit mache.

Warum lassen Delegierte dieses mit sich geschehen? Darüber gibt der Ablauf eines Kreisparteitages der CDU Aufschluß, bei dem die Kandidaten für die Kommunalwahlen 1989 aufgestellt wurden. Als über den

67 Kölner Stadt-Anzeiger (Heinz Tutt): «Zurück blieb ein Scherbenhaufen». 25. 10. 1989

68 Kölner Stadt-Anzeiger (Kirsten Boldt): «Den Liberalen ging es ums Parteiprofil. Kritik an der Ratsfraktion beherrschte Parteitag – Opposition gefordert». 21. 2. 1992, S. 13.

69 Kölner Stadt-Anzeiger (Heinz Tutt): «Der Parteitag folgte dem Vorsitzenden nicht. Rodert (CDU) hatte es schwer – Halbherziges zu Politikerjobs». 3. 7. 1991, S. 14

Platz 5 der Reserveliste abgestimmt wurde, der bisher vom früheren Fraktionsvorsitzenden Meyer besetzt war, wurde den Delegierten vom Vorstand überraschend eine andere Kandidatin vorgeschlagen. Meyer erklärte dann dem Parteitag, man habe ihn einerseits mit finanzwirksamen Drohungen zum Verzicht nötigen wollen, andererseits durch finanzielle Zugeständnisse.[70] Am Tag vor der Abstimmung habe man ihm gedroht, wenn er auf der Kandidatur bestehe, werde er seine mit 95000 Mark dotierte Stellung als Geschäftsführer der Laurenz-GmbH verlieren; letztere ist eine Tochter der Stadtsparkasse und verwaltet für diese Wohnungen. Seine Weigerung habe dann zur Folge gehabt, daß in einem Telefongespräch am Vorabend des Parteitages der (damalige) Parteivorsitzende Pohl das Angebot machte, sein Gehalt auf das eines Vorsitzenden zu erhöhen, was eine Vergütung von ca. 165000 Mark bedeutet hätte. Er wolle aber kämpfen. Nur nutzte das nichts: Lediglich ein Drittel der Abgeordneten votierte für Meyer.

Eine Befragung der Delegierten dazu durch einen der Autoren dieser Studie ergab, daß jeder Ortsverein, in dem die Delegierten gewählt werden, bei einem Aufknüpfen des Personalpaketes etwas verloren hätte. Der eine Ortsverein erhält einen guten Listenplatz, der andere Ausschußplätze für «beratende Bürger»; wieder andere dürfen auf eine Baumaßnahme hoffen (etwa die Renovierung einer Schule oder die Ausweisung von Bauland) und einige weitere auf Verkehrsmaßnahmen (etwa eine Buslinie oder Haltestelle). Über den Zeitraum eines ganzen Jahres hinweg sind die Parteispitzen mit dem Zusammenschnüren eines Bündels von kleineren und größeren Gefälligkeiten beschäftigt. Wenn das so ist, kommt es nur in extremen Fällen einmal zu Aufständen, die von den Parteifunktionären immer als Scherbenhaufen gewertet werden.

Solche «Scherbenhaufen» werden vermieden, indem durchweg wichtige Entscheidungen zwischen vier bis acht Vertretern der beiden großen Parteien vorbesprochen und dann verabredet werden. Ein Beispiel ist der Städtische Haushalt für 1992, der den Fraktionen dann als nicht mehr verhandlungsfähiges Paket vorgestellt wurde. Als Ratsmitglied Richard Blömer, CDU, nicht damit einverstanden war, daß neun Kulturbeauftragte als Subvention für die «Szene» und 700000 Mark für «Müllberater»-Stellen in den Haushalt eingesetzt wurden, wurde ihm nach eige-

70 Expreß (Ulrich J. Schröder): «CDU-Parteitag: Tumulte um Ex-Fraktionschef. Gerhard Meyer wegen ‹Postenklüngels› ausgebootet». 10. 10. 1988, S. 22

nen Aussagen vom Fraktionsvorsitzenden Schröder bedeutet, hier gebe es nur die Möglichkeit, den ganzen Haushalt anzunehmen; anderenfalls seien alle anderen Absprachen zwischen SPD und CDU gefährdet.

Bürgermeister Rolf Bietmann, CDU, war öffentlich ins Gerede gekommen, Wohnraum ohne Genehmigung für seine Anwaltskanzlei – die er damals noch gemeinsam mit dem Stadtverordneten Dietmar Artzinger-Bolten (damals Vorsitzender des 1. FC Köln) betrieb – zweckentfremdet zu haben. Vertraglich war von Artzinger-Bolten und Bietmann zugesichert worden, im Falle eines Bußgeldes wegen Zweckentfremdung dieses Strafgeld anstelle des Vermieters selbst zu zahlen. Die SPD, die das Wohlwollen der CDU für Personalpakete benötigte, unternahm vorerst nichts. Der neugewählte CDU-Chef Axel Rodert bescheinigte seinem Parteifreund Bietmann trotz des bekannt gewordenen Eventual-Vertrages erst einmal, sich korrekt verhalten zu haben. Weder hätten die Mietverträge gegen die guten Sitten noch gegen ein gesetzliches Verbot verstoßen.[71] Erst auf massiven Druck der Öffentlichkeit und einiger Parteifreunde mußte Bietmann dann aber doch auf die ihm bereits sicher geglaubte Position eines Aufsichtsratsvorsitzenden bei der GAG verzichten.[72]

Eine «Aufsichts- und Schutzfunktion für die Partei» und einzelnen Abgeordneten gegenüber erkennen sich CDU-Chef Axel Rodert und CDU-Fraktionsvorsitzender Albert Schröder zu. CDU-Ratsherr Klaus Ulonska wurde nahegelegt – ohne daß die Öffentlichkeit Näheres über die vorausgegangenen Diskussionen erfuhr –, sein Ratsmandat niederzulegen. Schröder gegenüber dem *Kölner Stadt-Anzeiger*: Er habe die «Gewißheit, daß Ulonska, wenn er unserem Ansinnen nicht folgt, noch mehr Kummer bekommt». Ulonska werde aber geschützt, «wenn er tut, was wir ihm raten».[73]

1989 war der populäre Oberstadtdirektor Kurt Rossa durch den Kandidaten Lothar Ruschmeier zu ersetzen, den sich Fraktionschef Dr. Heugel ausgewählt hatte. Den SPD-internen oppositionellen Herterich-Anhän-

71 Kölner Stadt-Anzeiger (Winfried Honert): «Beredtes Schweigen» und Kölner Stadt-Anzeiger (wa): «CDU-Chef stellt sich vor Bietmann». 17. 8. 1990

72 Expreß (Franz Wolf Ramien): «Kein neuer Posten für Rolf Bietmann». 18. 8. 1990, S. 31

73 Kölner Stadt-Anzeiger (Heinz Tutt): «Kritik an Chefs von Partei und Fraktion». 23. 1. 1992, S. 12

gern drohte Heugel: «Ich kann Sie nur warnen, nicht alles kaputtzutreten». Nur eine Zustimmung zu seinem Plan erlaube ihren «politisch anständigen Abgang».[74] Im Klartext heißt dies: Abgang, also Mandatsverlust in jedem Fall – bei Fügsamkeit dann ohne weitere Schädigung.

74 Kölner Stadt-Anzeiger (br): «Heugel warnt CDU und die Genossen». 25./26. 3. 1989

8. Von der traditionellen zur «neuen Politik»

Die Darstellung des Systems der Vorteilsnahme am Beispiel von Köln hatte unter anderem gezeigt, daß Politiker offenbar vielseitig verwendungsfähig geworden sind. Sie selbst sind der Meinung, daß politische Professionalität wichtiger ist als sachliche Kompetenz. Beides ist im Selbstverständnis der *classe politique* längst nicht mehr untrennbar miteinander verbunden. Zumindest begünstigt wurde dieses Politikverständnis durch einen Wandel der politischen Themenwahl und ihrer Vermittlung.

Zuerst in den Vereinigten Staaten und mit der zweiten Hälfte der siebziger Jahre auch in der Bundesrepublik wurde die inhaltliche Diskussion in den Parteien beherrscht vom Thema «neue Politik». Zugleich wurde mit der Zuwendung zu einem solchen Politikverständnis auch der Stil politischer Auseinandersetzungen beeinflußt. Der «new politics» entsprach die «symbolic politics» – die Betonung des Symbolhaften, das Setzen von Zeichen statt der praktischen Umsetzung.[1]

Dem entspricht ein Wechsel von sogenannten «harten Themen» der Politik, die sich um Grundfragen der wirtschaftlichen Entwicklung und materiellen Versorgung drehen, zu «weichen Themen», die moralische Themen und Ziele betonen, die nicht unmittelbar von existentieller Bedeutung sind. Darüber hinaus werden «harte Themen» moralisiert; das erleichtert das Mitreden und die Auseinandersetzung mit ihnen in den Medien. Es führt aber auch dazu, daß Politik von den Bürgern und den Politikern selbst zunehmend als Medienereignis wahrgenommen wird.

Dem Charakter nach ist dies aus der Studentenpolitik bekannt. Hier

1 Siehe auch Erwin K. Scheuch: «Von Honoratioren zu Zeichensetzern», in: Die Neue Ordnung, 37. Jg., Nr. 4/1983, S. 253–267

stellten die Studentenpolitiker immer schon ab auf Belohnung für das bloße Vorzeigen des richtigen Motivs bzw. eines moralisch anzustrebenden Zustandes. Die Verwirklichung als Kriterium spielte in der Studentenpolitik schon deshalb eine untergeordnete Rolle, weil sich bei der nächsten Wahl das Wahlvolk schon wieder geändert hatte.

Das ist nun offensichtlich bei der allgemeinen Politik nicht der Fall. Die Vertreter der «neuen Politik» mit ihrem Zeichensetzen erklären ihr Vertrauen in diesen politischen Kurs denn auch mit der Kurzlebigkeit von Themen in einem dichten System der Massenkommunikation. Hier wird tatsächlich in erster Linie belohnt bzw. berichtet, was neu ist.

Wer in der Politik Auffälliges behauptet, auch wenn eine Nachprüfung zunächst nicht möglich ist, der wird in den Medien zitiert.

Beispiele hierfür lassen sich der Umweltdiskussion entnehmen. So braucht man für ein Urteil und politische Konsequenzen in bezug auf ein Phänomen wie die Klimakatastrophe ziemlich lange Zeitreihen. Bis dahin lassen sich zum Zwecke der Profilierung von vielen Politikern ebenso viele Aussagen und Forderungen an solch ein Thema knüpfen, ohne daß dies jeweils praktische Konsequenzen hat – Zeichensetzung.

Wenngleich die Medien für Politiker eine sehr einfache Profilierungsmöglichkeit bieten, so wurde doch üblicherweise dieses Profilieren von den Parteien mit den gleichen Mechanismen in Grenzen gehalten wie Auftritte während der Plenarsitzungen im Bundestag: Parteibürokratien und/oder -oligarchien prüften Profilierungswünsche an der Hackordnung der Parteien und deren Parteilinien. Inzwischen sind jedoch die Disziplinierungsmittel für ehrgeizige Politiker fragmentiert. Über die Karriere von Politikern entscheiden nicht mehr nur Fraktionsspitzen in Bund und Land bzw. die entsprechenden Parteizentralen, sondern auch eine Vielzahl von Cliquen. Mit der Ausweitung der Patronagemöglichkeit sowie der Chancen für Vorteilsnahme und Erkenntlichkeiten hierfür ist der Zusammenhalt der Parteien gemindert.

Die Träger der «neuen Politik» nennen strukturelle Gründe dafür, daß deren Themen die klassischen ersetzen müßten – und ein entsprechend anderes Personal verlangten, damit sie überzeugend in der Öffentlichkeit zu vertreten sind. Dafür wurden auch sozialwissenschaftliche Argumentationen angeführt, insbesondere die These vom Wertewandel. Dieser wurde von verschiedenen Sozialwissenschaftlern mit empirischen Verweisen als Gesellschaftswandel mit der Zielrichtung Postmodernismus behauptet, wie von Ronald Inglehard, Burkhard Strümpel und Elisabeth

Noelle-Neumann oder Helmut Klages.[2] Die Unrichtigkeit dieser These tut an dieser Stelle nichts zur Sache[3]; sie erwies sich in der Politik und darüber hinaus in der intellektuellen Öffentlichkeit als erfolgreich, weil sie plausibel war: Nach all den vielen Jahren des Aufbaus war wohl jetzt die Zeit gekommen, den materiellen und eher technischen Problemen unseres Lebens weniger Aufmerksamkeit zu schenken und sich dafür darauf zu konzentrieren, die Lebensqualität zu erhöhen. Unter Lebensqualität wurde dabei auf den einzelnen bezogen das Gegenteil der sogenannten Pflichtwerte verstanden: Selbstverwirklichung, Zärtlichkeit, Spontaneität zum Beispiel. Gesellschaftlich kamen moralische Werte wie die Gleichberechtigung der Frau, soziale Gerechtigkeit oder die Einwanderungspolitik in der Verkleidung als Asylrecht hinzu. In bezug auf die Umwelt ging es etwa um wohnlichere Städte und saubere Luft. 1982 ermittelte Emnid, daß in der Bevölkerung 54 Prozent der Meinung waren, bei uns werde zu stark auf eine Erhöhung des Lebensstandards geachtet, und 55 Prozent meinten, man messe dem Geld zuviel Bedeutung zu – Zahlen, die den Zeitgeist ausdrücken.

Seit Mitte der siebziger Jahre wird als empirische Umsetzung dieses Zeitgeistes nach sogenannten Lebensstilgruppen gefahndet. Sie sollen die neuen Trennungslinien in der Gesellschaft bilden – nun aber aufgrund selbstgewählter und sichtbar unterschiedener Formen der Lebensführung. Die Identifizierung mit einer Lebensstilgruppe soll so wirken wie vordem die Zugehörigkeit zu einem politisch-sozialen Milieu.[4] Zuerst ließ sich die SPD solche Lebensstilgruppen ausrechnen wie «traditionsloses Arbeitermilieu» oder «technokratisch-liberales Milieu». Anfang der achtziger Jahre folgte die CDU mit der Entdeckung von beispielsweise «intrinsisch motivierten Jüngeren» oder «den passiven, anpassungsfähigen Arbeitnehmern». Andere erkannten Lebensstile wie

2 Ronald Inglehard 1989, op. cit.

3 Siegfried Schumann in Karl Schmitt 1990, op. cit.

4 In deutscher Sprache ist die aktuellste Darstellung dieser Konzeptionen und der damit verbundenen empirischen Forschung Hartmut Lüdtke: «Expressive Ungleichheit – zur Soziologie der Lebensstile». Opladen 1989. Die anerkannteste theoretische Begründung für die gestiegene Bedeutung von Lebensstilen bringt Pierre Bourdieu: «Die feinen Unterschiede». Frankfurt 1982. Siehe auch Hans-Peter Müller: «Lebensstile – ein neues Paradigma der Differenzierungs- und Ungleichheitsforschung», in: Kölner Zeitschrift für Soziologie und Sozialpsychologie, Jg. 41 (1989), S. 53–71

den «zuverlässigen Handlanger» oder «den bedrückten Tagträumer». Zu diesem Verständnis von sozialer Vielfalt, das sich nun nicht mehr auf die Zugehörigkeit zu objektiven Gruppen bezog, paßte die Moralisierung und die Ästhetisierung der Politik.

Der wichtigste soziale Bestimmungsgrund für den Themenwandel der Politik von «harten» zu «weichen» Themen war jedoch nicht die Reaktion auf etwaige Veränderungen unserer Gesellschaft, sondern der Wechsel des politisch führenden Personals selbst. Als Folge der 68er Generation waren weite Teile der Kulturberufe politisiert worden. Die Vertreter dieser Haltung setzten sich in den Parteien nicht über die Verbände, sondern über die Regionalgliederungen durch. Ihr Hauptvorsprung war das, was man mit Habermas sozialwissenschaftlich verfremdet «kommunikative Kompetenz» nannte. Das Publikum von Habermas glaubt sogar, daß Gesellschaft im wesentlichen ein kommunikativer Verband ist. Kommunikation wird selbst zum Inhalt («the medium is the message»), wobei der Inhalt danach ausgesucht bzw. daraufhin zugerichtet wird, daß er sich zur Kommunikation eignet.

All dies führte zu einer Verflüssigung der politischen Inhalte, in deren Folge offensichtlich Sachkompetenz, die in praktischer Erfahrung gründet und wie sie vor allem über die Verbände in die Politik hineingetragen wird, nur noch einen untergeordneten Stellenwert hat. Politische Karrieren gründen vielmehr auf der Durchsetzung mit Hilfe von Seilschaften in lokalen Zusammenhängen. So kommt es, daß die CDU im gegenwärtigen Bundestag über keinen Abgeordneten mit wirtschaftspolitischer Kompetenz verfügt und sie als wirtschaftspolitischen Sprecher einen Juristen wählte, der sich vor seiner Karriere in der Bundespartei nur in der Studentenpolitik, nicht aber in einem wirtschaftsnahen Beruf bewährt hatte. Analoges ist von der Sozialdemokratie zu berichten. Es gibt auch keinen Fachmann für Steuerfragen in der CDU/CSU-Fraktion, und es gibt keinen Fachmann für Wohnungsbau. Fachleute für diese Themen könnten von den Verbänden in großer Zahl rekrutiert werden, aber die Rekrutierung verläuft heute eben auf andere Weise.

Durch die Invasion der Kulturberufe ist ein Kreislauf in Gang gekommen zwischen der Veränderung der Kompetenz des politischen Personals (statt Sachkompetenz kommunikative Kompetenz) und der Stärkung des Zeitgeistes hin zu «weichen» Themen, dem Medienlob für die Vertreter «weicher» Themen und den schließlichen Karrieren in der Partei. Von hier an gabeln sich die Karrieren der kommunikationsstarken «neuen»

Politiker: Es gelingt, Sprecher für alles zu werden – zum Beispiel mit einem Spektrum von der Lage in Chile über die Abtreibung bis zur fehlenden Wärme zwischen Menschen –, oder man steckt gegenüber der Partei ein kleines Mediengrundstück ab wie ein Goldgräber 1849 in Kalifornien einen Claim und arbeitet sich im *teach-yourself* in ein Gebiet wie Müllverbrennung (als Teil der Umweltpolitik) oder Containerverkehr (letztlich auch als Teil der Umweltpolitik) ein.

Nun wissen selbstverständlich auch die Wahlkampfstrategen in den Parteien, daß nur ein Teil der Bevölkerung als Lifestyle-Gruppen angesprochen werden kann und daß insbesondere die Kernwähler an den traditionellen Themen interessiert sind, an den «harten» Themen der Politik. Heiner Geißler sprach bereits Anfang der achtziger Jahre aus, was seine Kollegen in der Sozialdemokratie schon früher dachten. Sinngemäß lautete die Haltung zu diesem Gegensatz: Auf die Stammwähler brauchen wir nicht zu achten, weil sie keine Alternative als die Stimmabgabe für ihre Partei haben; deshalb müßten und könnten Parteien Wahlkampf und Politik für diejenigen machen, die eigentlich nicht ihre Wähler sind. Nicht zuletzt versuchte er, wie dies spöttisch der damalige Landesvorsitzende der Jungen Union Berlin, Gunnar Sohn, formulierte, in einer Art deutscher «Regenbogen-Koalition» alle «sozial benachteiligten Gruppen unter dem Dach des wirtschaftlichen Gewissens» zusammenzuschließen.[5] Einige Wahlen lang schien sich diese Haltung auch zu bestätigen; inzwischen führt sie aber sowohl bei Stammwählern der CDU als auch der SPD zu gezielter Wahlenthaltung.

Seitdem müssen Wahlkämpfe mit zweifacher Zielsetzung betrieben werden: Die Stammwähler müssen umworben werden, von ihrem Wahlrecht auch Gebrauch zu machen, und die Wechselwähler müssen zum Überlaufen animiert werden. Inzwischen ist auch dies nach der Wahlforschung eine überholte Vorstellung – zumindest in bezug auf die Wähler von SPD und CDU. Hier gibt es nicht sehr viele Überläufer von einem in das andere Lager, aber sehr viel mehr Bewegung im Wahlergebnis durch die Stimmenthaltung der Sympathisanten für die eigene Partei.

Es scheint, als ob die SPD insbesondere nach dem Ergebnis der Hamburg-Wahl 1991 bereit ist, dies zur Kenntnis zu nehmen und Folgerungen daraus zu ziehen. Es darf als sicher unterstellt werden, daß dies für

5 Criticón (Gunnar Sohn): «Gegen den Kanzler geht nichts und mit ihm...?» Heft 115, September/Oktober 1989, S. 240

die CDU heute nicht zutrifft. Nicht zuletzt ist dies eine Folge des Glaubens in der CDU-Spitze, der Erfolg der eigenen Partei hänge von der pfleglichen Behandlung der Propagandisten für die «weichen» Themen ab – für die allen voran das Trio Klaus Töpfer – Rita Süssmuth – Heiner Geißler steht, ergänzt durch Norbert Blüm.

Letzterer, Norbert Blüm, gab – im Bundestag und zuvor auf einer Vorbereitungskonferenz der CDU-Bundesdelegierten – das jüngste Beispiel dafür, wie politische Themen von Vertretern einer «weichen Politik» medial durchgesetzt werden – auf Kosten der Klarheit darüber, wie letztlich mit Ressourcen unserer Gesellschaft umgegangen werden soll. Zur Begründung, warum die Einführung einer Pflegeversicherung von unaufschiebbarer Dringlichkeit sei, legte er – im Ton beinahe schluchzend – besondere Betonung auf die Aussage, es sei moralisch unzumutbar, wenn zunehmend viele alte Menschen Sozialhilfe beantragen müßten. Unabhängig davon, wie diese Entwicklung zu bewerten oder auch anderweitig zu verhindern wäre: Das Beispiel zeigt, wie mit Hinweis auf ein moralisches Problem im Eilverfahren eine Gesetzesinitiative durchgesetzt werden soll, ohne daß schon klar ist, wie sie finanziert, wer sie letztlich anteilig wie (in diesem Fall Arbeitgeber und Arbeitnehmer) tragen soll und welche weiteren Folgen das haben kann.

Auf die Wähler wirkt die neue Politik mit Zeichensetzungen und raschem Themenwechsel eher unseriös. Zudem schwindet ihr Unterhaltungswert, wenn «harte Themen» wieder vordringlich werden – wie die Staatsverschuldung, der Wohnungsmangel, die Kosten des Gesundheitswesens oder die Arbeitslosigkeit. Allerdings wird es für die Parteien jetzt schwer, allen voran die CDU und die FDP, auf diesen Szenenwechsel zu reagieren. Inzwischen hat sich bis hoch zu den Führungen auf Bundesebene ein politisches Personal hinaufgemendelt, das eben nur «weiche» Politik mit den Mitteln des Zeichensetzens beherrscht und vor den Herausforderungen der «harten» Themen ratlos bleibt.

Erforderlich wäre eine rasche Ergänzung des jetzigen Führungspersonals durch fachlich qualifizierte Personen. Dies kann in erster Linie durch die Verbände erfolgen, falls deren Vertreter sich überhaupt in dem heutigen System durchsetzen können, in dem die Kandidatenaufstellung durch lokale Cliquen dominiert wird. Darüber hinaus ist zudem ungewiß, ob die in Frage kommenden Personen sich angesichts der Umgangsformen und Arbeitsweisen «an der Basis» überhaupt für eine Kandidatur gewinnen lassen.

Den gegenwärtigen Zustand beschrieb der ehemalige Bundestagspräsident Kai-Uwe von Hassel am 26. Februar 1989 im Deutschlandfunk: «Es ist in der Tat so, daß der, der die Parlamente kennt, und zwar nicht nur den Deutschen Bundestag, sondern auch die Länderparlamente oder die Kommunalparlamente – Kreistage und Stadtvertretungen –, sehr besorgt ist, daß die Garnitur fähiger, unabhängiger, selbständiger, im Beruf noch stehender Persönlichkeiten ausgeschieden ist... Wenn Sie das zu Ende führen..., den Abstieg in der Qualifikation weiter Teile unserer Parlamente, dann kommen Sie zu der Überzeugung, daß heute schon das Mittelmaß tonangebend ist und daß man mit dem Mittelmaß allein keine große Politik betreiben kann... Aus meinen Erfahrungen in den Parlamenten selber ist der Eindruck der, daß Persönlichkeiten,... die wirklich im Beruf etwas bewiesen haben und von dort her auch in der Lage wären, im Parlament mitzuwirken, in die Parlamente nicht mehr hineingehen... Man studiert,... und gleich nach dem Studium geht man hinein in die Politik, in ein Amt..., ohne daß man sich die Zeit nimmt, einen Beruf aufzubauen, in diesem Beruf auch Erfahrungen zu sammeln, in diesem Beruf auch etwas darzustellen,... daß man danach ein Bein in die Politik stellt und in der Politik auch wirken kann, unabhängig, frei, weil man zurückfinden kann in einen Beruf und kein Sozialfall wird.»[6]

Heute dominieren Politiker, die kaum etwas anderes können als Politik, wobei Politik eingeengt ist auf persönliches Durchsetzen. Sachfragen haben für diese Berufspolitiker den Charakter von Vehikeln im Kampf der um Führungsfiguren gescharten Seilschaften. Für Personal, das sachlich kaum Kompetenzen hat, bietet sich als Alternative die Moralisierung von Sachfragen an. Bereits während der «Studentenrevolte» wurde im Feuilleton der *Zeit* die Klage geführt, daß Expertentum undemokratisch sei, weil ja nicht alle Experten sein könnten. Wird eine Sachfrage dagegen moralisiert – etwa die Eignung der degressiven Abschreibung für Investitionen in den neuen Bundesländern –, dann kann auch ein Feuilletonist mitwerten. Die Themenänderung hin zur «neuen Politik» ermöglicht den neuen Politikern aus den Kulturberufen das Argumentieren und erleichtert die Kommunikation hin zum Wähler. Dieses Moralisieren von Sachfragen hat allerdings einen wichtigen Preis: Es verwandelt politische Auseinandersetzungen um Fragen, die durchweg keine Existenzfragen sind, in ein Freund-Feind-Verhältnis im Sinne von Carl Schmitt.

6 von Hassel, op. cit.

9.
Feudalisierung des politischen Systems

Mit der Veränderung der Parteiaktivisten, dem Aufstieg der «weichen» Themen und der Verlagerung der Personalauswahl an die Regionalorganisation hat sich das politische System der Bundesrepublik gewandelt. Parallel hierzu, und sich wechselseitig bedingend, ist die Staatstätigkeit ausgeweitet worden, und ausgeweitete Staatstätigkeit bedeutet nun einmal mehr Möglichkeiten der Vorteilsnahme. Das wurde am Beispiel der Lokalpolitik in Köln genauer aufgezeigt. Erhalten Firmen öffentliches Geld, so sehen sie sich auch genötigt, Politikern gefällig zu sein. Unterstützt die öffentliche Hand kulturelle Aktivitäten, so entstehen daraus Abhängigkeiten. Schleichend wurde so die Bundesrepublik in den Führungsberufen parteipolitisiert.

Noch ist parteipolitische Einflußnahme auf Berufungen an den Universitäten nicht die Regel, aber sie ist inzwischen auch kein Grund für besonderes Erstaunen mehr. Hochschulen werden gefördert oder behindert nach dem Grad ihrer Gefälligkeit in den Vorstellungen von Ausschußvorsitzenden und Ministern. Für Nordrhein-Westfalen ist die unterschiedliche Behandlung der Universitäten Köln und Bonn auf der einen sowie Bielefeld und Siegen auf der anderen Seite ein Beispiel. Die Ämterpatronage bei den Rundfunkanstalten ist bekannt, aber sie ist auch nicht größer als in unserem weiterführenden Schulwesen. Heute wird man nicht mehr Schulleiter ohne entsprechende Förderung durch Berufspolitiker. Kommunen gründen immer mehr Firmen, deren wichtigste Funktion es ist, Einkommensquellen für aufsichtsführende Politiker zu schaffen.

Aus den bereits erwähnten Gründen wird die Politik in der Bundesrepublik inzwischen von Berufspolitikern beherrscht. Für deren Erfolg ist dreierlei bestimmend: Zunächst und vor allem die Unterstützung in einer Seilschaft, um die Wiedernominierung als Kandidat zu erreichen. Ein Verfehlen der Kandidatur ist meist gleichbedeutend mit Existenzvernichtung. An zweiter Stelle ist das über die Medien vermittelte Ansehen wichtig. An dritter Stelle ist ein Kapital von Gefälligkeiten wichtig, vor allem erwiesen den politischen Gegnern und einflußreichen Bürgern. Nicht so wichtig ist, jedenfalls für die beiden großen, das Abschneiden der eigenen Partei in einer Wahl; denn so viele Stimmen für ihre Parteien, wie es für die Ämter und sonstigen Vorteilsnahmen der Berufspolitiker in CDU und SPD nötig ist, wird es in deren Augen allemal geben.

Auf Bundesebene und in einer Anzahl von Kommunen, auch größerer Städte, haben sich die Seilschaften zu Feudalsystemen fortentwickelt. Zentral für ein jedes Feudalsystem ist der Tausch von Privilegien gegen Treue. Treue ist im Feudalsystem immer personenbezogen, wenngleich sie rechtlich dem Amt gilt. Stirbt der König, so sind im Feudalsystem alle Eide neu zu leisten – wie das auch für das kommunistische System bei einem Wechsel des Generalsekretärs galt.

In den Seilschaften kann man ein Äquivalent zum früheren Aufstieg in Verbänden sehen. Am wenigsten ist von dem Ersatz der Verbandsvertreter durch Seilschaftsangehörige noch der DGB beeinflußt. Das zeigt sich auch in den Karrieren der Vertreter der Sozialausschüsse in der CDU, der als einziger Verband von der Verdrängung der Vertreter von Vereinigungen und Verbänden nicht betroffen scheint. In Seilschaften ersetzt unbedingte Treue zueinander den Rückhalt, den sonst die Formalorganisation einer Vereinigung bzw. eines Verbandes bietet. Warum diese Seilschaften nun oft einen «Feudalherren» entstehen lassen, ist noch nicht untersucht worden. Vermutlich hängt dies mit der starken Personalisierung von politischen Richtungen oder Programmen durch die Medien zusammen.

Ein anschauliches Beispiel für Aufstieg und Wirkungsmechanismen einer Seilschaft mit Führung eines Feudalherren ist der Clan aus Rheinland-Pfalz, über lange Zeit geführt von Helmut Kohl. Dieser ist inzwischen so weit aufgestiegen, daß er sich weit über den ursprünglichen Wirkungskreis hinaus eine eigene Klientel aufbauen konnte. Für diese gilt jedoch, daß auch ein einmaliges Ausscheren mit Verstoßung geahndet wird. Im Funktionszusammenhang der Seilschaft wird nicht programmatisch diskutiert, sondern propagandistisch – nämlich über die Eignung bestimmter Standpunkte, vermittels eines guten Medienechos populistische Erfolge zu bewirken. Es kann nicht erwartet werden, daß sachlichanalytische Arbeit erfolgt, wiewohl solche als Zuarbeit hinsichtlich ihrer Eignung im politischen Wettbewerb durchaus willkommen ist und geprüft wird.

Es ist noch zu früh zu entscheiden, ob die jetzige Feudalisierung des politischen Systems in der Bundesrepublik nur eine Übergangserscheinung oder ein Systemwandel ist. Letzteres wäre eine Angleichung im Selbstverständnis und im Verhalten bundesdeutscher Berufspolitiker an die tatsächlichen Verhältnisse in der Endphase der Staaten des Ostblocks. Schon mit Breschnew war für die Sozialwissenschaftler in den Ländern des «real existierenden Sozialismus» sichtbar geworden, daß die Beziehungen in Partei, Betrieben und Verwaltung – nach außen bürokratischen Regeln unterworfen – zunehmend personalisiert wurden.[1] Persönliche Ergebenheit wurde mit Privilegien vergolten, Privilegien verpflichteten zu Ergebenheit. Zugleich löste sich der Gesamtzusammenhang in «Herzogtümer» von Beziehungsnetzen auf.

Für die Entwicklung zu einem Feudalsystem spricht die solide Finanzierung des Systems. Auf der Bundesebene bedeutet eine Existenz als Berufspolitiker, neben guten Einkünften von jährlich ca. 130000 Mark und Ausstattung mit Apparaten noch sehr gute Privilegien zu genießen (Freifahrt mit der Bundesbahn und der Lufthansa, selbstverständlich erster Klasse; bis zu drei Mercedes zum Stückpreis von über 100000 Mark, freie Weltreisen in der Form des Besuches einer selbstgewählten Botschaft oder eines Konsulates; weitgehende Sicherheit vor Strafverfolgung). In einer Reihe von Gebietskörperschaften können Bezüge als Minister oder Staatssekretär kumuliert werden. Die Altersversorgung ist nach acht, spätestens zwölf Jahren exzellent.

Auf der Ebene der Kommune bedeutet eine Existenz als Berufspolitiker – in einer Stadt wie Köln sind das schätzungsweise acht bis zwölf Personen –, daß noch mehr verdient wird als im Bund, bei allerdings nicht ganz so ausgeprägten Privilegien. Dafür ist die Altersversorgung noch besser als auf der Bundesebene. Wer über das entsprechende Naturell verfügt, kann allgemein auf der Ebene der größeren Städte mehr Geld machen als auf der Bundesebene.

Die Ebene der Länder, die ein wichtiger Teil unseres politischen Sy-

1 Siehe zu den feudalistischen Tendenzen im Kommunismus Artur Meier: «Abschied von der sozialistischen Ständegesellschaft», in: Aus Politik und Zeitgeschichte, B 16–17/90, 13. 4. 1990, S. 3–14

stems sind, hat aus der Perspektive des Berufspolitikertums vor allem zwei Bedeutungen. Für Berufspolitiker mit lokalem Rückhalt wird durch ein Landtagsmandat die lokale Bedeutung stark erhöht. Als Landespolitiker kann man als Ombudsman für viele Interessen fungieren. Wird darüber hinaus dann ein Regierungsamt angestrebt, so pflegt dies gleichbedeutend mit der Aufgabe der lokalen Bedeutung zu sein, aber dafür kann es ein Schritt zur Bedeutung in der nationalen Politik sein – eventuell direkt in die Regierung vorbei an einem Bundestagsmandat. In den Vereinigten Staaten sind die Gouverneure der Einzelstaaten neben den Mitgliedern des Senats der wichtigste Rekrutierungspool für zukünftige Präsidenten. In der Bundesrepublik sind über die Landespolitik bei der CDU beispielsweise Bernhard Vogel, Lothar Späth, Walter Wallmann und Gerhard Stoltenberg, bei der SPD Johannes Rau, Oskar Lafontaine, Björn Engholm und Gerhard Schröder zu nationalen Figuren geworden.

Würde die SPD sich zu einer ernst zu nehmenden personellen und sachlichen Alternative zur CDU entwickeln, wäre es nicht ausgeschlossen, daß die CDU auch in der Bundespolitik zur Daueropposition von etwa 33 Prozent wird gegenüber einer SPD als permanent stärkster Partei zwischen 40 und 45 Prozent. Die traditionell die CDU stützenden Milieus sind zahlenmäßig geschrumpft, und in den expandierenden Milieus wie dem «neuen Mittelstand» hat die CDU nur unvollkommen Fuß fassen können. Angesichts des beschriebenen Feudalisierungsprozesses besteht wenig Grund zur Annahme, sie könnte dies wenden.

Selbstverständlich hat es in der CDU und in der SPD in den achtziger Jahren immer wieder deutliche Warnungen gegeben, die Partei sei auf einem bösen Weg. Ein solcher Warnruf erfolgte Mitte der achtziger Jahre für die SPD, als die Sozialdemokraten die Mehrzahl aller großen Städte an bürgerliche Koalitionen verloren hatten.[2] «Im vierzigsten Jahr ihrer Gründung erlebt die CDU NRW die schwerste Niederlage in ihrer Geschichte», schrieb Heinrich B. Streithofen, und dies provozierte die Landesgeschäftsstelle Rheinland, ein Positionspapier zu formulieren.[3] Darin wurde gefordert, daß die Vereinigungen verstärkt anzusprechen seien, jedoch nicht als Lieferanten von Ideen und Talenten, sondern als Trans-

2 Dieter Oberndörfer und Karl Schmitt (Hg.): «Parteien und regionale politische Traditionen in der Bundesrepublik Deutschland». Berlin 1991

3 Gerhard Pietsch u. a.: «Interner Diskussionsbeitrag zur Lage und Positionsbestimmung der CDU Rheinland». Köln, Oktober 1985

missionsriemen der Partei. Allgemein ist diesem Papier eigen, daß es aus der Perspektive der Partei das gesellschaftliche Umfeld für eigene Werbung deutet, nicht aber aus der Sicht der Umworbenen. Das gilt auch für das 1988 in Wiesbaden verabschiedete Programm, in dem gleichfalls die Vereinigungen nur als Zuarbeiter, nicht jedoch als ideelle und personelle Ressource verstanden werden. Sowohl für das Papier der Geschäftsstelle wie auch für den in Wiesbaden verabschiedeten Text ist die Forderung nach einer Programmdiskussion in der Partei charakteristisch, weil nämlich hier Programm verstanden wird als Formulierung ideologischer Positionen mit der Hoffnung auf populistische Effekte.

Das gilt auch für das letzte dieser Reformpapiere, das von jüngeren Abgeordneten verfaßte Thesenpapier zur Erneuerung der CDU.[4] Die Krisenbeschreibung unter Verweis auf Mitgliederschwund und Mißerfolge bei Wahlen (Europawahl 1989 mit nur 37 Prozent CDU) ist nicht strittig. Aber die angebotenen Verbesserungen sind konventionelle Angleichungen an den Zeitgeist: Die CDU soll sich ausrichten an «Gleichberechtigung der Frauen, wachsendes Umweltbewußtsein, Auflösung der Familienstrukturen (Anm.: was als Behauptung übrigens sachlich irrig ist) und Verfall der Bindungen in der Gesellschaft». Es sollte offensichtlich sein, daß auf diese Art und Weise der analytische Aufwand für eine Trendwende verfehlt wird.

Nach dem überraschend geringen Wahlerfolg am 3. Dezember 1990 und dem weiter anhaltenden Mitgliederschwund empfahl Helmut Kohl die Gründung einer Grundsatzkommission – in der Fortführung der eben erwähnten Reformpapiere. Ihr Zweck sollte ein taktischer sein, nämlich die Partei mit ideologischen Positionen zu beschäftigen und damit für Wahlkämpfe stärker zu motivieren. Zugleich sollte sie ruhiggestellt werden hinsichtlich der Kritik am Führungspersonal und dessen Führungsstil. Auf diese Art und Weise wird selbstverständlich nichts an einer Entwicklung gewendet, die sich auf eine «Österreich-Situation» hinbewegt. Deren Endsituation wäre dann eine Proporzdemokratie mit einem Juniorpartner CDU.

In vielen großen Städten wird das Österreich-System ja bereits praktiziert – wie etwa in Köln, wo lukrative Posten abwechselnd mit «roten» und «schwarzen» Bewerbern besetzt werden.

4 Friedbert Pflüger u. a.: «Thesenpapier zur Erneuerung der CDU in den 90er Jahren», in: Frankfurter Rundschau, 8. 8. 1991, S. 4f

Wir sind – bisher weitgehend ohnmächtige – Zeitzeugen eines Ansehensverfalls von Politikern und Parteien in der ganzen Bundesrepublik. Aber das ist wahrscheinlich nicht einmal der entscheidende Aspekt der Entwicklung. Wichtiger ist, daß die *classe politique* sich als Obrigkeit versteht und in diesem Selbstverständnis die Bodenhaftung verliert. Kritik wird von ihr sachlich nicht mehr ernstgenommen, Ansehensverlust ist für sie ein Kommunikationsproblem.

Westliche Demokratien sind angelegt als gleichzeitige Konflikt- und Konsenssysteme. Fehlverhalten eines Systemelements soll hier zur Reaktion anderer Systemelemente führen – etwa Fehlverhalten bei den Medien zu Schelte im Parlament, Fehlverhalten in der Politik zu Kritik in den Medien, und vor allem Korrektur von Fehlverhalten durch Kritik des politischen Widerparts. Das hat in der Bundesrepublik bis in die zweite Hälfte der achtziger Jahre im großen und ganzen halbwegs funktioniert – aber zunehmend weniger.

Für den hier charakterisierten Zustand ist der Begriff selbstreferentiell angemessen. Selbstreferentiell heißt in der Systemtheorie (u. a. bei Luhmann), daß ein System nur noch auf Veränderungen im eigenen System reagiert, also nur sich selbst als Bezug hat. Die Politik in der Bundesrepublik ist selbstreferentiell als Koalition von verbeamteten Politikern und politisierten Beamten, umgeben von Journalisten im öffentlich-rechtlichen Rundfunksystem. Selbstreferentielle Systeme haben naheliegenderweise die Tendenz, sich zunehmend zu verselbständigen – hier in der Politik gegenüber dem Gesamtsystem Gesellschaft.

10.
Thesen zu einer strukturellen Erneuerung der politischen Führung

Das Parteiensystem Deutschlands ist nach seinem Ansehen in der Bevölkerung und nach seinen Leistungen äußerst reformbedürftig. Letzteres wird offensichtlich anläßlich der Unfähigkeit, die aus der Vereinigung folgenden Probleme als ordnungspolitische Aufgabe zu verstehen. Die Qualität der Berufspolitiker erweist sich angesichts einer ungewöhnlichen Aufgabe als zu gering.

Zentral ist für eine Reform die Veränderung der Rekrutierungsmuster für politische Ämter. Dabei geht es nicht nur um Veränderungen auf bundespolitischer Ebene. Noch zentraler ist eine Änderung an Haupt und Gliedern auf den Ebenen der Kommunen und dann der Länder; denn nur hier kann qualitativ zureichender Nachwuchs Politik erlernen. Gegenwärtig sind diese traditionellen Reservoirs für die Bundespolitik jedoch weitgehend ausgetrocknet.

Die CDU ist von einer Krise, die aus der Krise des politischen Personals folgt, besonders betroffen. Sie wird weniger gestützt durch Massenorganisationen und politisch-soziale Milieus als die SPD oder die Grünen. Deshalb geht bei ihr der Verlust an Ansehen bei den Wählern schneller in den freien Fall über als bei der SPD, obgleich die Strukturprobleme im Zeitverlauf die gleichen sind. Die CDU muß deshalb beim Umdenken und Verändern im eigenen Überlebensinteresse und im Interesse Deutschlands vorangehen.

Die *classe politique* sieht keine solchen Strukturprobleme, sondern versteht die Krise als eine Notwendigkeit, die Public Relations zu verbessern. Reformpapiere, die lediglich organisatorische Einzelheiten mit Maßnahmebündeln verknüpfen, verfehlen ebenfalls die Strukturprobleme.

Unsere Thesen:

1. Kandidaten werden nach einer öffentlichen Vorstellung ihres beruflichen Werdegangs durch alle Parteimitglieder des jeweiligen Wahlkreises gewählt.
2. Blockwahlen sind nicht gestattet.
3. Mandatsträger dürfen maximal für drei Legislaturperioden kandidieren.
4. Die Oberbürgermeister der Städte sind durch die Bevölkerung statt durch das Stadtparlament unmittelbar zu wählen.
5. Partei- und Fraktionsämter sind voneinander zu trennen.
6. Der Aufgabenbereich von Politikern ist auf ordnungspolitische Aufgaben zu konzentrieren. Das Mitverwalten hat zu unterbleiben. Das entlastet den Zeithaushalt und beläßt den Politikern Zeit zum Nachdenken.
7. Um auch Experten ohne Einbindung in die Basis eine vorübergehende Mitwirkung als Berufspolitiker zu ermöglichen, sind die Listen zu einem Fünftel mit Kandidaten zu besetzen, die nicht lokal kandidieren. Sie werden von den Vereinigungen vorgeschlagen.
8. Die Bereiche Politik, Verwaltung und Journalismus sind voneinander zu trennen. Dies bedingt, daß Beamte und Journalisten keine Partei- und Wahlämter bekleiden dürfen.
9. Kandidaten für ein politisches Amt sind nur wählbar, wenn sie sich über einen Zeitraum mindestens von zehn Jahren in einem Beruf bewährt haben, der den eigenen Lebensunterhalt voll deckt.
10. Mandatsträger und Politfunktionäre dürfen nicht in Aufsichtsgremien von Betrieben gewählt werden, die der öffentlichen Hand gehören.
11. Vorstands- und Geschäftsführerpositionen in Betrieben der öffentlichen Hand sind öffentlich auszuschreiben. Die Bewerbungen sind von einem unabhängigen Unternehmensberater zu prüfen.
12. Die Bezahlung des Berufs Politiker darf nicht so interessant sein, daß er allein des hohen Verdienstes wegen angestrebt wird. Die Höhe der Vergütung soll bis zu einer Obergrenze eine Aufwandsentschädigung für das entgangene Einkommen aus Berufstätigkeit sein, die nach der Ebene der Politik zu differenzieren ist. Für Abgeordnete auf allen politischen Ebenen (Stadtrat, Kreistag, Landtag, Bundestag, Europaparlament) sollte sie im Regelfall die Besoldung nach

B7 nicht überschreiten. Für kleine Gemeinden bleibt Politik ein Ehrenamt.

13. Die Zahl der Abgeordneten ist drastisch zu senken.

Sollte die Verwirklichung dieser Vorschläge nicht die notwendige Wirkung haben, sind noch zwei weitere Vorschläge zu prüfen:

14. Es darf niemand lokal aufgestellt werden, der nicht zuvor das Placet einer Art von Ältestenrat erhält. Die Mitglieder dieses Ältestenrates dürfen keine sonstigen Parteiämter bekleiden. Sie sind in der Urwahl durch die Mitglieder direkt zu wählen (Vorschlag Kai-Uwe von Hassel im Deutschlandfunk, 26. 2. 89).
15. Bleibt all das wirkungslos, ist die Einführung des personalisierten Verhältniswahlrechtes nach O'Hare zu erwägen (z. B. Cambridge/Mass.).

Folgen
und
Folgerungen

11.
«Das Coming out des Kölschen Klüngels»[1]

11.1. Klüngeln gegen das «Klüngel-Papier»

Wir glauben, daß Sozialforschung, die sich quantitativer Verfahren bedient, allgemein die wichtigste Erkenntnisquelle über unsere Gesellschaft ist. Allgemein – aber nicht immer, zum Beispiel nicht in dem Fall, den wir anschließend schildern. Er ist ein ungeplantes Experiment über den Zustand der politischen Parteien, über die Meinungsbildung in einer Mediengesellschaft, und er ist nicht zuletzt eine Selbsterfahrung.

Die Reaktionen auf die Kurzfassung der hier vorgelegten Untersuchung, die unter dem eher nichtssagenden Titel «Parteien und Politiker in der Bundesrepublik (alt) heute – Thesen zu einer strukturellen Erneuerung der politischen Führung» für öffentliche Aufregung sorgte, wirkten wie ein Donnerhall, der das Auslösen eines Lawinenbrettes ankündigt. Einmal losgelöst, entzieht sich die Lawine jeglichen Versuchs, ihren Lauf zu steuern.

Es war im Mai des Jahres 1991. Die Wirtschaftsvereinigung der CDU

1 «Das Coming out des Kölschen Klüngels» – so betitelte Ingrid Müller-Münch ihren Artikel in der *Frankfurter Rundschau* vom 29. 1. 1992. «Coming out» war zunächst nur im amerikanischen Englisch die Bezeichnung für ein öffentliches Bekenntnis der Zugehörigkeit zu einer diskriminierten Gruppe. Ursprünglich sprachen Homosexuelle vom «Coming out», wenn sich ein Schwuler («gay») öffentlich zu seiner Neigung bekannte. Das «Coming out» wurde dann auf trotzige öffentliche Bekenntnisse zu anderen «Abweichungen» ausgeweitet. Spätestens seit dem öffentlichen Bekenntnis einiger Prominenter zu ihrer Homosexualität, das durch den Auftritt Rosa von Praunheims im Januar 1992 im Fernsehen ausgelöst wurde, ist «Coming out» als Wendung auch im Deutschen bekannt.

Nordrhein-Westfalen, oder doch ihr Vorstand, hatte einen grundsätzlichen Mangel in den heutigen Parlamenten ausgemacht: Der wirtschaftliche Sachverstand fehle fast völlig. Zugleich hätten die früher einmal mächtigen Vereinigungen in der Partei zugunsten der Lokal- und Regionalorganisationen an Einfluß verloren. Hierzu sollten wir beide ein begründetes Thesenpapier mit Vorschlägen zur Änderung gegenwärtiger Zustände vorlegen. «Wir verabredeten mit Ihnen ein Gutachten, für das wir die zugänglichen Untersuchungen und die Literatur auswerten. Das Ergebnis sollte in kondensierter Form mit Hinweisen auf Handlungsmöglichkeiten vorgestellt werden» (Brief der Autoren vom 17. 5. 1991 an Geschäftsführer Lehnen).

Bis zum Herbst war ein Text von nahezu hundert Seiten entstanden. Hierin wurde die Personalauswahl für Wahlämter als eine heute entscheidende Schwachstelle unseres politischen Systems genannt. Diese Personalauswahl läuft, wie wir aufgrund unserer Analysen festhielten, nicht zuletzt deshalb schief, weil ein System von Vorteilsnahme in den lokalen und regionalen Parteiorganisationen das Durchsetzen motivierter und kenntnisreicher Persönlichkeiten abblockt.

Hundert Seiten waren verständlicherweise für den Adressatenkreis, nämlich vielbeschäftigte Wirtschaftsführer, zu lang. Entsprechend strichen wir den Text auf 30 Druckseiten zusammen und faßten dabei unsere Empfehlungen in die handliche Form von Thesen. Ende Oktober 1991 wurde die druckfertige Fassung eingereicht, noch einmal gegengelesen und dann – mit unserem eingeholten Einverständnis – unter dem Namen der Wirtschaftsvereinigung der CDU NRW zum Druck gegeben.

Am 11. 12. 1991 versandte die Geschäftsführung der Wirtschaftsvereinigung die Broschüre an ihren normalen Verteilerkreis. Sie wurde, wie vereinbart, als Schrift der Wirtschaftsvereinigung annonciert; auf die Autoren war lediglich in einem Begleitschreiben verwiesen worden. Am 12. 12. 1991 traf sich die Mitgliederschaft in einem vornehmen Düsseldorfer Hotel. Es gab eine längere Ansprache des Vorsitzenden Peter Jungen, der mit der Studie das Mittelmaß in der Politik beklagte. Zitat: «Der CDU fehlt wirtschaftspolitisches Profil und Gestaltungskraft.» Ohne «den starken Kanzler» wäre die CDU-Krise auch «eine Krise des Staates».[2] «Es laufen zu viele Luschen in der Politik herum», fand auf dem

2 Kölnische Rundschau (P. W.): «Kritik vor allem an der Auswahl der Kandidaten. Krise der Volkspartei». 14. 12. 1991

WIV

WIRTSCHAFTSVEREINIGUNG DER CDU NRW

Dokumentation

Parteien und Politiker in der Bundesrepublik (alt) heute

Thesen zu einer strukturellen Erneuerung der politischen Führung

Wasserstraße 5
Postfach 200280
4000 Düsseldorf 1

Telefon (0211) 136000
Telefax (0211) 324322
Teletex (17) 2114146

Faksimile des Umschlags

gleichen Podium der Finanzexperte der CDU des Landes Nordrhein-Westfalen, Hartmut Schauerte, und erhielt dafür starken Beifall. Schauerte bekannte, daß es in seiner Fraktion viele Politiker gebe, die nur zum Zwecke der Rentenabsicherung auf die Wahllisten placiert würden.[3]

Das anwesende Fernsehen hielt fest und verbreitete regional, daß Peter Jungen der Aussage des Kanzlers entgegentrat, die Politikverdrossenheit sei eine Folge falschen Marketings. Es gebe vielmehr eine tiefe Krise in der *classe politique*, vor allem bei der Auswahl der politischen Führung. Niemand im Saal widersprach, als Jungen formulierte, die Qualität der Berufspolitiker sei viel zu gering. Wie Jungen erhielt auch der Koautor dieses Buches für seine Vorstellung des Papiers großen Beifall.[4] Anschließend verabschiedete die Versammlung einstimmig die Thesen und begrüßte das Papier. Darüber berichteten die beiden hier erwähnten Zeitungen und der WDR 5 an den beiden folgenden Tagen. Und das war es denn auch.

In der Weihnachtszeit fanden einige Politiker Zeit zum Lesen und Anstoßnehmen. So Wolfgang Vogt, eine führende Figur der CDA-Sozialausschüsse, der daraufhin seinen Sozialausschuß-Mitstreiter Arentz mobilisiert haben soll. Dieser wiederum soll seinerseits den Kölner CDU-Vorsitzenden Axel Rodert dazu gebracht haben, Stellen aus dem Papier als beleidigend für die CDU Köln herauszulesen. Es gab nämlich unter den 30 Seiten auch vier, auf denen die Situation der beiden (!) großen Parteien in Köln charakterisiert wird. «Besonders augenfällig werden sie (Personalentscheidungen) in den Kommunen, also dort, wo die Bürger die Selbstbedienung der *classe politique* aus nächster Nähe verfolgen können. Die Kölner Scheuchs hatten gleich ein ganzes Paket von unappetitlichen Absprachen offengelegt. Sie stammen aus ihrer Heimatstadt, sind aber keine (!) Spezialität des Kölner Klüngels» – hatte in WDR 5 Jürgen Zurheide diesen Abschnitt charakterisiert.[5]

Rodert las das anders, nämlich als einen Angriff speziell auf Kölner Verhältnisse, dabei besonders auf die CDU. Dies wiederum nahm er persönlich, sieht er doch in sich selbst den Führer, der seit zwei Jahren be-

3 Rheinische Post (Detlev Hüwel): «Zu viele Luschen in der Politik». 14. 12. 1991

4 WDR 5 (Jürgen Zurheide): Kommentar zur Landestagung der Wirtschaftsvereinigung der CDU Nordrhein-Westfalen am 12. 12. 1991 in Düsseldorf

5 WDR 5 (Jürgen Zurheide), 13. 12. 1991, op. cit.

wirkt haben will, daß man die CDU nicht mehr laufend beim Klüngeln mit der SPD erwischt.

Als Antwort auf den Vorwurf, auch in Köln werde geklüngelt – oder auf hochdeutsch: es gebe Filz zwischen den beiden großen Parteien –, wurde von Rodert dann mächtig geklüngelt. Gerade das war in dem Papier den Parteicliquen als die übliche Reaktion auf Kritik vorgeworfen worden. Es finde keine Sachaussprache statt, und an deren Stelle erfolgten alle wichtigen Entscheidungen hinter dem Rücken des Parteivolkes. In diesem Fall klüngelte Rodert, soweit wir wissen, erst einmal mit Peter Jungen. Jungen, früher Strabag-Chef, ist heute ein vielbeschäftigter Vertreter der Deutschen Bank in den neuen Bundesländern.[6] Vielleicht erklärt sich daraus, was Rodert dann in einem Brief[7] als sein Einverständnis mit Jungen niederschrieb. Er stimme mit Jungen überein, daß «sich die Wirtschaftsvereinigung der CDU in NRW mit dem Inhalt der ‹Dokumentation› nicht identifiziert und alleine die Verfasser die Verantwortung für den Inhalt tragen». Er begrüße deshalb, daß Jungen veranlaßt habe, «daß die Auslieferung der Dokumentation gestoppt wird und in einem klarstellenden Schreiben an die bisherigen Empfänger der vorstehende Sachverhalt mitgeteilt wird». Abschließend stellt Rodert in dem Brief «mit allem Nachdruck» fest, «daß die Ausführungen über die CDU Köln über weite Teile verleumderisch sind» und er sich vorbehalte, «über die von Ihnen zu veranlassende Richtigstellung hinaus rechtliche Schritte gegen die Verfasser» einzuleiten.

Tatsächlich war für einige Tage – was den Autoren damals unbekannt blieb – die «Dokumentation» bei der Geschäftsstelle der Wirtschaftsvereinigung in Düsseldorf nicht mehr zu haben. Welch eine Bestätigung des Berichts!

Noch waren wir über diese Klüngel-Aktivitäten also nicht informiert und traurig ob der anscheinend fehlenden Resonanz auf unser Papier. Ein paar Tage nach dem Verfassen des Rodert-Briefes an Jungen gab es dann in Köln einen Kreisparteitag der CDU. Bei solchen Anlässen erhalten die Delegierten alle die gleichen Umschläge mit vielen Papieren. Diesmal

6 Hannoversche Allgemeine Zeitung (Jürgen Zurheide): «‹In den Städten herrscht Cliquen- und Vetternwirtschaft›. Offene Kritik sorgt für Aufregung in Nordrhein-Westfalens CDU». 14. 2. 1992

7 Brief von Axel Robert an den Vorsitzenden der Wirtschaftsvereinigung der CDU NRW, Peter Jungen, vom 16. 1. 1992

waren einige Umschläge aber gleicher als gleich: Ausgesuchten Vorstandsmitgliedern wurden Kopien des Rodert-Briefes an Jungen eingetütet. Damit meldete Rodert einigen ihm wichtigen Partei-Oberen den Klüngel-Vollzug. Allerdings geschah dies in Gegenwart aufmerksamer Journalisten. Zwei besorgten sich den Klüngel-Brief gegen das, was später die «Klüngel-Studie» genannt werden sollte. Damit bekam zuerst Köln einen Fall, der dann in ganz Deutschland widerhallte.

11.2. Medienresonanz

Bereits am 14. 12. 1991 hatten die Kölner in einer ihrer Zeitungen einen Bericht über die Thesen und die Diskussion bei der Vorstellung der Studie in Düsseldorf lesen können.[8] Der Mehrzahl muß dieser Bericht wohl entgangen sein. Resonanz gab es dann, als am 22. 1. 1992 – vier Tage nach dem Kreisparteitag und dem Auffliegen des Versuches, das von der Wirtschaftsvereinigung der CDU NRW verabschiedete Papier klammheimlich aus dem Verkehr zu ziehen – Heinz Tutt für seinen Bericht im *Kölner Stadt-Anzeiger* eine kesse Überschrift fand: «Soziologie des Klüngels» hieß die Darstellung der gegenseitigen Vorteilsnahme, so wie sie von uns als System vorgestellt worden war.

«Wer mit dem Klüngeln nichts am Hut hat, dem fehlt es vermutlich an Köpfchen», hatte SPD-Fraktionsgeschäftsführer Toni Klefisch soeben anläßlich seiner Verabschiedung aus dem Rat (er war in einen hochbezahlten Job hinein geklüngelt worden) noch gesagt.[9] Das Klüngeln kann es also nicht gewesen sein, was CDU-Chef Rodert veranlaßte, gegenüber dem *Stadt-Anzeiger* nach dem Parteigericht zu rufen. Am folgenden Tag legte Rodert mit Erklärungen an die Presse noch einen zu: «Ich halte den Inhalt (der Broschüre) für verleumderisch.» Für ihn sei die Dokumentation eine «Diffamierung der gesamten Parteiarbeit ... Herr Scheuch vermittelt den Eindruck, als ob es in der CDU oder sogar bei mir (!) ein langjähriger Vorsatz sei, sich Vorteile aus der Parteiarbeit zu sichern».

8 Kölnische Rundschau: «Kritik vor allem an der Auswahl der Kandidaten». 14. 12. 1991, op. cit.

9 Kölner Stadt-Anzeiger (Heinz Tutt): «Soziologie des Klüngels. Erwin Scheuch erforschte die ‹allgemeine Vorteilsnahme› – Kölner CDU ist erbost / Interesse an der Sache ‹ein störendes Element› – Kartell bei der Ämtervergabe üblich». 22. 1. 1992

Vorteilsnahme sei im übrigen ein Straftatbestand, und in eine solch kriminelle Ecke wolle er weder sich selbst noch die Partei gedrängt sehen.[10]

In einer Stellungnahme gegenüber dem Westdeutschen Rundfunk (der habe ihn über den Tisch gezogen, so Rodert später) sagte Rodert (wörtlich!) gar: «Herr Scheuch macht den Eindruck, als wenn hier – und jetzt spricht bei mir der Jurist –, indem er eben Vorfälle von vor 20 Jahren nimmt, ohne sie zu charakterisieren, als wenn also die CDU Köln eine – fast kann man sagen – kriminelle Vereinigung ist, deren einziges Ziel die Vorteilsnahme wäre.»[11]

Als die bisherigen Techniken nicht wirkten, versuchte Rodert es mit der Behauptung: «Die Kirche kann sich einen Drewermann leisten, die CDU aber keinen Scheuchermann.»[12] Die Scheuchs sollen gar – so später in einer weiteren Steigerung – nicht nur Nestbeschmutzer wie Drewermann, sondern «pathologisch» sein.[13]

Den Vorwurf einer «kriminellen Vereinigung» hatten wir in der Studie nicht erhoben; vielmehr ging es uns um eine Beschreibung und eine Analyse, nicht um eine juristische Wertung der Sachverhalte.

Unmittelbar nach der Besprechung der Studie im *Kölner Stadt-Anzeiger* hatte Rodert Flankenschutz bekommen – für die Leser von einer klüngelnden Art. Der stellvertretende Fraktionsvorsitzende der SPD, Manfred Biciste, nannte die Arbeit, trotz einiger «richtiger Beobachtungen», «scheinwissenschaftlich». FDP-Fraktionschef Wolfgang Leirich, als früherer Schuldezernent Teil des inneren Kreises beim Klüngeln, sagte, die von Scheuch dargestellten Fälle seien doch längst bekannt. Scheuch rede aus Frust heraus. Leirich: «Kann der Professor seinen Frust nicht anders ablassen, ist er selbst schuld.» Bürgermeister Harry Blum, CDU, erklärte die Absprache von Personalpaketen zwischen den Parteien als «Fürsorgepflicht für die Stadt».[14]

10 Expreß (Petra Herterich): «CDU will prominentes Parteimitglied mundtot machen. Kölner Professor Scheuch schrieb mit Ehefrau brisante Klüngel-Dokumentation». 23. 1. 1992, S. 24

11 WDR 3 TV, Landesstudio Düsseldorf: «Westpol», 4. 2. 1992

12 Kölnische Rundschau (Manfred Burkhard): «Im Streitgespräch mit Scheuch blieben Fronten unversöhnlich. CDU Lindenthal diskutierte ‹Klüngel-Papier› mit den Autoren». 12. 2. 1992

13 Expreß (Franz Wolf Ramien): «‹Klüngeln für die eigene Tasche!›» 15. 2. 1992, S. 35

14 Kölner Stadt-Anzeiger (Heinz Tutt): «Von Scheuch kräftig aufgescheucht.

Schließlich hatte das Boulevardblatt *Expreß* einen ganzen Strauß Lokalprominenter zusammengebracht, die öffentlich bekannten, ebenfalls zu klüngeln – einschließlich des Regierungspräsidenten Franz-Josef Antwerpes, der zugleich zugab: «Die wichtigsten Dinge werden nicht in der Öffentlichkeit geklärt.»[15] «Das Comingout des Kölschen Klüngels» nannte das die *Frankfurter Rundschau.*[16]

Wichtige Mechanismen, mit denen die des Klüngels Beschuldigten auf die Beschreibung ihres Tuns antworten, sind schon in dieser ersten Runde der Stellungnahmen deutlich geworden:

1. Die Motive der Autoren und nicht die Beschreibung der Sache werden in Zweifel gezogen. Die Verfasser seien mißvergnügt (frustriert), wobei nachträglich nach Anlässen für den bloß behaupteten Frust gesucht wird.
2. Es ist doch alles nichts Neues – und das ist zwar überwiegend richtig, aber damit selbstverständlich noch keine Entschuldigung. Mit dieser Wertung «alte Hüte» soll der Medienwert der Vorgänge heruntergespielt werden.
3. «Cosi fan tutte» – wir tun es doch alle, wird bekannt. Damit soll das Dargestellte als bloße Banalität erscheinen.
4. Da die Autoren sozialwissenschaftliche Kompetenz beanspruchen, wird ihre Studie als «unwissenschaftlich» oder «quasiwissenschaftlich» bezeichnet. Damit wird versucht, das Gewicht der Autoren zu mindern. Interessant ist daran, daß Politiker (übrigens unisono der drei Parteien SPD, CDU und FDP!) sich wie Autoritäten gebärden, die über Wissenschaftlichkeit befinden könnten.

Ein fünfter Kampfmechanismus wird weiter unten (Abschnitt 11.3.) genannt, eine sechste Technik der persönlichen Abwertung war uns damals noch nicht weitererzählt worden.

Kölner Politiker protestieren empört gegen die Thesen des Soziologen». 23.1.1992

15 Expreß (Ralf Daute und Petra Herterich): «Antwerpes: Ich klüngel auch. Schon Adenauer sagte: ‹Mer kenne uns un mer helfe uns.› Große Diskussion nach Enthüllungen von Professor Scheuch». 23.1.1992

16 Frankfurter Rundschau (Ingrid Müller-Münch): «Das Comingout des Kölschen Klüngels». 29.1.1992

6. Die Wirtschaftsvereinigung haben die Autoren bezahlt, eine Kampfschrift gegen die Sozialausschüsse anzufertigen. Es handelte sich bloß um «bestellte Arbeit».

Dabei war eigentlich nur ein einziges Charakteristikum der in Köln beanstandeten vier Seiten maßgebend für die Aufgeregtheit unter den führenden Lokalpolitikern: Es waren Roß und Reiter genannt worden. Hierbei wurde durch das Anführen von Fällen aus verschiedenen Zeiten belegt: Es handelt sich um ein System.

Bisher hat die Kölner Lokalpresse erstaunlich viele Fälle von gegenseitiger Vorteilsnahme, von Ämterschacher und der Denunziation von Kritikern durch die eigene Partei immer wieder ausführlich dargestellt. Sie wurden als Einzelfälle gelesen und dann als Einzelfälle auch in der Regel wieder rasch ausgeblendet. Dargestellt als System mit bekannten Figuren waren dann selbst bekannte Fälle ein wichtiges Thema für die Medien. Der Bericht wirkte jetzt wie eine Enthüllung, obwohl die Einzelfälle durchweg keine Enthüllung waren.

Da erwies es sich dann als zwecklos, daß die Wirtschaftsvereinigung das mit ihrem Umschlag verbreitete Papier vorübergehend nicht mehr an Interessenten abgab. Längst liefen die Kopiermaschinen bei den verschiedenen Besitzern der zur Rarität gemachten Untersuchung. Beispielsweise mußte binnen zwei Wochen die *Welt am Sonntag* mehr als 200 Exemplare verbreiten, die dann bei den Empfängern wieder kopiert wurden. Zwar gibt es das Verfassungsgebot der Presse- und Meinungsfreiheit, und eine solche Samisdat-Verbreitung ist sonst unüblich. Aber Axel Rodert und vielleicht auch Peter Jungen – der hielt sich bedeckt gegenüber Anfragen, ob Rodert denn in seinem Brief die Wahrheit geschrieben oder geflunkert hätte – bewirkten, daß bei praktizierter Unfreiheit sich hilfsweise auch in Deutschland das Samisdat-Prinzip über Nacht organisiert.

Dies ist eine für die Kommunikationswissenschaft sehr wertvolle Erfahrung: Die bei Unfreiheit wirksamen Alternativen zu einem freien Mediensystem, wie Weitergabe von Mund zu Mund und Samisdat-Kopien von Originalen, schlummern bei uns als Möglichkeit und werden im Falle der Notwendigkeit über Nacht reorganisiert. Man kann inzwischen die Verbreitung der Schrift auf mehrere tausend Exemplare schätzen, wobei die Wirksamkeit des unterdrückt geglaubten Papiers immens gesteigert wurde, weil es als privilegierte Mitteilung vor allem an Multiplikatoren persönlich weitergereicht wurde.

Jetzt explodierte das Medieninteresse, das während der offiziellen Vorstellung der Studie nicht geweckt worden war. Der hier wirksam gewordene Mechanismus wurde von Edgar Allan Poe in seiner Novelle «Der entwendete Brief» («The Purloined Letter», 1845) beschrieben: «Je mehr ich an D.s kühnen, scharfen, glänzenden Geist dachte, an die Tatsache, daß das Schriftstück, um mit Erfolg ausgenutzt zu werden, immer zur Hand sein mußte, an die endgültige Gewißheit, zu der der Präfekt gelangt war, daß es nicht innerhalb der Grenzen der üblichen amtlichen Nachforschungen verborgen sein konnte, um so mehr kam ich zu der Überzeugung, daß der Minister, in der Absicht, den Brief zu verstecken, zu dem klugen und sinnreichen Mittel gegriffen hatte, überhaupt keinen Versuch zu machen, ihn zu verstecken.»[17] Etwas, was frei zugänglich ist, für jeden sichtbar, der hinschaut, wird übersehen; nach Verstecktem wird gesucht.

Die überwältigende Medienresonanz auf die Kurzfassung unserer Studie können wir uns zum größeren Teil nur erklären durch den fehlgeschlagenen Versuch der Unterdrückung. Wie eine Woge schlug das Interesse der elektronischen Medien über die Autoren zusammen. Innerhalb von zwei Wochen wurden 17 Hörfunk- und acht Fernsehsendungen mit mindestens einem der beiden Autoren ausgestrahlt.

Zwei Aspekte waren bestimmend dafür, daß sich von jetzt ab die öffentliche Resonanz auf die Untersuchung gabelte: der Selbstläufer «Klüngel-Studie» in Köln und das Cliquenwesen in der Politik bei den überörtlichen Medien. Parallel zu der für die Diskussion in Nordrhein-Westfalen bestimmenden Publikation von Heinz Tutt im *Kölner Stadt-Anzeiger* (mit Bild) schrieb Frank Pawassar einen vierspaltigen Aufsatz, den die *Welt am Sonntag* (mit Bild) am 26. 1. 1992 unter der Überschrift «Die Seilschaften im Westen» veröffentlichte. In diesem Bericht lag der Akzent auf den Folgen der Verfilzung für die Qualität der Politiker.[18] Und während in Köln und Umgebung die «Klüngel-Studie» als ein Problem der CDU mißverstanden wurde – die SPD blieb meistens weggetaucht und überließ die Angriffe auf die Autoren dem CDU-Vorsitzenden von Köln –, wurde unser Bericht in der Veröffentlichung von Frank Pawassar zu Recht als eine Problemskizze unseres Parteiensystems bezeichnet.

17 Edgar Allan Poe: «Erzählungen», München 1959, S. 476

18 Welt am Sonntag (Frank Pawassar): «Die Seilschaften im Westen. Die CDU zieht Studie über mangelnde Qualität von Politikern zurück». 26. 1. 1992, S. 6

Kennzeichnend für die Veröffentlichungen der *Saarbrücker Zeitung*, der *Frankfurter Allgemeinen Zeitung* und des *Münchener Merkurs* am 30. 1. 1992 sowie der *Rheinischen Post* am 4. 2. 1992 und des *Handelsblattes* am 5. 2. 1992 ist die Ausführlichkeit der referierenden Wiedergabe des Inhalts.[19] Betont werden die Allgemeinheit der Vorgänge sowie die Folgen von Politik als Hauptberuf und der Einfluß der Cliquen auf die Personalauswahl innerhalb des politischen Systems.

In zwei weiteren Berichterstattungen wurde der referierend-analytische Charakter der Darstellung noch verstärkt durch den Abdruck längerer Auszüge als Dokumentation. Am 3. 2. 1992 brachte der *Spiegel* einen solchen Auszug auf drei Seiten mit dem für uns Autoren wichtigen Abschluß: «Kritik wird von ihr (den Parteien als Obrigkeit) sachlich nicht mehr ernst genommen. Ansehensverlust ist für sie ein Kommunikationsproblem.» Die *Frankfurter Rundschau* brachte am 6. 2. 1992 sogar eine Großseite mit den unseren Intentionen entsprechenden Akzenten «Vorteilsnahme der Berufspolitiker»; «Cliquen erkaufen sich Duldung, wenn sie Minderheiten fördern»; «In den Städten ist die Politik von Ideologie durchtränkt».[20]

In einer zweiten Runde der überregionalen Aufmerksamkeit der Presse wurde betont: «Ein bißchen Köln ist überall.»[21] Die *Welt am*

19 Saarbrücker Zeitung (Volker Jacobs): «Wie beim Klüngeln alle gut wegkommen. Untersuchung über ein nicht nur kölnisches Phänomen bringt Politiker in Wallung». 30. 1. 1992; Frankfurter Allgemeine Zeitung (hal.): «‹Es kommt nur noch auf kommunikative, nicht mehr auf Sachkompetenz an.› Eine Studie zu Parteien und Politikern in der Bundesrepublik». 30. 1. 1992; Münchener Merkur (Hans-Jürgen Leersch): «Studie: Cliquen beherrschen Politik – Auswahl für Führungsposten: Versagen». 30. 1. 1992; Rheinische Post (Gregor Mayntz): «Eine Studie ‹scheucht› den Kölner Klüngel auf». 4. 2. 1992; Handelsblatt (Rüdiger Gottschalk und Roman Leuthner): «Wissenschaftler beklagen Korruption und Pfründenwirtschaft in der Verwaltung». 5. 2. 1992

20 Der Spiegel: «‹Cliquen, Kartelle, Seilschaften›». 3. 2. 1992, S. 56ff; Frankfurter Rundschau (Dokumentation): «‹Cliquen erkaufen sich Duldung, wenn sie Minderheiten fördern›. Oder: In den Städten ist die Politik von Ideologie durchtränkt / Über die Vorteilnahme der Berufspolitiker / Aus der Scheuch-Studie». 6. 2. 1992, S. 14

21 Die Zeit (Gunter Hofmann): «Ein bißchen Köln ist überall. Parteien, Posten, Pfründen – Die Klüngelei in der Domstadt – ein Musterbeispiel für den Filz in der Republik?» 7. 2. 1992, S. 8

Sonntag zog nach mit dem Verweis, daß in einer erweiterten Veröffentlichung durch die Autoren das Klüngeln (der Filz) als Systemeigenschaft in der Bundesrepublik ausführlicher belegt würde.[22] Die *Frankfurter Allgemeine Zeitung* stellte die Mechanismen der Kontrolle und Belohnung von Politikern genauer dar.[23] Hier wurden auch die Umstände beschrieben, die das Interesse an der Studie über die «Feudalisierung des politischen Systems» steigerten. Die *Welt* verwies darauf, daß der neugewählte Generalsekretär der NRW CDU, Herbert Reul, in einer Analyse die Situation der CDU so beschreibt, daß diese mit den Darlegungen der Scheuchs übereinstimmt.[24]

Die *Hannoversche Allgemeine Zeitung* ging näher auf die Schlangenlinien in der Behandlung des Papiers durch Peter Jungen ein: «Da die Medien jedoch diesen Kölner Streit im Gegensatz zu den eigentlichen Thesen breit geschildert haben und Scheuch innerhalb der Kölner CDU mit einem Male viel Unterstützung von einfachen Mitgliedern bekam, schwenkte Jungen erneut um und gab die Dokumentation wieder frei.»[25]

Die Reaktion im Fernsehen war durch eine am 28. 1. 1992 kurzfristig angesetzte Sendung «RTL plus – Explosiv» angestoßen worden, obgleich ein Interview mit der Koautorin im WDR (am 23. 1. 1992) und ein Streitgespräch bei Tele 5 (am 27. 1. 1992) zwischen den beiden Autoren und dem CDU-Vorsitzenden von Köln-Lindenthal, Reinhardt, vorausgegangen waren. Zu der Sendung *Explosiv* hatte die CDU als Kontrahenten den stellvertretenden Fraktionsvorsitzenden im Bundestag, Johannes Gerster, entsandt. Damit war das Thema «bundeswürdig». In einem gewissen Gegensatz zu den Druckmedien lag der Akzent zweier längerer Fernsehsendungen (WDR 3, *Westpol*, 4. 2. 1992) und *ttt* (ARD/Hessischer Rundfunk, 8. 2. 1992) auf den Systemen der Vorteilsnahme, wobei

22 Welt am Sonntag (Zi.): «Scheuch erweitert den Klüngel-Report». 9. 2. 1992, S. 78

23 Frankfurter Allgemeine Zeitung (Albert Schäffer): «Der Klüngel als Machtkartell. Eine Untersuchung über Parteien und Politiker in der Bundesrepublik». 10. 2. 1992, S. 14

24 Die Welt (Helmut Breuer): «Dem Parteien-Klüngel auf der Spur». 11. 2. 1992, S. 4

25 Hannoversche Allgemeine Zeitung (Jürgen Zurheide): «‹In den Städten herrscht Cliquen- und Vetternwirtschaft.› Offene Kritik sorgt für Aufregung in Nordrhein-Westfalens CDU». 14. 2. 1992

wie in unserem Papier auch Personen genannt wurden. Die Personalisierung solcher Sachabläufe erwies sich – erwartungsgemäß – als sehr viel wirkungsvoller für die Popularität der nicht unterdrückbaren Schrift als ein stärker analytischer Bezug.

Zwei Erwähnungen in den *Tagesthemen* ergaben nur dann einen Sinn, wenn der Moderator Ulrich Wickert voraussetzen durfte, daß das Wissen um die Existenz unserer Untersuchung inzwischen zu den Selbstverständlichkeiten der politisch interessierten Öffentlichkeit gehört.

Die publizistische und darüber hinaus öffentliche Diskussion in Köln blieb dagegen stark bestimmt durch jene vier Seiten unserer Kurzstudie, auf denen spezifisch kölnische Vorgänge angesprochen waren. Als letzte der Kölner Lokalzeitungen – nach dem versuchten Stopp der Studie durch CDU-Chef Rodert – hatte die *Kölnische Rundschau* einen Bericht gebracht, wobei sie besonders hervorhob, daß es sich um ein Papier der Wirtschaftsvereinigung handelt. «‹Köln sollte exemplarisch sein›, bestätigt auch Dr. Ute Scheuch... ‹Wir hätten auch Hamburg wegen seiner Diätengeschichte nehmen können.› Dennoch mußte die Überschrift korrekterweise lauten: ‹Papier über kölschen Klüngel brachte CDU-Spitze in Wallung›.[26] Inzwischen wurde auch die Eignung des Hauptprotestanten Axel Rodert als Parteichef problematisiert.[27] In der Auswahl von Leserbriefen an den *Kölner Stadt-Anzeiger* herrschte Empörung über das Klüngeln vor, das doch von einer Anzahl von Politikern öffentlich als eine schlimmstenfalls läßliche Sünde vorgestellt worden war.[28]

Der *Expreß*, der nahezu täglich mit seiner Berichterstattung über die Klüngel-Studie am Ball blieb[29], heizte dann das Thema mit einem neuen «Klüngel-Skandal» im Landschaftsverband an. In einem großen Personalpaket hatten – wie später ausgeführt wird – SPD, CDU und FDP unter

26 Kölnische Rundschau (Manfred Burkhard): «Papier über kölschen Klüngel brachte CDU-Spitze in Wallung. Wirtschaftsvereinigung präsentierte Thesen von Prof. Scheuch». 27.1.1992

27 Expreß (Petra Herterich und Franz Wolf Ramien): «CDU: Rodert-Berater gab Klüngel-Studie in Auftrag. Partei-Chef umstritten – Mitglieder rechnen mit neuem Machtkampf». 28.1.1992

28 Kölner Stadt-Anzeiger: «Klüngel-Gutachten: Vergnügliches Werk». 30.1.1992, S. 24

29 Expreß: «Klüngel-Thesen: Zweite Auflage». 29.1.1992, S. 24; Expreß (Petra Herterich): «Professor Scheuch: Worms mit seinem Job überfordert». 30.1.1992

sich die bis zum Jahre 2002 (!) freiwerdenden Posten aufgeteilt.[30] Der *Kölner Stadt-Anzeiger* zog nach mit der Darstellung von Vorteilsnahmen, die für leitende Beamte des Landschaftsverbandes praktiziert werden.

Vor dem nächsten presseamtlichen Klüngel-Skandal wurde ein Absakken des Interesses durch Meldungen unter «Vermischtes» vermieden. Der *Kölner Stadt-Anzeiger* mokierte sich darüber, daß der Koautor bei der Karnevalsauszeichnung der Partei «Verrücktes C» übergangen wurde, obwohl dieser «in den vergangenen Tagen der einzige war, der so richtig für Stimmung unter den Christdemokraten gesorgt hatte».[31]

11.3. Die Reaktionen der Spitzenpolitiker

Vier Reaktionen auf das Mißlingen eines Komplotts – hier des klammheimlichen Versuchs, einen Bericht aus dem Verkehr zu ziehen – sind in der Politik dieses Landes üblich.

1. Umarmen
2. Wegtauchen
3. Beschimpfen und drohen
4. Den Dialog aufnehmen

«Umarmen» – in diesem Falle wäre es ein scheinheiliges Lob gewesen. Etwa: «Eine verdienstvolle Arbeit. Wir beschäftigen uns seit langem mit Reformen. Manches am Scheuch-Papier ist unausgegoren, vieles eine wertvolle Anregung. Wir werden das Papier bei unseren Beratungen berücksichtigen.» So wurde – falls es überhaupt eine Stellungnahme gab – auf Landes- und Bundesebene reagiert. Aber nicht lokal.

«Wegtauchen» war – mit einer Ausnahme – die Reaktion aller Parteien außer der CDU. Die Ausnahme war ein linker Berufsschullehrer aus der Ratsfraktion der SPD. Die Konstanz des Medieninteresses machte es jedoch unmöglich, dieses bloße Aussitzen mehr als zwei Wochen durchzuhalten.

30 Expreß (Franz Wolf Ramien): «Klüngel-Skandal im Landschaftsverband. Geheimpakt über wichtige Schlüsselpositionen». 8. 2. 1992, S. 38

31 Kölner Stadt-Anzeiger: «Verrückt genug». 10. 2. 1992, S. 9

Die jetzige Spitze der lokalen CDU – immerhin eine der größten Kreisorganisationen dieser Partei in Deutschland – reagierte mit Schimpfen und Drohen. Auch das ließ sich nicht durchhalten. Die Öffentlichkeit erzwang, wenigstens dem Anschein nach den Dialog aufzunehmen.

Die Clique um den Parteivorsitzenden Axel Rodert mußte die Autoren zu einer öffentlichen Auseinandersetzung herausfordern. Man schickte den Bezirksvorsitzenden Reinhardt vor, der mit den Scheuchs gut bekannt war und als Kritiker des CDU-Establishments galt. Vor der Diskussion wußten wir nicht, daß er inzwischen zu dem Rodert-Kreis hinübergezogen worden war. Als Diskussionsleiter war Jochen Denso vom WDR gewonnen worden, den die CDU zu einem der Ihren rechnete.

Vor Beginn der Diskussion forderte Denso, man müsse nur über die CDU reden und über die einzelnen Personalfälle; die SPD sei ja nicht anwesend. Das war eine sehr abwegige Begründung für die Einengung der Diskussion, da es in CDU-Versammlungen nicht üblich ist, von der abwesenden SPD zu schweigen. Wir hielten uns dann auch nicht an diese Einschränkung – schon deshalb nicht, weil der von uns skizzierte Klüngel als System ein Zusammenspiel mindestens zweier Parteien voraussetzt. Und es ging uns auch nicht um einzelne Fälle, sondern um ein System der Verpflichtungen und Vorteilsnahmen.

Eröffnet wurde die Diskussionsrunde durch Rodert, der dem verblüfften Publikum versicherte: «Die Kirche kann sich einen Drewermann leisten, die CDU aber keinen Scheuchermann.» Auf seiten des Parteivorstandes gab es dann hauptsächlich zwei Argumentationslinien: Die Arbeit sei unwissenschaftlich (falls das zuträfe, wäre die journalistische Berichterstattung ebenfalls unseriös), und die Cliquenwirtschaft gebe es nicht mehr. Das wurde in einem Moment behauptet, als schon abgesprochen war, daß CDU-Fraktionsgeschäftsführer Josef Müller, früher Postobersekretär, als Prokurist in die städtische Wohnungsbaugesellschaft GAG wechseln sollte. Fraktionsvorsitzender Schröder bekannte dann auch nach der Aufzählung von Klüngel-Fällen während der Amtszeit des neuen Vorstandes: «Die Partei wird eigenen Politikern immer helfen, eine Position zu bekommen, die ihrer Leistung entspricht.» Kennzeichnend für den Parteichef war der Versuch zu behaupten, es gebe unter seiner Amtszeit keine Klüngel-Fälle. «Ich lasse mir die Ehre nicht abschneiden», war die wiederkehrende Formel, mit der auf Beispiele reagiert wurde, daß sich nichts geändert hat. Es war angesichts dieser Beschäftigung mit sich selber für die Autoren schwierig, die Verwicklung der SPD in den Kölner Postenschacher deutlich zu machen. Schließlich gab es für den Versuch, alles immer wieder auf die Beschädigung des eigenen Selbstbildes von Rodert zu beziehen, Pfiffe, Pfuis und Buhrufe.[32]

Bis dahin hatte sich die SPD mit Ausnahme des Ausrutschers ihres stellvertretenden Fraktionsvorsitzenden Biciste jeder Diskussion und auch den Interviews der Medien verweigert. Das förderte in Köln den irrigen Eindruck, der Bericht sei eine Kritik vornehmlich der CDU. Für den 13. Februar 1992 hatte der Verlag Dumont zu einer Podiumsdiskussion in der neuen Reihe «Frontal» eingeladen, zu der sich der SPD-Fraktionsvorsitzende Dr. Klaus Heugel erstmals der Öffentlichkeit stellte. Moderiert von einem Journalisten des Hauses Dumont, Wolfgang Brüser, saßen sich neben Heugel (vorgestellt vom Diskussionsleiter als «heimlicher König von Köln») gegenüber CDU-Chef Rodert, der Stadtverordnete der Grünen, Dieter Göbel, und der Koautor.

Unisono versuchten Heugel und Rodert, die Studie abzuwerten. Heugel disqualifizierte das Papier: «Es lohnt nicht zu lesen.» Rodert: «Sie haben mich gezwungen, das Papier zu lesen.» Und: «Scheuch argumentiert in ein Vorurteil hinein.» Dann ging Rodert noch einen Schritt weiter als beim CDU-internen Diskussionsabend: Es stelle sich für ihn die Frage, ob die Verfasser nicht «pathologisch» seien. Rodert griff zudem mit persönlichen Vorwürfen an: «Sie wollten doch in den Bundestag, aber da ist nichts draus geworden» (frei erfunden).

Dagegen interessierte die Zuschauer im überfüllten Studio besonders der Fall Noppel als Verletzung politischer Moral. Wie oben erwähnt, hatte Noppel sein direkt erworbenes Ratsmandat zugunsten des nicht in den Rat gewählten Fraktionsvorsitzenden Heugel niedergelegt. Da stellte sich Rodert schützend vor Heugel mit der Bemerkung, er habe viel Verständnis für dessen damaliges Problem und dessen Lösung durch Beförderung des Jürgen Noppel innerhalb des Geflechtes im Stadtwerkekonzern.

Rodert und Heugel verteidigten die Karrieren ehemaliger Stadträte – wie auch Noppels – in den stadteigenen Gesellschaften damit, daß Politiker besonders geeignet seien, Vorstandspositionen in diesen Betrieben zu

32 Expreß (Franz Wolf Ramien und Rolf Schneider): «Klüngel-Skandale: Buh-Rufe für CDU-Chef. Partei-Basis applaudierte Kritiker Scheuch». 11. 2. 1992; Kölner Stadt-Anzeiger: «Die CDU und die Klüngel-Debatte mit Scheuch». 11. 2. 1992

besetzen. Personalabsprachen hielt Rodert für richtig; denn was hätte die CDU davon, nach zehnjähriger Opposition lediglich stärkste Partei zu sein? «Was wäre in der Zwischenzeit ohne uns aus Köln geworden?»[33] Und Einsicht in das Selbstverständnis als Vorsitzender gab es durch sein Bekenntnis, früher habe er selbst über Klüngelei gewettert, aber jetzt, nachdem er Verantwortung habe, sehe er in den Kritikern des Klüngels Schreier. Es knisterte vor persönlicher Feindschaft zwischen den Vertretern der CDU und SPD einerseits sowie dem Grünen und dem Koautor andererseits. Unser Bericht war offensichtlich in den Aufbau einer großen Koalition auf Dauer zwischen Heugel und Rodert hineingeraten.

Wie groß diese Koalition werden könnte, verdeutlichte anschließend ein Interview mit dem Vorsitzenden der FDP-Ratsfraktion, dem früheren Schuldezernenten Wolfgang Leirich. Seine Karriere ist ein Musterbeispiel für einen Berufspolitiker, dessen Laufbahn in der Studentenzeit beginnt. Bis in die Einzelheiten der Diktion hinein machte sich Leirich die Argumente zu eigen, die von Rodert in den Auseinandersetzungen benutzt wurden: die Abqualifizierung der Studie als «pseudowissenschaftlich», die Behauptung einer Kränkung, weil ein Bundestagmandat ausblieb, und die sprachliche Merkwürdigkeit: «Scheuch argumentiert in ein Vorurteil hinein» (daß die Politiker absahnen). Und wie Heugel und Rodert behauptete er, daß von den ehemaligen Ratsherren, die hohe Gehälter im Geflecht der Stadtwerke beziehen, keiner versagt habe.[34]

Dafür gab es dann auf dem anschließenden Parteitag der FDP den Vorwurf, Leirich habe Klüngelgeschäfte und Postenschacher verniedlicht. Hiergegen argumentierte der frühere Oberkreisdirektor des Erftkreises, Dr. Helmut Benz, in Köln gebe es Klüngel, wie es Filz in jeder Stadt gebe, in der die SPD regiert. Der frühere Bürgermeister Jan Brügelmann fürchtete, «daß sich zwei Fraktionsvorsitzende die Stadt zur Beute machen könnten, indem sie Personalpakete schnüren». Unversöhnlich ging man am Ende auseinander: «Die Partei blieb bei ihrer Aufforderung, Opposition zu treiben und Personalklüngel abzulehnen. Die Fraktion dagegen

33 Kölner Stadt-Anzeiger (Klaus Zöller): «Keiner hat ein Rezept gegen Klüngel. Heiße Diskussion um Scheuch-Thesen ‹frontal› im studio dumont». 15./16.2.1992, S. 13

34 Kölnische Rundschau (Manfred Burkhard): «Klüngel-Papier: ‹Scheuch argumentiert in ein Vorurteil hinein›. Interview mit Wolfgang Leirich». 15.2.1992

will den Haushalt mit verabschieden und damit faktisch zum Teil einer Koalition werden.» Immer wieder wurde aus beiden Lagern innerhalb der FDP unser Bericht zum zentralen Bezugspunkt.[35]

Zwischenzeitlich schaltete sich der frühere Oberstadtdirektor Rossa wieder ein. Sein Ruf nach dem Strafrichter sorgte in der SPD für Empörung. Ein Parteiordnungsverfahren soll auf der nächsten Sitzung des SPD-Unterbezirks geprüft werden.[36] Auch in der Art des Reagierens auf Kritik funktioniert die große Koalition.

Seither gibt es zwei Weiterentwicklungen: In der Kölner Lokalpolitik hat Parteichef Rodert für die Neuwahl des Parteivorstandes Ende März einen Gegenkandidaten erhalten: den Bundestagsabgeordneten Professor Winfried Pinger.

Kampfabstimmungen werden in der CDU nicht geschätzt. In ihnen sieht man ein Wiederaufleben der fortwährenden Gruppenkämpfe der Vergangenheit, obwohl die jetzigen Gegenkandidaturen damit nichts (oder nicht viel) zu tun haben. Es wird vermutet, daß Roderts Reaktion auf unseren Bericht Pinger zur Kandidatur geradezu herausfordern mußte.[37] Jedenfalls zeigt die Reaktion auf einen Wettbewerb um den Parteivorsitz, daß die Figur der Cliquenkämpfe im Selbstverständnis der Parteiaktivisten unverändert weiterlebt.[38]

Parallel hierzu ist der «Kölsche Klüngel» zum Thema von Leitartikeln geworden. «Es ist eindrucksvoll, welche Debatten die Studie des Professors Scheuch ausgelöst hat. Was in Köln Klüngel heißt, heißt anderswo Filz oder Ämterpatronage. Krakenhaft haben sich die Par-

35 Kölnische Rundschau (Manfred Burkhard): «FDP knöpfte sich die Fraktion vor. Parteitag der Liberalen kritisiert Zustimmung zum Etat – Wirbel um Scheuch-Papier». 21. 2. 1992; Kölner Stadt-Anzeiger (Kirsten Boldt): «Den Liberalen ging es ums Parteiprofil. Kritik an der Ratsfraktion beherrschte Parteitag – Opposition gefordert». 21. 2. 1992, S. 13

36 Expreß (Franz Wolf Ramien): «Klüngel! SPD: Empörung über Rossa. Ex-Oberstadtdirektor rief in TV-Sendung nach Staatsanwalt». 13. 2. 1992

37 Expreß (Petra Herterich und Franz Wolf Ramien): «CDU – Machtkampf: Pinger will Rodert stürzen. Klüngel-Kritiker Scheuch lobt den Herausforderer». 18. 2. 1992

38 Kölnische Rundschau (Manfred Burkhard): «Pinger will CDU-Chef werden. Überraschend doch noch Gegenkandidatur auf dem Parteitag der Union». 18. 2. 1992

teien, die laut Grundgesetz nur an der politischen Willensbildung des Volkes mitwirken sollen, weit in den gesellschaftlichen Bereich ausgedehnt.»[39]

Das stimmt sicherlich überein mit dem Tenor des Berichtes, ist aber dennoch etwas rätselhaft wegen des Zeitpunktes, zu dem so argumentiert wird. Was in unserem Bericht steht, hat ja einen langen Vorlauf. Seit Jahren wurde immer wieder belegt, wie Parteienfilz und Parteipolitisierung aller Lebensbereiche das politische System zunehmend stärker bestimmen. Seit Jahren wird über den Verfall von Kompetenz und die Explosion von Gewinnmitnahmen durch Politiker geklagt, und zugleich werden diese Klagen dokumentiert. Warum sind jetzt der Klüngel und die Parteipolitisierung Themen, welche die Republik bewegen? Wie konnte die Kurzfassung unseres Berichtes diese Diskussion anstoßen? Wie kam es dazu, daß der Bericht zu dem wurde, was in der medienwissenschaftlichen Literatur *Agenda setting* heißt – das Machen eines Themas? Das ist inzwischen für uns so interessant wie die Sachfragen in dem Bericht selber.

11.4. Das Echo in Briefen und Anrufen

Nicht nur das Interesse der Medien war für alle, die den Prozeß in Gang setzten, unerwartet. Unerwartet war auch die Häufigkeit persönlicher Rückmeldungen. Bei der CDU-Wirtschaftsvereinigung NRW gingen im Zeitraum vom 20.1. bis 12.2.1992 487 Anfragen ein – davon 68 von Journalisten. Unter den Stellungnahmen waren nur drei negativ. Die *Welt am Sonntag* hörte bei über 200 Rückmeldungen auf zu zählen. Wir selber erhielten bis Ende Februar 1992 über 550 Stellungnahmen. Davon waren 384 Anrufe und 194 briefliche Rückmeldungen. In ca. 500 Fällen wurde der Text angefordert, dessen Verteilung die Wirtschaftsvereinigung ja eingestellt hatte. Manchmal wurde um die Erlaubnis gefragt, ein Exemplar selbst weiter verbreiten zu dürfen, so daß die Zahl der Empfänger bei dieser Schneeballverbreitung einer zum Samisdat-Druck gewordenen Studie auf weit über tausend geschätzt werden darf.

39 Kölner Stadt-Anzeiger (Heinz Verfürth): «In Köln heißt es Klüngel. Scheuch steht mit seiner Kritik nicht allein. Parteien entfernen sich von ihrem Auftrag». 23.2.1992

«Ein bißchen Köln ist überall», hatten wir behauptet, und die räumliche Streuung der Anfragen bestätigt diese Aussage. Selbstverständlich kamen aus Köln die ersten und dann besonders viele Zuschriften, aber die große Mehrzahl aller Rückmeldungen erhielten wir aus anderen Regionen des Bundesgebietes. Zwei Städte waren dabei neben Köln besonders häufige Absendeorte von Briefen bzw. Anrufen. Dies ist die Verteilung im einzelnen:

Köln	102
Köln – Umland	24
NRW	110
Übrige Bundesrepublik (alt)	136
Neue Bundesländer	8
Ausland	4

Private Zuschriften bzw. Anrufe dominierten! Erstaunlich häufig meldeten sich Professoren zu Wort, dabei wieder in erster Linie Sozialwissenschaftler. Eine Zählung der Absender ergab die folgende Verteilung:

Privatpersonen	168
Politiker / politische Institutionen	48
Professoren	36
Medien	70
Private Institutionen	47
Sonstige	15

Wir versuchten noch eine kleine Inhaltsanalyse der Briefe, in denen mehr als nur eine Bitte um Zusendung des vergriffenen Berichtes nieder geschrieben war. Auffällig ist das Fehlen von Ablehnungen – mit Ausnahme zweier Architekten, die ihren in diesem Manuskript erwähnten Vorgang differenziert vortrugen. Uns berührte dabei, daß beide Architekten sich ihrerseits als Opfer ihres eigenen politischen Engagements sahen und Zweifel wecken konnten an der Version, die in Köln von Politikern einer Allparteienkoalition aus CDU, SPD und FDP überliefert wird.

Zu unserer Aussage «Köln ist überall» gab es besonders wichtige Briefe, in denen uns Material zugesandt wurde. Einige dieser Informationen reichten wir – im Einverständnis mit den jeweiligen Absendern – an andere Medien weiter, da uns einerseits die Mittel zur Nachrecherche an anderen Orten fehlten, wir uns andererseits aber auch nicht als investigativ arbeitende Journalisten verstehen. Besonders wichtig waren für uns Zuschriften von Querdenkern in ihren jeweiligen Parteien wie Georg Kronawitter (Oberbürgermeister von München, (SPD), Rainer Barzel (CDU) oder von Frau Hamm-Brücher (FDP). Ihre Zustimmung bestätigte uns: Das Mittelmaß verdrängt Originalität. Dies ist die Streuung der verschiedenen Inhalte von Briefen:

Ablehnung	0
Allgemeine Zustimmung	83
Kopien von Zuschriften an Medien	4
Zusendung von Material	12
Zusendung von eigenen Schriften	24
Mitteilung von Fällen	18
Argumente über Zustand der Bundesrepublik	21
Aufforderung zu Vorträgen	12
Sonstiges	12

Unter einer systematischen Betrachtung der Vorgänge als Teil des politischen Systems interessierten uns insbesondere solche Briefe, in denen das Versagen von Kontrollmechanismen erwähnt wird.

Nachdenklich machten uns Briefe, in denen wir zu unserem Mut beglückwünscht oder in denen die eigene Angst des Briefeschreibers erwähnt wurde; beide Aussagen sind ja nur verschiedene Seiten der gleichen Münze. Wieso bedarf es in einer Demokratie des Mutes, um eine solche Fehlentwicklung darzustellen, wie wir es versuchten? Die Systeme der Bestrafung, die wir auch erwähnten, sind nach diesem Lob unseres Mutes inzwischen nach Meinung der Bevölkerung so ausgebildet und verinnerlicht, daß sie als Einschüchterung wirken. Und wenn Politiker tatsächlich eine Bevölkerung eingeschüchtert haben, dann ist es wohl gerechtfertigt und notwendig, diese Schicht von Politikern als eine «gewählte Obrigkeit» zu qualifizieren.

12.
«Ein bißchen Köln ist überall»[1]

Die von uns exemplarisch geschilderten Kölner Verhältnisse sind – wie uns in vielen Reaktionen spontan berichtet wurde – fast identisch mit Szenarien in vielen anderen deutschen Städten. Journalisten aus Hamburg, Berlin, Essen und Saarbrücken legten beispielsweise die «Scheuch-Schablone» (Pater Basilius Streithofen) auf Filzverquickungen in ihren Heimatstädten an. Teilweise brauchten nur die Namen von Politikern und stadteigenen Betrieben ausgewechselt zu werden.

Auffallend ist – nicht erst seit dem Wegfall des Feindbildes Kommunismus – die Intensität, mit der Journalisten der unterschiedlichsten Medien – insbesondere auch des öffentlich-rechtlichen Rundfunks – sich Mißständen in dieser Bundesrepublik zuwenden. Ein Mechanismus ist aktualisiert worden, den Soziologen mit dem Begriff Attentismus beschreiben: Ein Thema, für das es offensichtlich erheblichen Diskussionsbedarf in der Öffentlichkeit gibt, wird dann auch von anderen Journalisten und Wissenschaftlern entdeckt, neue «Fälle» werden gesucht und dann auch gefunden.

Attentismus beschränkt sich nicht auf neue Enthüllungen. Auch längst vergessen geglaubte Fälle werden wieder aktualisiert. Es erweist sich: In dieser Bundesrepublik Deutschland sind nicht mehr die Entgleisungen einzelner zu tadeln, sondern ein System der Vorteilsnahme. Das System selbst gerät in Mißkredit, wenn es Fehlverhalten begünstigt, das dann auch nicht geahndet wird – vorausgesetzt, die jeweiligen Machthaber wirken dabei zusammen. Erinnert sei daran, daß in Nordrhein-West-

1 So der Titel des Berichtes von Gunter Hofmann in der *Zeit* vom 7. 2. 1992, S. 8, über «Die Klüngelei in der Domstadt – ein Musterbeispiel für den Filz in der Republik?»

falen der frühere Bundeswirtschaftsminister Graf Lambsdorff, FDP, ebenso wie der frühere Landesarbeitsminister Grundmann, CDU, wegen illegaler Parteispenden und der damit verbundenen Steuerhinterziehung angeklagt und auch verurteilt wurden[2], jedoch kein einziger SPD-Politiker. In Hessen und Bayern waren Parteispenden überhaupt nicht kriminalisiert worden. In einem Interview regte der – ebenfalls wegen Steuerhinterziehung verurteilte – frühere Flick-Manager Eberhard von Brauchitsch an zu prüfen, was in diesen beiden Bundesländern Staatsanwälten widerfahren sei, die wegen des Verdachtes von Parteispenden ermitteln wollten.[3]

Im folgenden werden wir unsere aus Beobachtungen auch anderer Sozialforscher abgeleiteten Thesen, die wir bisher hauptsächlich an Ereignissen in Köln belegten, durch Beispiele aus anderen Teilen Deutschlands illustrieren. Diese Sammlung ist ein kleiner Ausschnitt – Namen und Ereignisse ließen sich beliebig ergänzen.

These 1: Sachkompetenz hat für eine politische Karriere einen minderen Stellenwert

Bei Staatssekretären und Ministern in der real existierenden Bundesrepublik scheint inzwischen des öfteren Sachkompetenz zu stören. Bundesbildungsministerin Dorothee Wilms, in diesem Amt sehr kompetent, mußte gleichwohl an die Spitze des Ministeriums für innerdeutsche Beziehungen wechseln, weil keine andere Ministeraufgabe für sie frei war. Als Alibi-Frau wollte Bundeskanzler Kohl auf Wilms nicht verzichten. Auf sein Amt als Parlamentarischer Staatssekretär beim Bundesminister für innerdeutsche Beziehungen war Ottfried Hennig, CDU, dagegen bestens vorbereitet. Innerdeutsche Beziehungen waren schon während seines Studiums seine Spezialität. Durch die Vereinigung löste sich der Posten des Staatssekretärs auf. Jetzt ist Hennig Parlamentarischer Staatssekretär beim Minister für Verteidigung – wovon er nun zweifelsfrei nichts versteht.

Zum beamteten Staatssekretär im Bundesministerium für Arbeit ließ

2 Die Welt (dpa): «Geldstrafe für Ex-Minister Grundmann». 12. 1. 1991, S. 4
3 Süddeutsche Zeitung, Magazin (Giovanni di Lorenzo): «‹Reden dürfen wir noch›. Interview mit Eberhard und Helga von Brauchitsch». 13. 12. 1991, S. 15

Kohl 1991 den vormaligen Fraktionsführer der CDU im Landtag NRW, Bernhard Worms, ernennen. Worms, im (seit Jahren nicht ausgeübten) Zivilberuf bei der Post, gilt als besonders getreuer Gefolgsmann von Kohl. Heute wird weniger über Sachbeiträge Worms zu so wichtigen Fragen wie die Renten- oder Pflegeversicherung berichtet als darüber, daß er sich als Staatssekretär einen BMW 730i zum Listenpreis von knapp 70000 Mark leistet. Ein Wagen dieser Preisklasse steht einem Staatssekretär nicht zu. Worms wußte sich zu helfen und bat BMW um einen fünfstelligen Rabatt, der, wie bei Politikern üblich, auch gewährt wurde.[4]

Die SPD setzte vordem den früheren Innensenator von Hamburg, den gelernten Elektro-Maschinenbauer, graduierten Betriebswirt und geschätzten Gewerkschafter Heinz Ruhnau, als Chef der Lufthansa durch; eine beachtliche Zahl von Mitarbeitern dieses Unternehmens war entschieden dagegen. Diese waren «empört» ob der Berufung eines Mannes, der wenig Erfahrungen mit der freien Wirtschaft, dafür um so mehr mit der Politik hatte. Als Gegenleistung für die Wahl Ruhnaus wurde dem politischen Gegner, insbesondere dem Ministerpräsidenten von Bayern, Franz Josef Strauß (gleichzeitig Airbus-Aufsichtsratsmitglied), zugestanden, daß parteipolitisches Proporz-Denken jetzt auch bei der Lufthansa greifen kann.[5] Mit Ruhnau an der Spitze flog die Lufthansa in die roten Zahlen.[6] Heute verdient sich Ruhnau ein Zubrot – desssen Höhe verschwiegen wird – bei der Westdeutschen Landesbank in Düsseldorf. Ruhnau ist der Immobilienbereich vor allen in den neuen Bundesländern und in Osteuropa zugewiesen worden. Unbekannt blieb, wo er die Qualifikation für diese Aufgabe erworben hatte[7] – es sei denn, seine parteipolitischen Beziehungen würden als mindestens vollwertiger Ersatz für fehlende Qualifikationen gewertet.

4 Kölnische Rundschau (Raimund Neuß und Gerlind Schaidt): «Neuer Minister-Mercedes zum halben Preis. Deutsche Politiker und ihre Dienstwagen: Warum die Autofirmen ihnen zum Teil drastische Rabatte gewähren». 2.12.1991

5 Rheinischer Merkur (Leonhard Spielhofer): «Auch in der CSU formieren sich Ruhnaus Gegner». 8.3.1986

6 Der Spiegel: «Flug in die roten Zahlen. Heinz Ruhnau in Not: Der Lufthansa droht ein finanzielles Desaster». 9.4.1990

7 Wirtschaftswoche (Peter Hauptvogel und Markus Hennes): «Teure Rentnerband. Der Chef der Düsseldorfer Landesbank unterhält einen Stab externer Berater – doch nicht jeder ist sein Geld wert». 14.2.1992, S. 134f

Den Ruf als Berater der WestLB – des größten öffentlich-rechtlichen Geldkonzerns in der Bundesrepublik – erhielt Ruhnau durch seinen Parteifreund Friedel Neuber, der seinerseits eine beachtliche Karriere durchlaufen hat, die innerhalb der SPD begann. Über die Jugendorganisation «Die Falken» kam Neuber zu den Jungsozialisten. 1957, als 22jähriger, wurde er Juso-Vorsitzender in Duisburg-Rheinhausen. Fünf Jahre später gelang ihm bereits der Sprung in den Landtag von Nordrhein-Westfalen. Nach seinem Ausscheiden aus dem Landtag 1975 blieb er bis 1982 SPD-Ratsherr in Duisburg. Grundstein seiner Karriere war allerdings ein Ehrenamt: Neuber hatte 1964 den Vorsitz des Sparkassenrates in Rheinhausen übernommen. Wiederum fünf Jahre später war er zum Präsidenten des Rheinischen Sparkassen- und Giroverbandes avanciert. An die Spitze der WestLB wurde er 1981 – ungeachtet seiner mangelnden Erfahrung im Bankmanagement – berufen: ein Meisterstück der «politischen Kungelei». Gegen den Willen von Ministerpräsident Rau und Wirtschaftsminister Reimut Jochimsen, die lieber einen «exzellenten Bankkaufmann von außen» berufen hätten, schaffte Neuber den Sprung auf den Chefsessel als Nachfolger des von ihm selbst mit gestürzten Johannes Völling. Seine Verbündeten waren seine Duzfreunde Joachim Grünewald, CDU, Mitglied des WestLB-Verwaltungsrates, und Karl Josef Denzer, Fraktionsvorsitzender der SPD. Wichtiger Befürworter der Wahl Neubers war ebenso der CDU-Politiker Theodor Schwefer: Neuber sei »der richtige Mann».[8]

Noch heute soll Neuber «keine Hausmacht in dem Sinn» haben, «daß er kompetent wäre, bankspezifische Sachentscheidungen seines Apparates zu beurteilen».[9]

Nicht nur dem Chef der WestLB, sondern auch den Kontrolleuren wird mangelnde Kompetenz vorgeworfen. Beklagt wird das Fehlen industrieerfahrener Insider «mit exzellenten Kontakten zu den deutschen Topadressen». Statt dessen dominieren im Verwaltungsrat der WestLB politische Mandatsträger, die sich «nicht immer von bankwirtschaft-

8 Der Spiegel: «Der richtige Mann. An die Spitze der Westdeutschen Landesbank kam ein Mann, der vom Bankmanagement recht wenig, von politischer Kungelei um so mehr versteht». 20. 7. 1981

9 Welt am Sonntag (Heide Neukirchen): «Der Genosse Bankier muß immer besser sein als andere. Friedel Neuber – Vom Krupp-Revisor zum Chef der WestLB». 23. 2. 1992, S. 35 f

lichen Motiven leiten lassen»[10] – aber wirtschaftliche Grundsätze bei Sachentscheidungen sind ja auch nach den Bekenntnissen von SPD-, CDU- und FDP-Politikern in Köln nicht das einzig Entscheidende. Für ebenso wichtig gilt auch auf Landesebene der bestimmenden Führungsschicht die politische Verläßlichkeit der von ihr ausgesuchten Manager in Betrieben, die der öffentlichen Hand gehören.

These 2: Es häufen sich Karrieren als reine Berufspolitiker

Der wirtschaftspolitische Sprecher der SPD-Bundestagsfraktion, Wolfgang Roth, ist zwar gelernter Diplomvolkswirt. In diesem Beruf arbeitete er seit seinem 28. Lebensjahr jedoch nur in Bereichen, die der öffentlichen Hand oder den Gewerkschaften nahestanden. Die längste Zeit – von 1970 bis 1974 – wirkte er als kaufmännischer Angestellter bei der Neuen Heimat Hamburg. Auf sich aufmerksam machte er nach seinem Eintritt in die SPD im Alter von 21 Jahren durch seine zielstrebige Karriere: 1964 AStA-Vorsitzender der Freien Universität, 1969 bis 1974 stellvertretender und später Vorsitzender der Jungsozialisten und Mitglied des SPD-Vorstandes. Bundestagsabgeordneter wurde er mit 35 Jahren.

Einen ähnlichen Lebenslauf, mit den entsprechenden Vorzeichen einer Karriere als Jungpolitiker in der CDU, weist der wirtschaftspolitische Sprecher der CDU/CSU-Bundestagsfraktion, Matthias Wissmann, auf. Nur in einem wesentlichen Punkt weicht er von den Kompetenzen Roths ab: Wissmann ist Rechtsanwalt.

Eine charakteristische Karriere als Berufspolitiker machte auch Torsten Wolfgramm, FDP. Nach dem Studium der Rechtswissenschaften wurde er Geschäftsführer einer gemeinnützigen Studentenwohnheimstiftung, trat in die FDP ein und rückte zum Landesvorstand auf. 1990 wurde er Mitglied des Bundesvorstandes. Seit 1982 ist er stellvertretender Vorsitzender der Friedrich-Naumann-Stiftung. Heute ist er Parlamentarischer Staatssekretär beim Minister für Bildung und Wissenschaft.

Aber auch ohne Engagement auf Bundesebene ist der Aufstieg in die Spitze der Bundespolitik möglich: Rudi Walther, heute als Vorsitzender

10 Wirtschaftswoche, 14. 2. 1992, op. cit.

des Haushaltsausschusses an einer der Schaltstellen der Macht in Bonn, schaffte seinen Sprung in den Bundestag über eine gradlinige kommunalpolitische Karriere. 1946, mit 18 Jahren, wurde er Mitglied der SPD und der Gewerkschaft ÖTV. Als höchstes Parteiamt gibt er die Mitarbeit im Bezirksvorstand der SPD Hessen-Nord an. Nach einer Verwaltungslehre stieg er bis 1957 zum Stadtinspektor im gehobenen Dienst auf. Erst 29 Jahre war er alt, als er im gleichen Jahr zum hauptamtlichen Bürgermeister der Stadt Zierenberg gewählt wurde. 15 Jahre später wurde er direkt gewählter Abgeordneter seiner Heimat.

Den Aufstieg über die Sozialausschüsse der CDU und die Deutsche Angestellten-Gewerkschaft schaffte Horst Günther. Mit 23 Jahren trat er 1962 in die CDU ein. Heute ist er Kreisvorsitzender der Sozialausschüsse Duisburg. Sein beruflicher Werdegang: Drei Jahre arbeitete Günther als kaufmännischer Angestellter in einem Hüttenwerk. Dann wechselte er 1960 im Alter von 21 Jahren zur DAG als Gewerkschaftssekretär. Hier stieg er 1977 zum Landesverbandsleiter in Nordrhein-Westfalen auf. Zeitweilig war er Vorsitzender des Landesbetriebsrates und des Gesamtbetriebsrates der DAG. Den Sprung in den Bundestag schaffte er 1980. Heute ist Günther Parlamentarischer Staatssekretär beim Bundesminister für Arbeit und Sozialordnung, Norbert Blüm, der seinen Karrieresprung ebenfalls über die Sozialausschüsse schaffte.[11]

Eine der heute üblich werdenden Karrieren machte Ronald Pofalla. 1974 trat er im Alter von 15 Jahren in die Schüler-Union und Junge Union ein. Fünf Jahre später war er Stadtrat, weitere sieben Jahre später Landesvorsitzender der Jungen Union NRW und 16 Jahre nach dem Eintritt in die Junge Union Mitglied des Deutschen Bundestages und des Fraktionsvorstandes der CDU/CSU. Von 1977 bis 1981 studierte er Sozialpädagogik an einer Fachhochschule und von 1982 bis 1987 Jura. Sein beruflicher Werdegang: «1981–1982 verschiedene berufliche Tätigkeiten; vom 1.7.1988 bis 31.12.1990 Rechtsreferendar am Landgericht Kleve.»[12] Nach etwa drei Jahren Berufstätigkeit erhält Pofalla heute als 32jähriger ein zu versteuerndes Gehalt als Bundestagsabgeordneter von jährlich 132000 Mark und darüber hinaus 69000 Mark steuerfreie Auf-

11 Für diese fünf Lebensläufe siehe Handbuch des 12. Deutschen Bundestages
12 Politisches Forum Ruhr e. V.: Einladung zu einem Hintergrundgespräch mit Ronald Pofalla, MdB, am 25.6.1991 in Essen-Steele

wandsentschädigung.[13] Nun klagt er: «Die Arbeitsbedingungen der Abgeordneten sind unzureichend.» Die Qualität der Arbeit sei durch bessere Zuarbeit zu steigern. Bei seiner 70-Stunden-Woche als Abgeordneter bleibe ihm nicht die Zeit, sich in anstehende Themen und Probleme genügend einzuarbeiten.[14]

Unübertroffen ist die Karriere von Andreas von Schoeler. Mit 18 Jahren wurde von Schoeler Mitglied der FDP und kam noch während seines Jura-Studiums 1972 in den Bundestag – als Listenkandidat. Schnell machte er sich einen Namen. 1976 wurde er mit 30 Jahren Parlamentarischer Staatssekretär im Bundesinnenministerium. Als Spezialitäten wählte er die damals noch neuen Themen Umwelt- und Datenschutz. Mit dem Ende der Regierung Schmidt wechselte von Schoeler von der FDP zur SPD.

Bei den Wahlen 1983 verfehlte er ein Mandat für den Bundestag, aber bereits ein Jahr darauf stieg er zum Staatssekretär im hessischen Innenministerium auf – nun mit dem Ticket der SPD. Vorher, während seines einjährigen Karriereknickes, in dem er sich als Anwalt versuchte, hatten die Genossen ihm bereits einen Kongreß über Datenschutz mit über einer halben Million Mark finanziert; dafür gab es als Honorar für von Schoeler 53000 Mark. Frankfurts Oberbürgermeister Volker Hauff holte ihn dann 1989 als Personal- und Rechtsdezernent in die Main-Metropole. Inzwischen wurde von Schoeler Nachfolger Hauffs im Amt des Oberbürgermeisters von Frankfurt. Bei seiner Amtsübernahme präsentierte er seiner Partei die in Deutschland jetzt üblichen Personalpakete mit Leuten seiner Wahl für vier Top-Positionen – und wie ebenfalls heute üblich schluckte die Partei das.

These 3: Wichtiger als Sachkompetenz sind kommunikative Kompetenz und Anpassung an den Zeitgeist

Das bekannteste Beispiel einer Berufung in ein Ministeramt, ohne auch nur annähernd dafür die nötige Qualifikation zu besitzen, ist der Wechsel des FDP-Politikers und gelernten Lehrers Jürgen Möllemann aus dem

13 Zahlen nach der FAZ: «Der Arzt als Abgeordneter». 3. 2. 1992, S. 10
14 Hallo Essen: «Parteien müssen sich erneuern». 4. 7. 1991, S. 2

Bundesbildungsministerium – in dem er sich als Fachmann verstand – in das Bundeswirtschaftsministerium. Hier versicherte der Nachfolger Ludwig Erhards seinen staunenden Mitarbeitern launig, er werde sich über das Wochenende in die Wirtschaftsproblematik Deutschlands einarbeiten ... Ein gewichtiges Argument war Möllemann für seine Bewerbung um das Ministeramt, hierfür sei er besser geeignet als für den ebenfalls bald vakant werdenden Fraktionsvorsitz der FDP.[15]

Bremens Senator für Jugend und Soziales, Henning Scherf, macht seit Jahren durch medienträchtige Sprüche auf sich aufmerksam. Der promovierte Jurist und frühere Stipendiat der evangelischen Kirche befürwortete beispielsweise, die Bereitschaftspolizei und den Zivilschutz aufzulösen, den Verfassungsschutz «abzumagern« sowie öffentliche Aufgaben zu «vergesellschaften». Auch den Jugendstrafvollzug wollte er abschaffen.[16] Als eine seiner bösesten Entgleisungen im Sinne des damaligen Zeitgeistes gilt seine – wie Scherf betont – «mißverständliche Äußerung», er wünsche dem amerikanischen Präsidenten Reagan einen frühen Krebstod. Für Scherf führte Reagan seit Jahren einen unerklärten Terrorkrieg gegen ein kleines Entwicklungsland (Nicaragua).[17] Inzwischen wird über Scherf weniger wegen solcher Auftritte als im Zusammenhang mit Geldaffären gesprochen.[18]

These 4:
Entscheidend für den Aufstieg sind politische Seilschaften

Die Jugendorganisationen sind heute die wichtigsten Brutstätten von Seilschaften innerhalb der Parteien. Das bestätigt sich nicht zuletzt durch die Tatsache, daß im 12. Bundestag 50 Politiker sitzen, die jünger als 35 Jahre sind – gegenüber nur vier solcher Abgeordnete im 11. Bun-

15 Die Welt (Rüdiger Moniac): «Möllemann im Kreuzfeuer der Kritik. Unmut in FDP über Personalgerangel». 12. 1. 1991, S. 4
16 Frankfurter Rundschau (Lilo Weinsheimer): «Wenn man nur weiß, wer vorn sitzt». 9. 9. 1985
17 Die Welt (W. Wessendorf): «Senator Scherf und seine Wünsche zur Gesundheit Ronald Reagans». 29. 9. 1986; Kölner Stadt-Anzeiger (LW): «Scherf entschuldigte sich im Parlament». 5. 12. 1986
18 Die Welt (Uwe Bahnsen): «Der Fall Scherf wird zum Vehikel». 16. 8. 1991; Die Welt (U. Bahnsen): «Bremer SPD besorgt wegen Scherf». 15. 1. 1992

destag.[19] In Spitzenpositionen ist inzwischen der frühere Kreis um die Redaktion der RCDS-Zeitschrift *Die Sonde* gelangt. Seine Wahl zum Landesvorsitzenden der CDU Berlin hatte Eberhard Diepgen 1983 dank der ebenfalls seit gemeinsamen Universitätszeiten bestehenden Seilschaft mit der parteiinternen «Betonriege» des stellvertretenden Parteivorsitzenden Klaus Landowski und des Bundestagsabgeordneten Peter Kittelmann durchsetzen können.[20] Heute ist Diepgen Regierender Bürgermeister von Berlin; Senator für Bundes- und Europa-Angelegenheiten in Berlin ist der frühere Bundesgeschäftsführer Peter Radunski, der 1962 als RCDS-Vertreter die Wahl Diepgens zum AStA-Vorsitzenden der FU Berlin gemanagt hatte.[21] Nach vorübergehender Arbeitslosigkeit wurde der vormalige RCDS-Bundesvorsitzende Gerd Langguth aufgefangen als Chef der EG-Vertretung in Bonn.

Ein Insider, Landesvorsitzender der Jungen Union Berlin, fand für den Zustand der (West-)Berliner CDU die Charakterisierung: «Die unseligen Seilschaften, die seit Anfang der siebziger Jahren in der CDU-Berlin den Ton angeben, sitzen fester denn je in den Sesseln der Macht. Es sind die Ausbügler und Aussitzer, die politische Leidenschaft durch Schlauheit ersetzen. Die beherrschen Partei und Fraktion mit dem System der Patronage.

Es ist ein System, Vorteile zu gewähren und Geschenke untereinander auszutauschen. Bei diesen Politikern läßt sich kein politischer Entwurf, kein hochgestecktes Ziel ausmachen. Es ist nur der Wille erkennbar, innerhalb der Partei an der Macht zu bleiben.»[22]

Eine ganze Zeit lang galt von der *Sonde*-Seilschaft lediglich ihr Mitstreiter Wulf Schönbohm wegen unbotmäßiger Parteikritik als abgestürzt. Er mußte seinen Platz in der CDU-Bundeszentrale räumen, nachdem Volker Rühe Heiner Geißler als Generalsekretär abgelöst hatte. Schönbohm war zuvor mitverantwortlich dafür, daß «verdiente Kampfgefährten» der 68er Generation aus der gemeinsamen RCDS-Zeit, die der

19 Die Zeit (Gisela Dachs): «Der Nachwuchs sucht Profil. Im Bonner Parlament sitzt die jüngste Generation von Abgeordneten seit 1949». 21. 2. 1992, S. 7

20 Süddeutsche Zeitung (Volker Skierka): «Eine resolute Frau gegen den blassen Favoriten». 8. 12. 1983

21 Tagesspiegel (Gru): «Aus Bonn ein ‹Mann mit Ölkanne›». 29. 1. 1991

22 Rede des Landesvorsitzenden der Jungen Union Berlin, Gunnar Sohn, auf der Landeskonferenz am 12. 11. 1989

von Heiner Geißler vorgegebenen Anpassung an den Zeitgeist bedingungslos zustimmten, in die Stabsabteilungen im Bonner Adenauer-Haus, beim Bundespräsidenten, im Kanzleramt, in den Staatskanzleien und den Bundesministerien, im wissenschaftlichen Dienst des Bundestages sowie in den Fraktionen auf Bundes- und Landesebene etabliert werden konnten[23] – also überall, wo politischer Einfluß durchsetzbar war. Inzwischen ist Schönbohm wieder politisch präsent: als Berater von Ministerpräsident Teufel.

Eine SPD-Seilschaft hat sich entscheidenden Einfluß auf das sogenannte Westschienenkanal-Konsortium sichern können – einer vorgeblich privaten Rundfunkanstalt: Der ehemalige Chef der Düsseldorfer Staatskanzlei, Klaus Dieter Leister, SPD, sitzt inzwischen im Vorstand der Westdeutschen Landesbank. Der frühere Chef der hessischen Staatskanzlei, Paul Leo Giani, SPD, ist inzwischen Geschäftsführer des deutschen Zweigs der Mediengesellschaft CTP. Die von Leister und Giano geführten Anstalten sind Hauptgesellschafter des neuen «Westschienenkanals», dem vom Länderausschuß der zuständigen vier Landesanstalten für privaten Rundfunk Bremen, Hessen, Saarland und Nordrhein-Westfalen im Oktober 1991 die Frequenzen für Nordrhein-Westfalen übertragen wurde. Hiergegen klagt nun die Betreibergesellschaft des privaten Fernsehsenders Tele 5. Mit der Mitwirkung der Düsseldorfer Staatskanzlei und der Beteiligung der WestLB sei gegen das Gebot verstoßen worden, daß Rundfunk staatsfern zu organisieren ist.[24]

Auch die Grünen lassen sich nicht mehr mit Stadtteilprojekten und Zuschüssen für «politische Bildung» durch ihre Vertreter abspeisen. Es reicht auch nicht mehr, Grüne zu Müllbeauftragten zu ernennen, damit die Partei die Klüngel-Regeln einhält. Mit Joschka Fischer, Umweltminister in Hessen, kommen Grüne in hohe Beamtenstellen. So beförderte er einen ehemaligen Bundestagsabgeordneten – auch die Grünen erkennen die Notwendigkeit von «Versorgung» der Ihren an – von A 13 nach B 6. Diese «Sprungbeförderung» bringt derzeit monatlich eine Gehaltserhöhung von 5400 Mark. Als Joschka Fischer einen 33jährigen Juristen in sein Amt holen wollte, um diesen ebenfalls von A 13 nach B 3 zu befördern, verbot ihm das der Hessische Verwaltungsgerichtshof. Wer von

23 Gunnar Sohn: «Innenansichten des Parteienstaates», in: Criticón 123, Januar/Februar 1991, S. 20
24 FAZ (Web.): «Tele 5 klagt gegen Lizenz für die Westschiene». 25. 2. 1992

monatlich 4400 Mark in einem Sprung auf 8200 Mark kommen will, müsse über längere Berufserfahrung verfügen. Fischer nannte das «sehr konservative Argumente». [25]

These 5: Es organisiert sich ein parteiübergreifendes Kartell zur Postenverteilung auf Dauer

Als gäbe es in der Bundesrepublik Deutschland nicht das Prinzip, daß Politiker nur für eine Legislaturperiode gewählt werden, verhielten sich Politiker im (zwischen Kommunal- und Landesebene angesiedelten) Landschaftsverband Rheinland in NRW so, als wären ihnen ihre Mandate bis zum Jahre 2002 übertragen. In einer Allparteienkoalition legten die Vertreter von SPD, CDU und FDP in einem Geheimpapier fest, wer wann wo welchen Posten besetzen soll: Die CDU wird beispielsweise das Dezernat Organisation und Datenverarbeitung mit Landesrat Udo Moisberger besetzen, die SPD ein neues Dezernat für den Personalbereich und die Rheinische Zusatzversorgungskasse mit Landesrat Karl Bechtel, der weitere Mitarbeiter nach sich ziehen kann. Bis hinunter auf die Referatsleiterebene sollen die in den nächsten zehn Jahren zu besetzenden Verwaltungspositionen vergeben sein. [26]

Wenn führende Berufspolitiker durch Wählerentscheidungen aus ihren Ämtern verdrängt werden, so müssen sie nicht darben. Es findet sich in der Regel problemlos ein Posten, auf dem sie ihre gewohnten Privilegien weiter genießen können. 1985 verlor der Landtagsabgeordnete Theodor Schwefer, CDU, überraschend gegen seinen SPD-Konkurrenten und konnte auch über die Liste nicht mehr in den Landtag einziehen. Zur Sicherung eines finanziellen Ausgleichs durfte er Verwaltungsratsvorsitzender beim WDR bleiben. Vor allem gelangte er in das hochdotierte Amt des Geschäftsführers beim West-Lotto. Dorthin berief ihn der bereits erwähnte Vorstandsvorsitzende der Westdeutschen Landesbank,

25 Deutschlandfunk (Alexander Stille und Manfred Wichmann): «Filz im Amt, Filz im Land. Parteipolitische Patronage in der Bundesrepublik Deutschland». 6. 9. 1988 (Manuskript S. 14–16)

26 Expreß (Franz Wolf Ramien): «Klüngel-Skandal im Landschaftsverband. SPD, CDU und FDP verteilten Posten bis ins Jahr 2002». 8. 2. 1992, S. 38

Friedel Neuber, SPD[27]. Damit konnte er sich bei Schwefer, CDU, für dessen bedeutende Rolle bei seiner eigenen, vier Jahre zuvor erfolgten Berufung zum Bankchef revanchieren. Was beim Fußball der Doppelpaß, ist im Klüngeln die Neuber-Schwefer-Kombination, gewissermaßen ein ganz langer Doppelpaß über eine Distanz von Jahren.

Daß es eine Verquickung von Politik und Lotteriegeschäft gibt, ist bei der Westdeutschen Lotterie GmbH & Co «eine ganz normale Sache». Politiker begründen dies: Schließlich müsse bei einem eigentlich verbotenen Glücksspiel die staatliche Kontrolle gesichert sein, und dazu bedürfe es einer «Geschäftsführung mit politischer Kinderstube».[28]. Wie beim Ablaßhandel heilt der Nutzen der Politiker-Kirche die Sündhaftigkeit des Treibens der Bürger.

Manchmal genügt für den Aufstieg vom finanzpolitischen Referenten über die Position eines Unterabteilungsleiters an die Spitze einer Bundesbehörde die Protektion eines einzigen Spitzenpolitikers: Heinz Günter Zavelberg schaffte diesen Sprung aus dem Finanzministerium, in das er 1982 aus der Unionsfraktion gewechselt war, ins Präsidentenamt des Bundesrechnungshofes dank der persönlichen Intervention des bayerischen Ministerpräsidenten Franz Josef Strauß. Diesem hatte er lange treu gedient. Die SPD stimmte der – in diesem Fall sachlich zu begründenden – Berufung Zavelbergs zu, nachdem die CDU wiederum deren Kandidaten Ernst Heuer, zuvor Abteilungsleiter, als Vizepräsidenten der Behörde akzeptiert hatte. Der Bundesrechnungshof ist übrigens mit richterlicher Unabhängigkeit ausgestattet.[29]

These 6:
Wir haben ein Privilegiensystem entwickelt

Die Privilegien der Bundestagsabgeordneten sind bekannt: Flüge und Bahnreisen erster Klasse, Zugriff zu einen Stab von Mitarbeitern, einen

27 Frankfurter Allgemeine Zeitung (Lothar Bewerunge): «Ein ‹Lottokönig› im Parlament». 6.10.1984

28 Die Zeit (Norbert Höflter): «Die Lottokönige». 5.9.1986

29 Frankfurter Allgemeine Zeitung (fr.): «Zavelberg soll Wittrock folgen». 30.9.1985; Kölnische Rundschau (Martina Schmidt): «Ein Brühler kontrolliert die Kasse des Staates». 17.1.1986

roten Teppich bei Besuch von Botschaften in fernen Ländern, nach zwei Perioden im Bundestag eine sehr gute Altersversorgung.

In Hamburg hatten sich Politiker aller Parteien angewöhnt, in völlig anderen Größenordnungen zu denken. Vor seinem Amtsantritt als Bürgermeister der Freien und Hansestadt verlangte Henning Voscherau für sich eine Härteregelung: In Hamburg steht einem Bürgermeister bereits nach einer Mindestamtsdauer von vier Jahren ein Ruhestandsbezug von rund 9000 Mark monatlich auf Lebenszeit zu. Diesen Anspruch wollte Voscherau auch dann erfüllt sehen, wenn er vor dem Ablauf von vier Jahren aus dem Amt hätte scheiden müssen. Seine Begründung: Er verliere mit der Übernahme des Bürgermeisteramtes das Anrecht auf seine Existenz als Notar mit eigener Praxis und riskiere somit deren «Vernichtung». In Wirklichkeit war Voscherau aber für die Zeit als Bürgermeister beurlaubt worden, und ein Notarverweser war bestellt. Die Folge der Versorgungsmentalität Voscheraus: In der Öffentlichkeit erschien der Staat als Selbstbedienungsladen für Politiker.[30]

Die Kritik an Voscherau hatte indes in Hamburg keine Umkehr bewirkt: Im November 1991 passierte ein Gesetz die Hamburger Bürgerschaft, nachdem Bürgermeister Voscherau durch seine Rücktrittsdrohung die Zustimmung seiner Partei gesichert hatte. Nur wenige Abgeordnete stimmten dann dagegen, daß dem Bürgerschaftspräsidenten und den Fraktionsvorsitzenden aller Parteien ihre Monatseinkünfte von 5760 auf 19500 Mark fast vervierfacht werden sollten. Zudem wurde ihnen nach einer Amtszeit von vier Jahren eine monatliche Rente von 10549 Mark zugesichert. Ein wichtiges Ziel dieser Regelung war, den Spitzenpolitikern auch der dauernden Oppositionspartei CDU in Hamburg eine Pension in einer Höhe zu sichern, als trügen sie selbst Regierungsverantwortung.

Auch ohne diese Regelung gibt es in Hamburg eine in der Bundesrepublik Deutschland beispiellose Altersversorgung. Unbemerkt von der Öffentlichkeit waren 1987 die Pensionen für Hamburgs Senatoren in einem Eilverfahren um bis zu 32 Prozent erhöht worden. Es ist das Verdienst des

30 Die Welt (Uwe Bahnsen): «Voscheraus erste Tat: Eine fette Pensionsregelung. Merkwürdiger Start eines Politikers der Partei, die stets warnt, daß die Reichen reicher werden». 16. 6. 1988; Die Welt (Uwe Bahnsen): «Wirbel um Voscheraus Versorgung». 16. 6. 1988; Der Spiegel: «Der Voscherau im Voscherau im Voscherau. Hamburgs SPD-Bürgermeister ringt um Ansehen und Amt». 6. 1. 1992

Staatsrechtlers Hans Herbert von Arnim, diese Regelung als «Camouflage-Gesetz» publik gemacht zu haben. Arnim hatte der staunenden Öffentlichkeit vorgerechnet, daß die Stadt Hamburg durch diese Vergünstigung für etwa 40 Senatoren im Jahr mit 1,25 Millionen Mark belastet worden war.[31]

Erst die geharnischte öffentliche Kritik an ihrem weiteren millionenschweren Versorgungspaket ließ die sozialdemokratische Führung aus Bürgermeister Voscherau, Fraktionschef Elste und Landesvorsitzenden Frahm einsichtig werden. Nun sahen sie – in einer weiteren großen Koalition mit der CDU – sogar die Gefahr einer «sich beschleunigenden fundamentalen Legitimitätskrise der Legislative und in der Folge zwangsläufig auch der Exekutive».[32] Inzwischen ist auch in Hamburg die öffentliche Aufmerksamkeit verstärkt auf den stadtbekannten Filz gelenkt, in dem nicht nur SPD und CDU, sondern auch Regierung, Verwaltung, öffentliche Unternehmen und ein Teil der Gewerkschaften miteinander verquickt sind.[33]

Ein normaler Frührentner darf in Deutschland (West) maximal 500 Mark, in Deutschland (Ost) maximal 300 Mark verdienen. Zusätzliche Einnahmen verkürzen seine Rente. Für Politiker gilt dies nicht. Sie beziehen auch dann ihre Rente in voller Höhe, wenn sie erstens noch gar nicht im Rentenalter sind und zweitens ein volles Gehalt in einer Position in der freien Wirtschaft beziehen.[34]

Nicht jedes Privileg eines Politikers kostet Geld. Minister Norbert Blüm stand beispielsweise anläßlich der Kommunalwahl im Herbst 1989 offensichtlich eine Vorfahrtsregelung zu, wie sie in der DDR Alltag war: In Richtung der Poststraße in Velbert (NRW) stand die Ampel auf Rot, ein Pkw hielt an. Der Blüm eskortierende Polizist auf einem Polizeikrad

31 Frankfurter Allgemeine Zeitung (Eckhart Kauntz): «Die Bürgerschaft tappte im dunkeln. Die Renten der Hamburger Senatoren». 25. 2. 1992, S. 6

32 Die Zeit (Matthias Naß): «‹Möpse für ganz wenige Leute›. Nach dem Diäten-Debakel wird die Hamburger SPD von Verbitterung und Haß umgetrieben – Der Skandal des Jahres 1991: Ein Parlament verliert die Maßstäbe – ein Professor rückt sie zurecht». 3. 1. 1992, S. 2

33 Frankfurter Rundschau (Karsten Plog): «Die Hausmacht – der Krebsschaden der Stadtstaaten. Dohnanyis Plädoyer wider die ‹politische Verwahrlosung›». 6. 1. 1992

34 Beispiele nennt Bild am Sonntag (Helmut Böger): «Die Pensions-Absahner». 23. 2. 1992, S. 4

zog an diesem Wagen vorbei, sperrte den Verkehr, und die beiden Limousinen mit Blüm und seiner Begleitung durften bei Rot über die Ampel fahren.[35]

Wichtiger als das akut bedrohte Leben eines normalen Bürgers war für die nachgeordnete Feuerwehr-Leitstelle in Mettmann (NRW) die Bereitschaft für eventuelle Notfälle anläßlich einer Veranstaltung mit NRW-Ministerpräsident Johannes Rau, SPD. Dieser weilte am 9. 1. 1992 beim Geburtstagsempfang für Ex-Minister Hans Otto Bäumer im Haus der «Vereinigten Gesellschaft» in Langenberg; vor der Tür war ein Notarztwagen aus dem benachbarten Velbert stationiert. Er blieb auch dort, als es nicht weit entfernt zu einer Messerstecherei kam und dringend ein Notarzt benötigt wurde. Nicht das gleichsam um die Ecke stehende Fahrzeug aus Velbert, sondern ein Notarztwagen aus dem wesentlich weiter entfernten Hattingen wurde angefordert. Der Versuch der Velberter Stadtratsfraktionen, diesen Vorfall im Einvernehmen mit dem Verwaltungschef durch eine bloß nichtöffentliche Beratung darüber im Stadtrat unter der Decke zu halten, scheiterte an der Wachsamkeit Velberter Bürger und der örtlichen Presse.[36]

These 7: Die allgemeine Vorteilsnahme in der Politik nimmt zu

Wenn Wissenschaftler ihr eigenes Auto bei einer Einladung der Deutschen Forschungsgemeinschaft benutzen, müssen sie für einen Schaden am Auto grundsätzlich selbst aufkommen und sollten deshalb eine Vollkaskoversicherung abschließen. «Die Beiträge dafür gelten als durchweg durch die Wegstreckenentschädigung abgegolten». Die betrug bis vor kurzem 31 Pfennige.

35 Reinhard Lüdeke: «Ich bin halt kein Spitzenpolitiker». WAZ, 30. 8. 1989 (Leserecho)

36 Westdeutsche Allgemeine Zeitung (Alfons van Bevern): «Frage nach dem Notarztwagen wird ‹verdeckt› beantwortet.» 21. 1. 1992; (henk-): «Notarzteinsatz mit Nachspiel. OKD zieht Konsequenz aus Langenberger ‹Fehlhandlung›». 23. 1. 1992; (henk-): «Offene Frage an Fingerhut: Wer soll das bezahlen? Bürger fordert vom Velberter Verwaltungschef Aufklärung im Notarztfall von Langenberg». 25. 1. 1992; (Hermann Henkel): «Notdienst in Not». 25. 1. 1992

Wie anders geht es da bei den Politikern zu. Rita Süssmuth verfügt über gleich drei Mercedes-Dienstwagen zum Stückpreis von über 100000 Mark, von denen einer gewöhnlich auch dem Transport des Ehemannes diente, der dafür auch noch dem Bund die Benzinkosten in Rechnung stellte. Als Kritik daran laut wurde, gab es nicht etwa eine Anpassung des Verhaltens an die Bestimmungen, sondern nachträglich der Bestimmungen an das Verhalten. Minister, Staatssekretäre und Mitglieder des Bundestagspräsidiums sind hiernach immer im Dienst, auch wenn sie Parteiämter oder private Freundschaften pflegen. Damit ist nun auch offiziell die Verquickung von Partei- und Mandatsämtern abgesegnet. Darüber hinaus dürfen ihre Dienstwagen von «vertrauenswürdigen Dritten, etwa Ehepartnern, dienstlich» benutzt werden, wann und wo sie auch wollen.[37] Dabei hatte vorher der Bundesrechnungshof geurteilt, daß behördenfremde Personen sogenannte «personengebundene Dienstfahrzeuge» nicht nutzen dürfen. Die Süssmuth-Vorzugsregel war dann die Umkehrung dieses Rechnungshofbeschlusses.

In bezug auf allzu zügigen Beschluß der Süssmuth-Regel war es sicherlich nicht von Schaden, daß im zuständigen Haushaltsausschuß so ziemlich jeder jeden duzt. Bundestagspräsidentin Süssmuth kann zudem ihren Kollegen sehr nützlich sein, und darüber hinaus entwickelt sie sich zur vehementen Verteidigerin der Vergünstigungen der *classe politique*. Für die Benutzung eines Helikopters des Bundesgrenzschutzes, was für die Pflege des heimischen Wahlkreises sehr förderlich ist, bewilligte sie beispielsweise dem Vorsitzenden des Haushaltsausschusses im Bundestag, Rudi Walther, SPD, die Zustimmung; dieser bescheinigte seinerseits Frau Süssmuth, sich in der Dienstwagen-Benutzung korrekt verhalten zu haben.[38] Ralf Dahrendorf nannte solches eine «institutionalisierte Korruption»; denn niemand wundere sich mehr, wenn ein Spitzenpolitiker zu einer Wahlkampfveranstaltung mit einem Grenzschutzhubschrauber fliege, während seine Frau mit seinem Dienstwagen Einkäufe erledigt.[39]

37 Kölnische Rundschau (Raimund Neuß und Gerlind Schaidt): «Neuer Minister-Mercedes zum halben Preis. Deutsche Politiker und ihre Dienstwagen: Warum die Autofirmen ihnen zum Teil drastische Rabatte gewähren». 2.12.1991

38 Stern: «Dienstfahrt ohne Ende?», in: Der Stern: «Moral '91: Bereichert Euch! Sind wir auf dem Weg zur gesinnungslosen Gesellschaft?» Heft. Nr. 13, 21.3.1991, S. 26ff

39 Credit-Curier (Leo Baumanns): «Mißbrauch». 3/1989

Der Beigeschmack, den in Deutschland das Wort «Dienstwagen» mittlerweile hat, wird durch immer neue Aufdeckungen darüber verstärkt, welchen Stellenwert Politiker dem Statussymbol Mercedes oder BMW zumessen. Auf Bernhard Worms wurde schon verwiesen. Ein Umgang mit Dienstwagen, der fast schon die Grenzen des Glaubhaften überschreitet, wird aus dem Landschaftsverband Rheinland in Nordrhein-Westfalen gemeldet, von dem hier bereits wegen der All-Parteien-Aufteilung von Posten über viele Legislaturperioden hinweg die Rede war. Auf Kosten des Landes schafft der Landschaftsverband für seine Landesräte «beamteneigene Dienstwagen» an. Den legalisierenden Paragraphen gibt es: Es ist § 9 der Kraftfahrzeug-Verordnung NRW. Nach drei bis vier Jahren – je nach Kilometerleistung – darf dieser «beamteneigene» Dienstwagen dann vom Eigentümer (dem Beamten) verkauft werden. Den Erlös – in der Regel rund 20000 Mark – darf dieser behalten. Den neuen Dienstwagen zahlt wiederum das Land. [40]

Mit dem damaligen Oberbürgermeister Volker Hauff teilte Dezernent Andreas von Schoeler die guten Beziehungen zu dem Frankfurter Unternehmer Claus Wisser. Darüber wäre von Schoeler beinahe abgestürzt; denn Hauff und von Schoeler ließen sich auf Kosten von Wisser nach Elba fliegen, wo der jetzige Sozialdemokrat von Schoeler ein Ferienhaus hat. Es gab ein Ermittlungsverfahren, weil Wisser Aufträge der Frankfurter Stadtwerke erhielt. Aber von Schoeler wurde – anders als Lothar Späth in der CDU – noch gebraucht, und die Frankfurter Staatsanwaltschaft fand den Freiflug entschuldbar, da der SPD-Politiker «als Ausgleich» die Familie Wisser zum Essen eingeladen hatte. [41]

Späth fiel – anders als Süssmuth –, weil er fallen sollte. Bremens Bürgermeister Klaus Wedemeier, SPD, hatte ähnliche Annehmlichkeiten wie Späth angenommen – der Kleinheit des Landes entsprechend aber auf bescheidenerem Niveau. Ein Beispiel war eine Einladung eines Immobilienunternehmens nach Mallorca. Wedemeier geriet unter Druck, fiel aber nicht. [42]

40 Kölner Stadt-Anzeiger (Heinz Tutt): «Der private Dienstmercedes. Wie der Landschaftsverband seine Landesräte beweglich macht. Sprecher betont: Regelung ist legal und für alle vorteilhaft». 15. 2. 1992

41 Süddeutsche Zeitung: «Ermittlungen gegen von Schoeler eingestellt». 3. 7. 1991

42 Kölner Stadt-Anzeiger (Lilo Weinsheimer): «Allzu viel Freude an Sekt

In Deutschland gilt der Grundsatz, daß Interessenkonflikte zu vermeiden sind, in der praktischen Politik nicht. So konnte der Bochumer SPD-Ratsherr Helmut Spannel als Bauingenieur mit seinem Ingenieurbüro hohe Aufträge stadtnaher Unternehmen – wie der Sparkasse oder des Tierparks – übernehmen. Bochums Oberbürgermeister Heinz Eickelbeck besitzt ein Sanitärunternehmen, das das städtische Restaurant im Stadtpark mit Sanitäreinrichtungen ausstattete. Diese und andere Aufträge haben jeweils ein Volumen von mehreren 100000 Mark.[43]

Skandale, die die Republik erschüttern, werden abermals aus verschiedenen politischen Lagern berichtet: Der hessische Hochtaunuskreis soll die «höchste Korruptionsdichte» aufweisen. Dort wurden gleich sechs kommunale Spitzenpolitiker verhaftet, auf deren Privatkonten Bestechungsgelder in Millionenhöhe geflossen sein sollen.[44] Hessische SPD- und CDU-Politiker trösteten sich, es handele sich bei den Korrumpierten nur um einige schwarze Schafe. Frankfurter Beamte, die für die Aufdeckung von Korruptionsfällen in Hessen zuständig sind, vermuten das Gegenteil.[45] Der Frankfurter Staatsanwalt Schaupensteiner befürchtet sogar, die Korruption könnte im Baubereich «geradezu systemimmanent» sein. Von 400 Anklagen wegen illegaler Vorteilsnahme wurde bisher von den Gerichten keine einzige verworfen.

In einem Bestechungsskandal, der Anfang 1992 in München gerichtlich geahndet wird und in den 70 Bedienstete aus der Münchener Kommunalverwaltung und Mitarbeiter einiger bayerischer Firmen und Konzerne verwickelt sein sollen, glaubte einer der Verteidiger, Rechtsanwalt

und Urlaubseinladungen? ‹Ich werde künftig einiges anders machen›». 26. 3. 1991, S. 3

43 WDR (Paul Patrick Nelles und Jan-Christoph Nüse): «Neue ‹Filz›-Vorwürfe gegen die SPD im Ruhrgebiet». 4. 1. 1992, S. 2

44 Frankfurter Rundschau (Michael Fuchs): «Sechs kommunale Spitzenpolitiker seit gestern in Haft». 22. 11. 1991; Frankfurter Rundschau (Günther Scherf): «Im Taunus ist wohl kräftig geschmiert worden». 30. 11. 1991; Die Welt (Peter Scherer): «Nun auch im Taunus ein Sumpf der Bestechung». 10. 12. 1991; Der Spiegel: «Teure Erde». 23. 12. 1991; Frankfurter Allgemeine Zeitung (Konrad Huth): «Der Staatsanwalt ermittelt gegen siebzig Beschuldigte. Die Bestechungsaffäre im Hochtaunuskreis». 26. 2. 1992, S. 4

45 Der Spiegel, 23. 12. 1991, op. cit.

Steffen Ufer, seinem Mandanten mit der Behauptung helfen zu können: «Dort sind wir längst auf dem Niveau einer Bananenrepublik angekommen.»[46]

These 8: Auf Kritik an Politikern folgt die Bestrafung

In Bonn gilt als besonders beachtlich das Gedächtnis von Bundeskanzler Helmut Kohl. Selbst viele Jahre nach einem Fehlverhalten kann der Übeltäter noch mit Bestrafung rechnen. CDU-Politiker, die sich mit abweichenden Meinungen zu ihrem Bundesvorsitzenden in die Öffentlichkeit gewagt haben, zogen sich die teilweise unerbittliche Gegnerschaft Helmut Kohls zu: Kurt Biedenkopf, Norbert Blüm, Klaus Töpfer und Ulf Fink in der ersten Reihe. Ministerpräsident Lothar Späth mußte wegen der «Traumschiffaffäre» sein Amt aufgeben. Bis heute beklagt er, sein Verhalten sei das Normalste auf der Welt – vorausgesetzt, man sei Politiker. Als Heiner Geißler den Aufstand gegen Bundeskanzler Kohl vorbereitet hatte, sorgte im Gegenzug der Kanzler für die Entfernung von Geißler-Getreuen. Dazu gehörte die ehemalige *Sonde*-Mannschaft im Adenauer-Haus. So fielen mit Geißler die «Vordenker» Wulf Schönbohm und Warnfried Dettling.

Als der Bonner Studioleiter des ZDF, Wolfgang Herles, vor dem Bremer Parteitag der CDU Helmut Kohl kritisierte, wurde ihm vom «Freundeskreis der Union» beim ZDF «Undankbarkeit» angekreidet. Herles, der sich selbst als «strikter Gegner jeder Hofberichterstattung» bezeichnete, mußte auf Druck Kohls am 1. 11. 1991 seinen Sessel als Studioleiter räumen.[47]

46 Der Stern (Herbert Uniewski): «Der Schmiergeld-Staat. Deutsche Beamte halten die Hand auf». Heft 8, 13. 2. 1992, S. 18–23; Frankfurter Allgemeine Zeitung (Roswin Finkenzeller): «Ohne daß ein Pfad zur Buchhaltung zurückführt. Der Münchener Bestechungsprozeß». 6. 2. 1992, S. 3; Die Zeit (Karl-Heinz Büschemann): «Siemens und die krumme Tour. Im Münchner Schmiergeldprozeß gerät der Elektronikkonzern ins schiefe Licht». 21. 2. 1992, S. 25

47 Tagesspiegel: «Der Hofberichterstattung abhold. Wolfgang Herles kehrt mit ‹Streitfall› und ‹Köpfe› ins ZDF zurück». 27. 11. 1991; Stern: «Münchner Freiheit». 30. 1. 1992

Als Leiter der Steuerfahndungsstelle St. Augustin deckte der Steuerfahnder Klaus Förster 1976 durch Zufall den Parteispendenskandal auf. Die Folge war nicht Anerkennung oder gar die Verleihung des Bundesverdienstkreuzes; vielmehr gab es Tadel und Hohn bis hin zur Strafversetzung. Zwischenzeitlich hat Förster entnervt seinen Dienst quittiert: Er habe ein erhebliches «Maß an Beflissenheit» und «vorauseilendem Gehorsam» bei seinen Vorgesetzten miterleben müssen, und allein hätte er gegen die «Duckmäusermentalität» nicht mehr ankämpfen können. Heute arbeitet Förster als unabhängiger Fachanwalt für Steuerrecht.[48]

These 9:
Politik kostet sehr viel mehr Geld, als sie kosten müßte

Parlamentskritiker Hans Herbert von Arnim schätzt die Kosten, die sich die Parteien innerhalb einer Legislaturperiode bewilligen, auf 4,2 Milliarden Mark.[49] Die politischen Stiftungen ließen sich 1990 über 500 Millionen Mark bewilligen. Die Fraktionen des Bundestages erhalten über hundert Millionen Mark Zuschüsse im Jahr. Die Zuschüsse zu den Parteien, die als Wahlkampfkostenerstattung (berechnet nach Stimmanteilen, egal, wie hoch die Zahl der Nichtwähler ist) ausgewiesen werden, sind in einem Land wie Nordrhein-Westfalen auf 6,25 Mark pro Wähler erhöht worden und liegen damit über den Erstattungen für den Wahlkampf im Bundestag. Für Nordrhein-Westfalen ist dies ein Gesamtbetrag von 91 Millionen Mark![50] In Wahrheit handelt es sich hier um eine verdeckte Parteienfinanzierung.

48 Frankfurter Rundschau (Reinhard Voss): «Ein Beamter, der den aufrechten Gang lernte». 10. 5. 1988; Süddeutsche Zeitung (Hans-Ulrich Jörges): «Ehrung anstelle des Bundesverdienstkreuzes». 10. 5. 1988

49 Hans Herbert von Arnim: «Die Partei, der Abgeordnete und das Geld», Osnabrück 1990; TAZ: «Das Recht auf Beute. Schlaraffenland Bonn / Deutsche Politiker und Parteien bedienen sich fürstlich». 2. 2. 1991; Süddeutsche Zeitung: «Parteien kassieren eine Milliarde an Steuergeldern». 29. 1. 1991

50 Kölnische Rundschau (Peter Weigert): «Schäuble kritisiert NRW-Wahlpauschale. Grüne wollen klagen – SPD nimmt Kürzungen bei Altenhilfe zurück». 27. 2. 1991, S. 2; Kölnische Rundschau (dpa): «Parteien genehmigen sich Rekord-Zuschuß. Fraktionen erhalten über 100 Millionen Mark vom Staat». 14. 8. 1991, S. 1

Der Eindruck, Politiker sähen im Staat einen Selbstbedienungsladen, hat sich nicht zuletzt durch einen anderen Skandal verfestigt, den der Staatsrechtler Hans Herbert von Armin in einer Arbeit über Gesetzesänderungen im Jahre 1988 als Ausdruck der «besonderen Findigkeit bei der Ausgestaltung der Abgeordnetendiäten» im Hessischen Landtag durch seine sorgfältige Recherche aufgespürt hatte (und der auch unter unserer These 6 stehen könnte). Niemand vor ihm hatte öffentlich nachgerechnet, daß der Hessische Landtag durch eine Reihe von früheren Änderungsgesetzen zum Hessischen Abgeordnetengesetz im Laufe von Jahren durch kumulative Leistungen seine Mitglieder zu den bestbezahlten Parlamentariern in Deutschland gemacht hatte. Nur aufgrund des öffentlichen massiven Drucks, der durch die Aufdeckung der verschleierten und vernebelten Anhäufungen von Vergünstigungen durch von Arnim ausgeübt wurde, lenkte der Hessische Landtag ein.[51] Die erste Reaktion erfolgte noch nach dem bekannten Strickmuster: «Das Gutachten muß der Professor in der Badewanne geschrieben haben.» Dann wurde, als dies das Thema nicht vom Tisch brachte – ebenfalls nicht originell –, versucht, vom Kern der Beschuldigungen von Arnims abzulenken: Dieser habe mit falschen Zahlen operiert.[52] In der Reaktion auf Arnims Enthüllungen offenbarte sich zumindest anfänglich die Diskussions- und Kritikunfähigkeit von Politikern heute.

These 10: Kritik von außen wird nicht ernstgenommen

Charakteristisch für die Reaktion auf Kritik ist neben solchen und den oben geschilderten heute bei Politikern die Behauptung: Man meint gar nicht mein Verhalten, sondern die von mir vertretene Sache – und das auch dann, wenn eigentlich nicht klar ist, was überhaupt vertreten wird. So sieht sich Rita Süssmuth, CDU, als Opfer einer «durchsichtigen Kampagne».[53] Ersatzweise können die Motive des Kritikers in Frage gestellt

51 Hans Herbert von Arnim: «Macht macht erfinderisch», Osnabrück 1988
52 Die Zeit (Robert Leicht): «Als Einmann-Instanz gegen die Parteien. Hans Herbert von Arnim weist die Begehrlichkeit der Politiker in die Schranken». 3. 1. 1992, S. 2
53 AP-Meldung vom 16. 3. 1991, Meldung 7765

werden. Ähnlich argumentieren heute Politiker im Fall der Vorwürfe gegen Manfred Stolpe, SPD, Ministerpräsident von Brandenburg. In einem einstimmig verabschiedeten Beschluß des Brandenburgischen Landesparlaments (bei Stimmenthaltung der CDU und Stolpes) heißt es, Angriffe gegen ihn richteten sich «auch gegen alle, die im Osten gelebt haben und an einer redlichen Aufarbeitung der Vergangenheit interessiert sind».[54]

54 Kölner Stadt-Anzeiger (Otto Jörg Weis): «Stolpe will die Wahrheit – jetzt erst recht. Brandenburgs Parlament: ‹Angriffe richten sich nicht nur gegen seine Person, sondern gegen alle aus dem Osten›». 1./2. 2. 1992, S. 4

13.
Auf dem Weg zu einem Parteienstaat

13.1. Der Klüngel als System

Köln ist kein Einzelfall. Auch Frankfurt, Berlin oder Hamburg haben sich einen Ruf als Städte erworben, in denen Politik und Korruption ineinanderfließen. Selbst über weniger große Städte wie Mannheim oder Hannover oder Essen kann Ähnliches berichtet werden. Es besteht also bei Berufspolitikern massivstes Interesse an einer Proporzdemokratie, in der die Aufklärung von öffentlich beanstandeten Fällen zum seltenen Ereignis wird. Ein Zusammenstehen in der Verteidigung bei Publikwerden von Fehlverhalten ist die Regel.

Die für Politiker bequeme Proporzdemokratie – Machtverlust ist ausgeschlossen, Dauereinfluß gesichert – hat allerdings einen sehr hohen Preis. Wenn die Disziplinierung durch Wettbewerb entfällt, werden nicht nur die Unterschiede zwischen den Parteien unscharf, sondern auch die Meinungsverschiedenheiten und Cliquenkämpfe innerhalb der Parteien enorm gesteigert. Ferner müssen Korruption und Durchstechereien ins Gigantische wachsen. Wird jemand erwischt, so bietet sich in einer Proporzdemokratie an, den offiziell politischen Gegner mit der Leitung des Untersuchungsausschusses zu beauftragen. Er wird dann schon befinden, daß das alles nicht so schlimm ist, und dafür sorgen, daß die Details ungeklärt bleiben. Die sündige Partei wird sich dann beim nächsten Fall, der die andere Partei betrifft, schon revanchieren.

Es wurde bereits darauf verwiesen, daß die Art, wie in der Bundesrepublik Mandate ausgeübt werden – nämlich in beamtenähnlicher Befassung mit bürokratischer Kleinarbeit –, den Typus des Berufspolitikers erzwingt. Das ist zwar auf Bundes- und Landesebene Teil unserer offiziellen politischen Ordnung, ist aber für die wirklich bestimmenden Politiker auf der Kommunalebene faktisch nicht anders.

Auf kommunaler Ebene wird eine berufspolitische Existenz heute in erster Linie gegründet auf allgemeiner Vorteilsnahme. Dies ist nur gefahrlos möglich, wenn es ein Kartell der Berufspolitiker gibt. Inzwischen ist dies auf kommunaler Ebene der Städte und auf Kreisebene verbreitet. In Köln werden dazu – wie erläutert – regelrechte Verträge geschlossen, wer in welcher Reihenfolge Zugriff auf welche Ämter und sonstige Vorteile haben soll. Die Vereinbarungen regeln selbst solche Details wie die Auftragsformulierung für eine Straßenführung an spätere Gutachter (Ost-West-Fahrt) und die PS-Stärke der Dienstwagen.

Das gleiche Prinzip beherrscht dann auch die Kontrolle einer Partei nach innen. Sowohl bei der SPD wie bei der CDU in Köln sind jeweils zwei Gruppierungen ähnlich stark. Damit hier ein «Durchmarsch» ausgeschlossen ist, der etwa aus einer Zufallsmehrheit auf einem Parteitag folgen könnte, werden vertragliche Vereinbarungen über Personal- und Sachfragen niedergelegt.

Auch wenn ein Kartell der Vorteilsnahme existiert, wäre dies doch sehr anfällig, würden nicht weitere Kreise ebenfalls profitieren können. Da sind zunächst die Spitzenbeamten der Stadtverwaltung zu nennen, die auf vielfältige Weise dem System verbunden sind.[1] Das innere Kartell der Berufspolitiker verteilt darüber hinaus eine große Zahl von Minipfründen. Das geht von der Teilnahme an schönen Städtereisen für die Hinterbänkler im Stadtparlament (wie zum Beispiel Wolgograd; in Städte wie Peking reist der Oberbürgermeister selbst) über die Bestellung «sachkundiger Bürger» für die Ausschüsse bis zu der Verteilung von Opern- und Theaterkarten an nachgeordnete Politiker.

Ein solches System befördert die Ausdehnung der Staatstätigkeit, weil jede Ausdehnung dieser Art die Möglichkeiten der Vorteilsnahme vergrößert. Gibt es mehr Subventionen für lokale Klientel zu verteilen, vergrößert sich der Rückhalt der politischen Cliquen. Durch eine Vielzahl von Projekten kann der innere Zirkel sich weitere Kreise aktiver Bürger geneigt machen.

1 Vgl. Gerhard Pippig: «Verwaltungsskandale – zur Korruption in der öffentlichen Verwaltung», in: Aus Politik und Zeitgeschichte, B 7/90, 9. Februar 1990

Vorgänge wie die erwähnten werden in der Bevölkerung als Vorteilsnahme gewertet. Diese gibt es in allen politischen Systemen. Sie unterscheiden sich jedoch darin, wie beim Ruchbarwerden von Korruptionsfällen reagiert wird. Für die Bundesrepublik läßt sich diagnostizieren, daß ein Skandal nur dann Folgen hat, wenn die tragenden Figuren ohnehin abgelöst werden sollen; die Reaktion bei Späth (CDU, Baden-Württemberg) im Vergleich zur Reaktion bei Wedemeier (SPD, Bremen) sind hierfür ein Beispiel. Selbstverständlich hätte auch Bundestagspräsidentin Süssmuth, CDU, von ihrem Amt zurücktreten müssen; dies aber paßte offensichtlich Bundeskanzler Kohl zu diesem Zeitpunkt nicht ins Konzept. Mehrere Akteure müssen zusammenwirken, damit aus einem skandalösen Verhalten ein Skandal wird.[2]

13.2. Hat sich etwas bewegt?

Skandale gelten als Momente der Reinigung, manchmal sogar als Selbstkorrektur von Fehlentwicklungen.[3] Bisher ist nicht erkennbar, daß dieses Aufwallen der Medien mit dem Tenor «Ein bißchen Köln ist überall» zu einer Korrektur führen wird. Gewiß wurden von Landes- und Bundespolitikern verbale Zugeständnisse gemacht, aber das war bislang von der Art, die wir oben «Neutralisieren durch Umarmen» nannten.

In Köln wird weiter versucht, bei Wahlen zu schummeln wie eh und je. Der Bezirksausschuß Innenstadt (eine halbe Selbstverwaltungseinheit unterhalb des Rates in großen Städten) sollte für einen Verkehrswettbewerb einen Parteienvertreter wählen. Der politische Boss des Bezirks, Walter Kuert (SPD), wollte in bewährter Weise sichern, daß die Wahl kein «Zufallsergebnis» (so in der «Frontal»-Diskussion Dr. Heugel) brachte. Das wurde verhindert, indem die Stimmkarten im Beisein der Kollegen offen auszufüllen waren[4]; ein Schuft, wer da in die Anonymität einer geheimen Wahl flüchten will. Entsprechend wurde ja auch in der

2 Siehe hierzu Dirk Käsler (Hg.): «Der politische Skandal», Opladen 1991

3 Rolf Ebbighausen und Sighard Nickel (Hg.): «Anatomie des politischen Skandals», Frankfurt 1989; vgl. auch Richard Albrecht: «Politische Korruption», in: PVS-Literatur, Heft 1, Jahrgang 27 (1986), S. 36–43.

4 Bild-Köln: «Statt Geheimwahl Abstimmung in der Kantine». 26. 2. 1992, S. 2a

DDR gewählt, indem die Bürger zum freiwilligen Verzicht auf die Wahlkabine angehalten wurden.

Alt-Klüngelant Leirich (FDP) erfühlte die Volksstimmung: «Jetzt will Kölns FDP dem Schacher mit Pöstchen und Nebeneinnahmen ein Ende machen. Die Liberalen fordern den ‹gläsernen Ratsherrn›. – «Um Klüngeldiskussionen zu entgehen, erwarten wir das Offenlegen von Einkommen aus Rats- und Nebentätigkeiten.» Dazu hatte der Boss der SPD nur zu sagen: «Was soll diese Schau mit Einnahmen und Verdiensten? Dafür gibt es kein Bedürfnis.» Eine Straßenbefragung der *Bild*-Zeitung erbrachte ein gegenteiliges Meinungsbild. Aber Heugel sieht ein hohes Ziel in Reichweite, das ihn von Volksstimmungen unabhängig machen würde: 1994 schon soll er Vorstandsmitglied der Stadtwerke GmbH – der Holding für städtische Betriebe – werden.[5]

Finanzminister Heinz Schleußer, eine Stütze von Ministerpräsident Rau, geriet soeben mit dem Projekt «Neue Mitte Oberhausen» in die Schlagzeilen des Landes NRW.[6] Schleußer vereint die Posten eines Aufsichtsrats bei der Thyssen AG mit dem Vorsitz des Verwaltungsrates der WestLB und ist direkt gewählter Abgeordneter von Oberhausen – alles zusätzlich zum Ministeramt. Zwei Milliarden Mark wollte die britische Stadium-Gruppe in ein Einkaufs- und Freizeitzentrum in Oberhausen investieren. Schleußer ließ in seiner Eigenschaft 1 (Thyssen) das erforderliche Grundstück zum Quadratmeterpreis von 20 Mark mit Zustimmung aus Position 4 (Minister) an das Land verkaufen, welche dieses Grundstück dann wieder an die Grundstücksentwicklungsgesellschaft Oberhausen (Schleußer-Position 3) weitergab. In seiner Position 2 (WestLB) war Schleußer an der Zusage beteiligt, in die Finanzierung des Zentrums einzuspringen. Die Einschaltung des Landes bedeutete, daß die britische Gesellschaft als Entwickler mit der Altlastensanierung des Fabrikgrundstücks nichts zu tun haben würde; statt dessen wird das Land 107 Millionen Mark aus dem Titel Wirtschaftsförderung für die fällige Sanierung zur Verfügung stellen. Das wiederum sieht Schleußer in seiner Position 3 (Abgeordneter) mit Wohlwollen. Für den Grundstücksverkauf war der Essener Notar Heinemann (SPD) eingeschaltet – Sohn

5 Bild-Köln: «Gegen Klüngel und Filz – FDP will den ‹gläsernen Ratsherrn›». 26. 2. 1992, S. 2a

6 Kölner Stadtanzeiger (Karlegon Halbach): «Opposition will Schleußer aushebeln». 28. 2. 1992, S. 2

des früheren Bundespräsidenten und Onkel von Christine Rau, Ehegattin des Ministerpräsidenten.

Da Schleußer von den Transaktionen dem Finanzausschuß nichts gesagt hatte, wird jetzt ein Untersuchungsausschuß eingesetzt: Verstoß des Ministers gegen die Haushaltsordnung. Den Vorsitz des Untersuchungsausschusses wird allerdings die SPD übernehmen. Zur Verteidigung des Vorgangs gab es Kritik an den Motiven der Enthüller. «Für die CDU und FDP scheint es weniger um die ‹Neue Mitte› als um die Möglichkeit zu gehen ... Finanzminister Heinz Schleußer ... aus dem Amt zu hebeln.»[7] Außerhalb der Politik wäre zu einem solchen Argument zu sagen: Na wenn schon! Die Motive tun nichts zur Sache, wenn die Sache stimmt. Das Madigmachen durch Zweifel an Motiven ist aber geradezu die reflexartige Antwort der Berufspolitiker auf Kritik auch mit Sachargumenten.

Einen Tag früher geriet der NRW-Gesundheitsminister Hermann Heinemann ins Gerede. Heinemann leidet an Diabetes und unterzog sich einer Behandlung in dem Privatinstitut der Radiologen Rainer Seibel und Dietrich Grönemeyer (Bruder des Schlagersängers Herbert). Hierfür zeigte er sich anschließend erkenntlich. Seibel und Grönemeyer beantragten Mittel für moderne Großgeräte wie Kernspin- und Computertomographen. Solche teuren und in der Anwendungsbreite bisher beschränkten High-Tech-Gerätschaften werden üblicherweise allenfalls Uni-Kliniken gewährt. In diesem Fall bewilligte Minister Heinemann nur sechs Wochen nach Eingang des Antrags – bei Universitäten dauert so etwas eher sechs Monate, wenn nicht Jahre – 26,1 Millionen Mark Landesgelder. Vertreter der NRW-Professorenschaft äußerten Empörung. «Hier wurden dreist öffentliche Mittel in eine private Großpraxis gepumpt.»[8] Wohl wahr – aber der systematische Punkt wurde übersehen. So wie Heinemann verhielt sich früher der Hochadel: Wenn's dem Fürsten gefällig war, überwies er aus seiner Privatschatulle.

Nur drei Tage im Lande NRW und seiner Frohsinnsmetropole Köln – vom 26. bis 28. Februar 1992 – und vier exemplarische Fälle. So verhält sich eine Obrigkeit; dies ist mehr als Klüngel und Vorteilsnahme.

7 ibid.

8 Bild (H. von der Gathen): «26 Millionen für Grönemeyer-Bruder – Minister Heinemann im Zwielicht». 27. 2. 1992, S. 4

13.3. Das System hebt ab

Es kann gefolgert werden: Das System der Machtübernahme durch Cliquen ist außer Kontrolle. Es ist nur sich selbst verantwortlich – oder wie es in der Soziologie heißt: Es ist «selbstreferentiell»! Unter diesen Umständen ist es nicht sehr erheblich, ob die eigene Partei fünf oder sieben Prozentpunkte bei einer Wahl einbüßt. Es gibt immer noch genügend SPD- oder CDU-Stimmen für die Kerngruppen, um ungestört das System weiterführen zu können. Wahlniederlagen oder -siege sind in der Regel von Belang lediglich für die Hinterbänkler. Für die Kernmannschaft ist dagegen entscheidend, in den Cliquen nicht isoliert zu werden.

Unter den geschilderten Umständen sind Parteiaktivisten, denen es um die Sache geht, ein äußerst störendes Element. Es ist aber nicht nur dieses Gefühl, mit seinem Engagement unwillkommen zu sein, das Vertreter möglicher Alternativen den gegenwärtigen politischen Führungskreisen entfremdet. Hinzu kommen die erwähnten Methoden, die zur Kontrolle der störenden Aktivisten verwandt werden. Daß Blockwahlen eines vorher abgesprochenen Personalpaketes mit genauso vielen Bewerbern wie Positionen zu füllen sind, ist ein Beispiel.

Das hier skizzierte System fördert politischen Aufstieg als Teil einer Seilschaft. Es ist nicht ratsam, einen Aufstieg in die Führungspositionen im Alleingang zu versuchen. Man steht dann nämlich in Konkurrenz zu verzweigten Cliquen, die wiederum rückverbunden sind mit einer verzweigten Klientel. Diese würde einen Machtverlust des inneren Zirkels als einen eigenen Verlust bewerten.

Durch Appell an Personen ist keine Änderung der Wirksamkeit der gegenwärtigen Mechanismen bei der Personalauswahl und der Entscheidung zu Sachfragen zu erwarten. Das System selbst, die Vorherrschaft von Cliquen auf der Ebene der Kreise, der Unterbezirke bzw. Bezirke, ist auf Bundesebene zu beseitigen. Der Anfang aber sollte gemacht werden auf der Ebene der Kommunen und der Kreise; denn ohne eine solche Veränderung des Unterbaus ist auch bei der politischen Führung auf Bundesebene nichts zu bewirken.

Andernfalls geht der Prozeß der Feudalisierung der Berufspolitik weiter, setzt sich noch stärker als bisher die Konvergenz der politischen Systeme im früheren Sozialismus und bei uns durch. Machen sich die Parteien den Staat tatsächlich zur Beute, wie Bundespräsident von Weizsäcker es formulierte, dann «hebt sich der Parteienstaat nur noch durch das Mehrparteiensystem von der Parteidiktatur ab», in der sich die beiden Volksparteien inhaltlich kaum noch unterscheiden.[9]

9 Hans-Peter Vierhaus: «Die Identifizierung von Staat und Parteien – eine moderne Form der Parteidiktatur?», in: Zeitschrift für Rechtspolitik 1991, Heft 12, S. 473

Literaturverzeichnis

Aberbach, Joel D. u. a.: «Bureaucrats and Politicians in Western Democracies», London 1981

Abramowitz, Alan u. a.: «Party Activists in the United States». In: International Political Science Revue 4 (1983), S. 13–20

Albrecht, Richard: «Politische Korruption». In: PVS-Literatur, Heft 1, Jahrgang 27 (1986), S. 36–43

Alemann, Ulrich von: «Parteien und Gesellschaft in der Bundesrepublik». In: Alf Mintzel und Heinrich Oberreuter (Hg.): «Parteien in der Bundesrepublik Deutschland». Bundeszentrale für politische Bildung, Band 282, Bonn 1990

Alemann, Ulrich von und Ralf Kleinfeld: «Begriff und Bedeutung der politischen Korruption in der Politikwissenschaft». In: polis (Arbeitspapiere aus der FernUniversität Hagen: Politikwissenschaft / Politische Soziologie), Nr. 17 / 1990

Alemann, Ulrich von und Wolfgang Tönnesmann: «Die Dinosaurier werden immer trauriger. Ein kleiner Essay über große Parteien». In: polis (Arbeitspapiere aus der FernUniversität Hagen: Politikwissenschaft / Politische Soziologie), Nr. 20 / 1991, S. 27–38

Arnim, Hans Herbert von: «Macht macht erfinderisch», Osnabrück 1988

Arnim, Hans Herbert von: «Die Partei, der Abgeordnete und das Geld», Osnabrück 1990

Barton, Terry: «Die CDU 1975 bis 1983». In: Zeitschrift für Parlamentsfragen, Band 15 (1984), S. 196–210

Becker, Horst und Bodo Hombach: «Die SPD von innen», Bonn 1983

Bellers, Jürgen (Hg.): «Politische Korruption in der Bundesrepublik», Münster 1989

Berg, Wilfried: «Politisierung der Verwaltung: Instrument der Steuerung oder Fehlsteuerung?» In: Hans Herbert von Arnim und Helmut Klages (Hg.): «Probleme der staatlichen Steuerung und Fehlsteuerung in der Bundesrepublik Deutschland», Berlin 1986

Bermbach, Udo: «Bürgerinitiativen gegen den Parteienstaat». In: Bernd Guggenberger und Udo Kempf (Hg.): «Bürgerinitiativen und repräsentatives System», Opladen 1978

Best, Heinrich: «Die Männer von Bildung und Besitz», Düsseldorf 1990

Brünner, Christian (Hg.): «Korruption und Kontrolle«, Wien 1981

Buchhaas, Dorothee und Herbert Kühr: «Von der Volkskirche zur Volkspartei». In: Herbert Kühr (Hg.): «Vom Milieu zur Volkspartei», Königstein i. T. 1979, S. 135–232

Conley, Marshall W. und Patrick J. Smith: «Political Recruitment and Party Activists». In: International Political Science Revue 4 (1983), S. 48–56

Crozier, Michael, Samuel P. Huntington und Joji Watanuki: «The Crisis of Western Democracy», New York 1975

Czarnecki, Thomas: «Kommunales Wahlverhalten», München 1992
Derlien, Hans-Ulrich: «Verwaltung zwischen Berufsbeamtentum und Parteipolitik». In: Peter Haungs (Hg.): «Herrschaft der Bürokratie», Stuttgart 1988, S. 57–72
Derlien, Hans-Ulrich und Renate Mayntz: «Einstellungen der politisch-administrativen Elite des Bundes 1987», Bamberg 1988
Dittberner, Jürgen und Rolf Ebbighausen (Hg.): »Parteiensysteme in der Legitimationskrise», Opladen 1973, S. 82–108
Ebbighausen, Rolf und Sighard Nickel (Hg.): «Anatomie des politischen Skandals», Frankfurt 1989
Engel, Andreas: «Wahlen und Parteien im lokalen Kontext», Frankfurt 1988
Eldersveld, Samuel J.: «Political Parties», Chicago 1964
Eldersveld, Samuel J.: «Motivations for Party Activism: Multi-National Uniformities and Differences». In: International Political Science Revue 4 (1983), S. 57–70
Eschenburg, Theodor: «Ämterpatronage», Stuttgart 1961
Esser, Josef und Joachim Hirsch: «Sind die Volksparteien am Ende?» In: Jürgen W. Falter u. a. (Hg.): «Politische Willensbildung und Interessenvermittlung», Opladen 1984, S. 109–118
Falke, Wolfgang: «Die Mitglieder der CDU», Berlin 1982
Falter, Jürgen W.: «Kontinuität und Neubeginn». In: Politische Vierteljahresschrift, Band 22 (1981), S. 236–263
Feist, Ursula und Klaus Liepelt: «Machtwechsel in Raten». In: Transfer 1976, S. 26–56
Friedrich, Carl J.: «Pathologie der Politik», Frankfurt 1973
Fuchs, Dieter: «Zum Wandel politischer Konfliktlinien – ideologische Gruppierungen und Wahlverhalten». Wissenschaftszentrum Berlin, unveröffentlichtes Manuskript Nr. FS III 90–205
Gabriel, Oscar W., Peter Haungs, Matthias Zender: «Opposition in Großstadtparlamenten», Melle 1984
Gabriel, Oscar W.: «Das lokale Parteiensystem zwischen Wettbewerbs- und Konsensdemokratie: Eine empirische Analyse am Beispiel von 49 Städten in Rheinland-Pfalz». In: Oberndörfer und Schmitt 1991, S. 24 ff
Garment, Suzanne: «Sleaze, Scandal, and Successful Election». In: Public Opinion, September/Oktober 1988, S. 15–17
Gau, Doris: «Politische Führungsgruppen auf kommunaler Ebene», Köln 1983
Grafe, Peter: «Malefiz in Essen. Karriere, Komplott und Konspiration – wie es die Sozis machen». In: Transatlantik, September 1990, S. 74–78
Güllner, Manfred und Dwaine Marvick: «Aktivisten in einer Parteihochburg: Zum Beispiel Dortmund». In: Transfer 2/1976, S. 121–132
Guggenberger, Bernd und Claus Offe (Hg.): «An den Grenzen der Mehrheitsdemokratie», Opladen 1984

Habermas, Jürgen: «Legitimitätsprobleme im modernen Staat». In: Peter Graf Kielmannsegg (Hg.): «Legitimationsprobleme politischer Systeme», Opladen 1976, S. 40–61
Helmke, Werner und Karl-Heinz Naßmacher: «Organisierte und nicht-organisierte Öffentlichkeit in der Kommunalpolitik». In: Rainer Frey (Hg.): «Kommunale Demokratie», Bonn / Bad-Godesberg 1976, S. 182–218
Hennis, Wilhelm u. a. (Hg.): «Regierbarkeit – Studien zu ihrer Problematisierung», Stuttgart 1977
Hennis, Wilhelm: «Überdehnt und abgekoppelt. An den Grenzen des Parteienstaates». In: Christian Graf von Krockow (Hg.): «Brauchen wir ein neues Parteiensystem?», Frankfurt 1983
Herzog, Dietrich: «Karrieren und politische Professionalisierung». In: Dittberner / Ebbighausen 1973, S. 109–131
Herzog, Dietrich: «Politische Führungsgruppen», Darmstadt 1982
Herzog, Dietrich: «New Protest Elites in the Political Systems of West-Berlin – The Ellipse of Consensus», Graue Literatur des Zentralinstituts für Sozialwissenschaftliche Forschung, Berlin 1982
Herzog, Dietrich und Hans-Dieter Klingemann (Hg.): «Elitensoziologische Aspekte der Bundestagswahl 1980. Wahlen und politisches System», Opladen 1983
Herzog, Dietrich: «Brauchen wir eine Politische Klasse?». In: Aus Politik und Zeitgeschichte B 50/91, 6. 12. 1991, S. 3–13
Höbelt, Lothar: «Österreichs Parteienlandschaft». In: MUT, Juni 1991, S. 54 bis 59
Hoffmann-Lange, Ursula: «Eliteforschung in der Bundesrepublik Deutschland». In: Aus Politik und Zeitgeschichte B 47/83
Hoffmann-Lange, Ursula: «Eliten zwischen alter und neuer Politik – Konstanz und Wandel der Konfliktlinien in den Eliten der Bundesrepublik». In: Hans Dieter Klingemann und Max Kaase (Hg.): «Wahlen und politischer Prozeß», Opladen 1986
Hoffmann-Lange, Ursula: «Eliten und Demokratie in der Bundesrepublik». In: Max Kaase (Hg.): «Politische Wissenschaft und politische Ordnung», Opladen 1986, S. 318–338
Hoffmann-Lange, Ursula: «Surveying National Elites in the Federal Republic of Germany». In: George Moyser und Margaret Wagstaffe (Hg.): «Research Methods for Elite Studies», London 1987, S. 27–47
Hoffmann-Lange, Ursula: «Kongruenzen in den politischen Einstellungen von Eliten und Bevölkerung als Indikator für politische Repräsentation». In: Hans-Dieter Klingemann, Richard Stöss und Bernhard Weßels (Hg.): «Politische Klasse und politische Institutionen», Opladen 1991, S. 275–289
Horn, Wolfgang und Herbert Kühr: «Kandidaten im Wahlkampf – Kandidatenauslese, Wahlkampf und lokale Presse 1975 in Essen», Königstein 1978
Inglehart, Ronald: «Kultureller Umbruch», Frankfurt 1989

Innenministerium des Landes NRW: «Umfrage zu den Bedingungen der Kommunalpolitik in Nordrhein-Westfalen», Düsseldorf 1989

IPOS: «Einstellungen zu aktuellen Fragen der Innenpolitik 1989», Mannheim 1990

Kaack, Heino: «Parteiensystem und Legitimation des politischen Systems». In: Heino und Ursula Kaack (Hg.): Parteienjahrbuch 1975, Meisenheim 1978, S. 348–360

Kaack, Heino und Reinhold Roth (Hg.): «Parteistrukturen und Legitimation des Parteiensystems», Opladen 1980

Kaack, Heino: «Zur Abgeordnetensoziologie des Deutschen Bundestages». In: Zeitschrift für Parlamentsfragen, Jg. 19 (1988), S. 169–187

Käsler, Dirk (Hg.): «Der politische Skandal», Opladen 1991

Kaupen, Wolfgang: «Die Hüter von Recht und Ordnung», Köln 1969

Kevenhörster, Paul: «Parallelen und Divergenzen zwischen gesamtsystemarem und kommunalem Wahlverhalten». In: Paul Kevenhörster u. a. (Hg.): «Kommunales Wahlverhalten», Bonn 1976, S. 241–281

Kielmannsegg, Peter Graf: «Legitimität als analytische Kategorie». In: Politische Viertelsjahresschrift, Band 12 (1971), S. 367–401

Kirchheimer, Otto: «Der Wandel des westeuropäischen Parteiensystems». In: Politische Vierteljahresschrift, Band 6 (1965), S. 20–41

Klatt, Hartmut: «Das Sozialprofil des Deutschen Bundestages», Gegenwartskunde, Jg. 28 (1979)

Knemeyer, Franz-Ludwig und Katrin Jahndel: «Parteien in der kommunalen Selbstverwaltung», Kommunalforschung für die Praxis, Heft 28, Stuttgart 1991

Krockow, Christian Graf von (Hg.): «Brauchen wir ein neues Parteiensystem?», Frankfurt 1983

Kühr, Herbert (Hg.): «Vom Milieu zur Volkspartei», Meisenheim 1979

Lammert, Norbert: «Aufgabengerechte Organisationsstrukturen in Kreisverbänden». In: Jo Klein u. a. (Hg.): «Bürgernahe Organisation großstädtischer Parteien», Melle 1983

Landua, Detlev: «Stabilität und Wandel von Parteineigungen», Wissenschaftszentrum Berlin, 1989 (Nr. 105)

Lawson, Kay (Hg.): «Political Parties and Linkage», New Haven 1980

Leibholz, Gerhard: «Strukturprobleme der modernen Demokratie», Karlsruhe, 2. Aufl. 1964

Lepsius, Rainer M.: «Parteiensystem und Sozialstruktur». In: Wilhelm Abel u. a. (Hg.): «Wirtschaft, Geschichte und Wirtschaftsgeschichte», Stuttgart 1966

Lipset, Seymour M. und Stein Rokkan (Hg.): «Party Systems and Voter Alignments», London 1967

Mayntz, Renate und Ulrich Derlien: «Party Patronage and Politization of the West German Administration Elite 1970–1987». In: Governance, Bd. 2, Nr. 4 (Oktober 1989), S. 384–404

Moser, Helmut (Hg.): «L'eclat c'est moi. Zur Faszination unserer Skandale», Weinheim 1989
Müller, Emil-Peter: «Der 12. Deutsche Bundestag», Köln 1991
Nickel, Sighard: «Die Wirkung politischer Skandale». In: Aus Politik und Zeitgeschichte, B 7/90, 9. Februar 1990
Noak, Paul: «Korruption – die andere Seite der Macht», München 1985
Oberndörfer, Dieter und Karl Schmitt (Hg.): «Parteien und regionale politische Traditionen in der Bundesrepublik Deutschland», Berlin 1991
Oberreuter, Heinrich: «Parteien zwischen Nestwärme und Funktionärskälte», Osnabrück, 2. Aufl. 1984
Pappi, Franz Urban: «Konstanz und Wandel der Hauptspannungslinien in der Bundesrepublik». In: Joachim Matthes (Hg.): «Sozialer Wandel in Westeuropa», Frankfurt 1979, S. 465–479
Pappi, Franz Urban: «Der Zeitaufwand der Abgeordneten für Parlamentsarbeit». Schleswig-Holsteinischer Landtag, Drucksache 12/180, Anlage, 1988
Patzelt, Werner J.: «Das Amtsverständnis der Abgeordneten». In: Aus Politik und Zeitgeschichte B 21–22/91, 17. 5. 1991, S. 25–37
Pflüger, Friedbert u. a.: «Thesenpapier zur Erneuerung der CDU in den 90er Jahren». In: Frankfurter Rundschau, 8. 8. 1991, S. 4–5
Pichler, Roland: «Zirkel der Macht». In: Forbes, Heft 8, 1991, S. 51–55
Pietsch, Gerhard u. a.: «Interner Diskussionsbeitrag zur Lage und Positionsbestimmung der CDU Rheinland», Köln, Oktober 1985, Landesgeschäftsstelle
Pippig, Gerhard: «Verwaltungsskandale – zur Korruption in der öffentlichen Verwaltung». In: Aus Politik und Zeitgeschichte, B 7/90, 9. 2. 1990
Pursch, Günter: «Ein ständiger Streitpunkt in der öffentlichen Auseinandersetzung – Die Diäten der Bundestagsabgeordneten». In: Das Parlament, 18. Oktober 1991, S. 8
Raschke, Joachim: «Organisierter Konflikt in westeuropäischen Parteien», Opladen 1977
Raschke, Joachim (Hg.): «Bürger und Parteien», Bonn 1982
Rebenstorf, Hilke: «Politische Herkunft und politische Karriere». In: Hans-Dieter Klingemann, Richard Stöss und Bernhard Weßels (Hg.): «Politische Klasse und politische Institutionen», Opladen 1991, S. 217–234
Rohe, Karl: «Zur Situation der Ruhrgebiets-CDU am Beispiel Essen», Gesamthochschule Essen, Mai 1991 (vervielfältigt)
Rose, Ewald: «Die Einkünfte der Parlamentarier im internationalen Vergleich». In: Das Parlament, 15. 11. 1991, S. 10
Rossa, Kurt: «Rede zum Neujahrsempfang der CDU Köln – Stadtbezirksverband Porz» – im Rathaus zu Köln-Porz am 15. 1. 1992 (unveröffentlichtes Manuskript)
Rossa, Kurt: «Ein Fisch in Opas Bett. Romanzen und sanfte Satiren», 3. Aufl. Bergisch Gladbach 1988

Roth, Reinhold und Elmar Wiesendahl: «Strukturbesonderheiten politischer Parteien», Bremen 1985
Sarcinelli, Ulrich: «Wahl und Wahlkampf in Rheinland-Pfalz», Opladen 1984
Sebastiani, Chiara: «From Professional Revolutionaries to Party Functionaries. In: International Political Science Revue, Band 4 (1983), S. 115–126
Scheuch, Erwin K.: «Führungsgruppen und Demokratie in Deutschland». In: Die Neue Gesellschaft. Jg. 13 (1966), S. 356–370
Scheuch, Erwin K.: «Wird die Bundesrepublik unregierbar?», Köln 1976
Scheuch, Erwin K.: «Auch die Bundesrepublik braucht eine Elite». In: Schimmelpfeng Review, Nr. 28, November 1981
Scheuch, Erwin K.: «Krise des Parteiensystems in West-Europa?», Gesellschaftspolitische Vortragsreihe, Heft 5, hg. vom Industriellen Arbeitgeberverband Osnabrück-Emsland
Scheuch, Erwin K.: «Von Honoratioren zu Zeichensetzern». In: Die Neue Ordnung, Nr. 4/1983, S. 253–267
Scheuch, Erwin K.: «Continuity and Change in German Social Structure». In: Zeitschrift für historische Sozialforschung, Vol. 13 (1988), Heft 2, S. 31–124
Scheuch, Erwin K.: «Veränderungen des politischen Systems in der Bundesrepublik Deutschland». In: Studien des Instituts für die Kultur der deutschsprachigen Länder, Sophia Universität, Tokyo, 1990, Heft 7, S. 50–69
Scheuch, Erwin K.: «Kampf dem Kapitalismus». In: Uwe Backes und Eckhard Jesse (Hg.): «Jahrbuch Extremismus und Demokratie», 3. Jg., Bonn 1991, S. 297 ff
Scheuch, Erwin K. und Ute: «Wie deutsch sind die Deutschen?», Bergisch Gladbach 1991
Schmitt, Hermann: «Wie zufrieden sind SPD-Mitglieder?», Institut für Sozialwissenschaften der Universität Mannheim, September 1987
Schmitt, Hermann: «Neue Politik in alten Parteien. Zum Verhältnis von Gesellschaft und Parteien in der Bundesrepublik», Opladen 1987
Schmitt, Hermann und Oskar Niedermayer: «Middle-Level Party Elites and Socio Political Linkage», Institut für Sozialwissenschaften, Mannheim 1988
Schmitt, Karl (Hg.): «Wahlen, Parteieliten, politische Einstellungen», Frankfurt 1990
Schultze, Rainer Olaf: «Wählerverhalten und Parteiensystem in der Bundesrepublik Deutschland». In: Hans-Georg Wehling (Hg.): «Westeuropas Parteiensysteme im Wandel», Stuttgart 1983, S. 9–44
Seeman, Klaus: «Die Politisierung der Ministerialbürokratie in der Parteiendemokratie als Problem der Regierbarkeit». In: Die Verwaltung, 13 (1980), S. 137–156
Simon, Klaus: «Lokale Partei und lokaler Verein». In: Herbert Kühr und Klaus Simon (Hg.): «Lokalpartei und vorpolitischer Raum», Melle 1982, S. 219–343
Simon, Klaus: «Lokale Vereine – Schule der Demokratie?» In: Oscar W. Gabriel

(Hg.): «Bürgerbeteiligung und kommunale Demokratie», München 1983, S. 241–269
Simon, Klaus: «Repräsentative Demokratie in großen Städten», Melle 1988
Stammer, Otto und Peter Weingart: «Politische Soziologie», München 1972
Statistisches Jahrbuch der Stadt Köln, 76. Jg., S. 201–203
Stöss, Richard: «Parteikritik und Parteiverdrossenheit». In: Aus Politik und Zeitgeschichte B 21/90, 18. 5. 1990, S. 15–24
Thaysen, Uwe: «Denken ohne Diskussion?» In: Christian Graf von Krockow und Peter Lösche (Hg.): «Parteien in der Krise», München 1986, S. 58–71
Troitsch, Klaus G.: «Mitgliederstruktur der Bundesparteien». In: Kaack/Roth 1980, S. 81–100
Ueltzhöffer, Jörg: «Die kommunale Machtelite und der politische Willensbildungsprozeß in der Gemeinde». In: Hans Georg Wehling (Hg.): «Kommunalpolitik», Berlin 1986
Vierhaus, Hans-Peter: «Die Identifizierung von Staat und Parteien – eine moderne Form der Parteidiktatur?». In: Zeitschrift für Rechtspolitik 1991, Heft 13
Wattenberg, Ben J.: «The Good News is the Bad News is Wrong», New York 1985
Weßels, Bernhard: «Vielfalt oder strukturierte Komplexität? Zur Institutionalisierung politischer Spannungslinien im Verbände- und Parteiensystem in der Bundesrepublik». In: Kölner Zeitschrift für Soziologie und Sozialpsychologie, Jg. 43, Nr. 3 (1991), S. 454–475
Weßels, Bernhard: «Abgeordnete und Bürger: Parteien und Wahlkreiskommunikation als Faktoren politischer Repräsentation». In: Hans-Dieter Klingemann, Richard Stöss und Bernhard Weßels (Hg.): «Politische Klasse und politische Institutionen», Opladen 1991, S. 325–356
Wiesendahl, Elmar: «Der Marsch aus den Institutionen. Zur Organisationsschwäche politischer Parteien in den achtziger Jahren». In: Aus Politik und Zeitgeschichte B 21/90, 18. 5. 1990, S. 3–14
Wildenmann, Rudolf: «Positionseliten und Parteiensysteme». In: Universität Mannheim (Hg.): «Gesellschaft und Universität», Mannheim 1982, S. 165–192
Wildenmann, Rudolf: «Unsere oberen Dreitausend». In: Die Zeit, 5. 3. 1982, S. 9
Zintz, Karin und Silke Roennefahrt: «Der politische Skandal im Spannungsfeld zwischen Inszenierung und Kontrolle». In: Zeitschrift für Parlamentsfragen, Heft 4, 1990, S. 600–609

aktuell ESSAY

Wolfgang Huber
Protestantismus und Protest
Zum Verhältnis von Ethik und Politik
(aktuell 12136)
«Der christliche Glaube ist so politisch, wie er persönlich ist. Er betrifft die äußeren Lebensverhältnisse, wie er das Innere der Menschen verwandelt. Er hat es mit dem Frieden der Staaten ebenso zu tun wie mit dem Frieden der Herzen. Denn er betrifft den ganzen Menschen. Wer ihn zu einem abgesonderten Lebensbezirk macht, verurteilt ihn zur Bedeutungslosigkeit.»
Wolfgang Huber

Ivan Illich
H_2O und die Wasser des Vergessens
(aktuell 12131)

Walter Janka
Schwierigkeiten mit der Wahrheit
(aktuell 12731)
«Zu allen Zeiten hat es Schriftsteller gegeben, die gegen staatliches Unrecht aufgetreten sind. Was sie größer machte. Um so mehr, wenn sie dafür Opfer bringen mußten.»
Walter Janka

Rudolf zur Lippe
Freiheit die wir meinen
(aktuell 12900)
«Der gescheiterte Sozialismus hinterläßt uns ein erschreckendes Erbe. Die westliche Freiheit muß ganz neu ihren Aufgaben gerecht werden. Wie können wir ihre Werkzeuge tauglich machen, um den Erwartungen zu entsprechen und nicht länger Natur und Geschichte zu zerstören?»
Rudolf zur Lippe

rororo aktuell

Thomas Meyer
Fundamentalismus Aufstand gegen die Moderne
(aktuell 12414)
Was bleibt vom Sozialismus?
(aktuell 12898)
«Das Ende des Kommunismus kann keinen Sozialismus, der sich ernst nimmt, unberührt lassen. Was ansteht, ist eine neue Kritik des Sozialismus. Sozialismus, der mehr sein möchte als ein hartnäckiges Wort für eine alte Hoffnung, die sich verflüchtigt hat, müßte sich neu beweisen.»
Thomas Meyer

Bahman Nirumand
Leben mit den Deutschen *Briefe an Leila*
(aktuell 12404)

Richard von Weizsäcker
Die politische Kraft der Kultur
(aktuell 12249)
«Kultur ist das eigentliche Leben. Kultur ist kein Vorbehaltsgut für Eingeweihte, sie ist vielmehr unser aller Lebensweise. Sie ist folglich auch die Substanz, um die es in der Politik geht.»
Richard von Weizsäcker

Rüstungspolitik

«Wir, die Unterzeichner, stellen uns gegen den Einsatz der Biologie für militärische Zwecke. Gegenwärtig sind wir besonders besorgt darüber, daß neue Biotechnologien dazu eingesetzt werden könnten, neue biologische und chemische Waffensysteme zu entwickeln. Deshalb fordern wir die Wissenschaftler der ganzen Welt auf, sich nicht an Forschungsprojekten, die mit der Entwicklung und Herstellung biologischer Waffen verbunden sind, zu beteiligen..»
Aus einen Aufruf führender bundesdeutscher Genetiker

Manuel Kiper / Jürgen Streich
Biologische Waffen: Die geplanten Seuchen *Gene, Gifte und Mikroben gegen Menschen*
(rororo aktuell 12624)
Lautlos und unbemerkt entfalten sie ihre Wirkung, und sie vernichten nur, was lebt: biologische Waffen. Dieser Band gibt Auskunft darüber, was biologische Waffen sind, was sie bewirken können und was in den Forschungslabors des Militärs geschieht.

Herbert Wulf
Waffenexport aus Deutschland
Geschäfte mit dem fernen Tod
(rororo aktuell 12621)
Dieses Buch zeigt, wie aus den anfänglichen Ausnahmen der Waffenexporte die Regel wurde; es handelt von der Selbstverständlichkeit, mit der bundesdeutsche Politiker dem Interesse der Rüstungskonzerne an lukrativen Kriegsgeschäften nachgaben - und dies auch weiterhin tun.

rororo aktuell

Dorothee Sölle
Im Hause des Menschenfressers
Texte zum Frieden
(rororo aktuell 4848)
«Frei werden wir erst, wenn wir uns mit dem Leben verbünden gegen die Todesproduktion und die permanente Tötungsvorbereitung. Frei werden wir, wenn wir aktiv, bewußt und militant für den Frieden arbeiten lernen.»
Dorothee Sölle

SIPRI
Waffenproduktion in der Dritten Welt *SIPRI-Rüstungsjahrbuch 6*
(rororo akteull 5917)
Aus dem Inhalt:
SDI und Forschung / Nuklearmacht China/ Rüstungskontrolle / Atomwaffenfreier Pazifik / Dossier: Krieg in Mittelamerika

Zeitgeschichte

«Ich fühle mich bis auf den heutigen Tag nicht wohl in meiner Haut als deutscher Untertan — oder genauer: als Untertan und Deutscher. Einige alpdruckartige Eckdaten der jüngeren deutschen Geschichte lassen sich in meinem Kopf nicht so ohne weiteres streichen oder gar umfunktionieren.»
Joschka Fischer

Joschka Fischer
Von grüner Kraft und Herrlichkeit
(rororo aktuell 5532)
Aufsätze, Essays und Reden des grünen «Realo» Joschka Fischer.

Ralf Fücks (Hg.)
Sind die Grünen noch zu retten?
(rororo aktuell 13017)
Anstöße von Ulrich Beck, Monika Griefahn, Petra Kelly, Otto Schily, Michaele Schreyer, Antje Vollmer u.a.

Rudi Dutschke
Mein langer Marsch *Reden, Schriften und Tagebücher aus zwanzig Jahren*
Herausgegeben von Gretchen Dutschke-Klotz, Helmut Gollwitzer und Jürgen Miermeister
(rororo aktuell 4718)

Peter Mosler
Was wir wollten, was wir wurden
Zeugnisse der Studentenrevolte
(rororo aktuell 12488)

Leo A.Müller
Gladio — das Erbe des Kalten Krieges *Der Nato-Geheimbund und sein deutscher Vorläufer*
Mit einem Beitrag von Werner Raith
(rororo aktuell 12993)

rororo aktuell

Mario Krebs
Ulrike Meinhof *Ein Leben im Widerspruch*
(rororo aktuell 5642)
Sie war die meistgesuchte Frau der Bundesrepublik - für die einen überzeugte, wenn auch gescheiterte Moralistin, für die anderen kaltblütige Terroristin. Marion Krebs hat den politischen Lebensweg von Ulrike Meinhof an Hand der Zeugnisse, der Erzählungen von Freunden und Angehörigen und an Hand ihrer eigenen Texte rekonstruiert.

Tatort DDR

«Es ist eine Illusion zu glauben, das Problem der Stasi-Akten ließe sich dadurch erledigen, daß man einen riesigen Betondeckel über sie legt, so daß niemand mehr herankommt.»
Joachim Gauck

Joachim Gauck
Die Stasi-Akten *Das unheimliche Erbe der DDR*
(13016)

Robert Havemann
Die Stimme des Gewissens
Herausgegeben von Rüdiger Rosenthal
Texte eines deutschen Antistalinisten
(aktuell essay 12813)

Rudolf Herrnstadt
Das Herrnstadt-Dokument *Das Politbüro der SED und die Geschichte des 17. Juni 1953*
Herausgegeben von Nadja Stulz-Herrnstadt
(aktuell 12837)
Das Herrnstadt-Dokument enthüllt, wie tiefgehend die Krise der DDR-Führungsspitze vor, während und nach dem Aufstand vom 17. Juni 1953 war.

Walter Janka
Schwierigkeiten mit der Wahrheit
(aktuell essay 12731)

Helga Königsdorf
Adieu DDR *Protokolle eines Abschieds*
(aktuell 12991)
In den letzten Wochen der real existierenden DDR hat die Autorin Menschen über ihr vergangenes Leben, ihre gegenwärtigen Gefühle und ihre Erwartungen an die Zukunft befragt.

rororo aktuell

J. Maron / R. Schedlinski
Innenansichten DDR *Letzte Bilder. Großformat*
(sachbuch 8553)

Günter Schabowsi
Das Politbüro *Ende eines Mythos. Eine Befragung*
Herausgegeben von Frank Sieren und Ludwig Koehne
(aktuell 12888)
«Am meisten bedrückt mich, daß ich ein verantwortlicher Vertreter eines Systems war, unter dem Menschen gelitten haben.»
Günter Schabowski

Joachim Walther / Wolf Biermann / Günter de Bruyn u.a. (Hg.)
Protokoll eines Tribunals *Die Ausschlüsse aus dem DDR-Schriftstellerverband 1979*
(aktuell 12992)

Horst Wiener
Anklage: Werwolf *Die Gewalt der frühen Jahre oder Wie ich Stalins Lager überlebte*
(aktuell 12928)